ライブラリ 法学基本講義　4-I

基本講義

物権法 I
総論・占有権・所有権・用益物権

七戸克彦 著

新世社

編者のことば

　21世紀を迎え，わが国は，近代国家としての歩みを開始して足かけ3世紀目に入った。近代国家と法律学は密接な関係を有している。当初は藩閥官僚国家と輸入法学であったものが，とりわけ第2次大戦後，国家と社会の大きな変動を経て，法律がしだいに国民生活に根ざすようになるとともに，法律学各分野はめざましく発展し，わが国独自の蓄積を持つようになってきている。むしろ，昨今は，発展途上国に対して，法整備支援として，法律の起草や運用について，わが国の経験に照らした知的国際協力が行われるまでに至っている。他方で，グローバリゼーションの急速な進展は，海外の法制度とのハーモナイゼーションをわが国に求めており，外国法の影響も明治の法制度輸入期とは違った意味で大きくなっている。

　そのような中で，2001年6月に出された司法制度改革審議会意見書は，2割司法と言われた従来の行政主導・政治主導型の国家から，近代国家にふさわしい「より大きな司法」，「開かれた司法」を備えた国家への転換を目指そうとしている。このためには，司法制度整備，法曹養成，国民の司法参加のいずれの面においても，法律学の役割が一層大きくなることが明らかである。

　このような時期に「ライブラリ法学基本講義」を送り出す。本ライブラリの各巻は，教育・研究の第一線で活躍する単独の中堅学者が，法律学の各基本分野について，最新の動向を踏まえた上で，学習内容の全体が見通しやすいように，膨大な全体像を執筆者の責任と工夫においてコンパクトにまとめている。読者は，本ライブラリで学習することによって，法律学の各基本分野のエッセンスを習得し，さらに進んだ専門分野を学ぶための素地を養成することができるであろう。

　司法改革の一環として，大学法学部とは別に，法曹養成のための法科大学院（ロースクール）が新たにスタートすることとなり，法学教育は第2次大戦後最大の変動期を迎えている。より多くの読者が，本ライブラリで学んで，法曹として，また社会人として，国民として，開かれた司法の一翼を担うにふさわしい知識を身に付けられることを期待する。

　　2001年7月

　　　　　　　　　　　　　　　　　　　　　　　　　　　松本 恒雄

はしがき

　本書は，著者が司法試験・司法書士試験の短答式試験・多肢択一式試験の民法・物権法の問題について作成した解説資料を，全面的にリライトして教科書的な記述に改変したものである（なお，本書の第10章に当たる担保物権に関しては，分量の関係から別立てとし，物権法総論と各論のうちの占有権・所有権・用益物権を『物権法Ⅰ』，担保物権を『物権法Ⅱ』とする2分冊とした）。

　このような方法で本書を執筆した理由は，ゼロから原稿を書き起こす時間的余裕がなかったことと，初学者向けの基本書については，すでに共著や分担執筆を数冊担当しており，それらとの重複を避ける必要があったこともあるが，国家試験の要求している水準が，初学者の到達すべき一つの客観的な目標値となりうると考えたからである。この点は，まったくの個人的な見解であって，異なるご意見の方も多いかと思うが，国家試験の短答式試験・多肢択一式試験の問題は，──当該試験を受験するにせよ，受験しないにせよ──，法律を専攻する者が覚えておかなければならない最低限の知識との関係では，比較的良問が揃っているように思う。

　なお，いずれの試験に関しても，重視されているのは，①判例に関する知識量と，②法概念や条文・法制度に関する横断的・複合的な視点であって，①に関していえば，平成25年司法試験・短答式試験の民法の問題（全36問）のうち，判例の立場を問う問題は50％（18問），予備試験でも全14問中7問（50％），平成25年司法書士試験・多肢択一式試験に関しては，民法の問題（全20問）中75％（15問）が判例の立場を問う問題である。一方，②に関しては，たとえば物権の帰属を問う問題として，未成年者の即時取得の可否，相続人不存在の相続財産の帰属，加工，共有者による地役権の時効取得，動産の付合が，並列的に出題される（平成25年司法試験・短答式試験〔民事系〕第8問）。

①に関して，本書では，『民法判例百選 I　総則・物権〔第6版〕』（有斐閣，2009年），『判例プラクティス民法 I　総則・物権』（信山社，2010年），『模範六法 2013（平成 25 年版）』（三省堂，2012年）掲載の物権法部分の判例を，すべて収録した。一方，②に関しては，法律用語を正確に定義したうえで，類似する法概念・条文・法制度の制度趣旨・要件・効果の相違個所が明らかになるよう，比較・対照に重点を置いた記述を心がけた。また，①・②のいずれに関しても，上記国家試験が基本的に依拠しているところの，非常に古典的な論理・法律構成に従った説明を行った。なお，補注（❖）や各種図表・一覧の類は，基礎知識を正確に理解し，横断的・複合的な視野を広げる補助・参考資料として挿入したものにすぎず，それ自体を覚える必要はない。

　一方，このような作業は，著者自身にとっては，いわばテニスや野球のフォーム矯正のようなもので，法律専門職に就く者が当然に知っていなければならない必要最低限の知識の範囲・内容を再確認し，古典的な解釈論を改めて見つめ直すよい機会となったが，ただ，法律学における古典的な解釈理論は，概念法学的な形式論理から成り立っているので，もっぱらそのような記述に終始するのは，初心に返っての文章修業とはいえ，しばしば心が折れそうになった。原稿の仕上がりを辛抱強くお待ちいただいたうえ，最初の読者として本書の章立てや記述内容につき懇切丁寧なご助言をお与えくださった新世社の御園生晴彦氏，レイアウトを整えてくださった清水匡太氏・出井舞夢氏に，心より感謝を申し上げたい。

　　　2013 年 10 月

　　　　　　　　　　　　　　　　　　　　　　　　　　　　　　七戸　克彦

目　次

第1章　物権の意義・性質　　1

1.1　物権の意義　……………………………………………………　1
1.2　物権の性質　……………………………………………………　4
対内関係　支配権・請求権／対外関係　絶対性・相対性，排他性

第2章　物権の効力　　11

2.1　対内的効力（当事者間効力）　………………………………　12
2.2　対外的効力（第三者効力）　…………………………………　12
2.3　優先的効力　……………………………………………………　14
2.4　物権的請求権　…………………………………………………　15
物権的請求権の意義／物権的請求権の要件／物権的請求権の効果

第3章　物権の指導原理　　29

3.1　物権の客体に関する原則　……………………………………　29
3.2　物権の種類に関する原則　……………………………………　35
3.3　物権の公示に関する原則　……………………………………　41

第4章　物権の変動(1)——物権変動の意義・意思主義　　45

4.1　物権変動の意義　………………………………………………　45

iii

4.2 意思主義 ……………………………………………………………48

第 5 章　物権の変動(2)——対抗要件主義　51

5.1 対抗要件主義の意義 …………………………………………………51
5.2 対抗要件主義の要件——総論 ………………………………………52
5.3 対抗要件主義の要件——各論①:「物権変動」要件 ………………54
5.4 対抗要件主義の要件——各論②:「第三者」要件 …………………65
　　非「当事者」要件／「第三者」の客観的要件／「第三者」の主観的要件
5.5 対抗要件主義の要件——各論③:「公示の不存在」要件 …………88
　　不動産登記の種類／登記の有効要件／登記請求権
5.6 対抗要件主義の効果 ………………………………………………108
5.7 動産物権変動の対抗要件主義 ……………………………………110

第 6 章　物権の変動(3)——公示の効力・種類(補論), 物権の消滅　113

6.1 推定力・公信力 ……………………………………………………113
　　推定力／公信力
6.2 特別法・慣習法上の公示 …………………………………………118
6.3 物権の消滅 …………………………………………………………125

第 7 章　占 有 権　129

7.1 占有権の意義 ………………………………………………………129
7.2 占有の要件 …………………………………………………………131
7.3 占有の態様 …………………………………………………………134
7.4 占有の移転 …………………………………………………………142

7.5 占有の効力 ……………………………………………… 148
本権の訴え　占有者と回復者の関係／占有の訴え　占有者と侵害者の関係

7.6 占有の消滅 ……………………………………………… 164

7.7 準　占　有 ……………………………………………… 166

第8章　所　有　権　　　　　　　　　　　　　　　　167

8.1 所有権の意義 …………………………………………… 167

8.2 相隣関係 ………………………………………………… 173
隣地使用に関する相隣関係／水に関する相隣関係／境界に関する相隣関係

8.3 所有権の原始取得 ……………………………………… 186
無主物・遺失物・埋蔵物／添付

8.4 共同所有 ………………………………………………… 198
共同所有の意義／共同所有の発生／共同所有の内容／共同所有の主張／共同所有の消滅／準共有／建物の区分所有

第9章　用益物権　　　　　　　　　　　　　　　　　235

9.1 用益物権の意義 ………………………………………… 235

9.2 地　上　権 ……………………………………………… 236

9.3 永小作権 ………………………………………………… 244

9.4 地　役　権 ……………………………………………… 248

9.5 入　会　権 ……………………………………………… 256

事項索引 ……………………………………………………… 265

判例索引 ……………………………………………………… 273

凡　例

(1) 法令略語
- 民法については，法律名を省略して条数のみを掲記した。
- 民法以外の法令に関しては，各種六法の法令略語に準拠した。

(2) 判例集・法律雑誌略語

民　録	大審院民事判決録
刑　録	大審院刑事判決録
民　集	（大審院または最高裁）民事判例集
刑　集	（大審院または最高裁）刑事判例集
裁判集民事	最高裁判所裁判集民事
高民集	高等裁判所民事判例集
東高民時報	東京高等裁判所民事判決時報
下民集	下級裁判所民事裁判例集
家　月	家庭裁判月報
訟　月	訟務月報
判　時	判例時報
判　タ	判例タイムズ
金　法	金融法務事情
金　判	金融・商事判例
先例集	登記関係先例集（上・下・追加編Ⅰ〜Ⅸ）

(3) 学習用判例集略語

百選Ⅰ	『民法判例百選Ⅰ　総則・物権〔第6版〕』別冊ジュリスト195号（有斐閣，2009年）
百選Ⅱ	『民法判例百選Ⅱ　債権〔第6版〕』別冊ジュリスト196号（有斐閣，2009年）

家族法百選	『家族法判例百選〔第7版〕』別冊ジュリスト193号（有斐閣，2008年）
憲法百選 I	『憲法判例百選 I〔第5版〕』別冊ジュリスト186号（有斐閣，2007年）
刑法百選 I	『刑法判例百選 I　総論〔第6版〕』別冊ジュリスト189号（有斐閣，2008年）
国際私法百選	『国際私法判例百選〔第2版〕』別冊ジュリスト210号（有斐閣，2012年）
判プラ I	『判例プラクティス民法 I　総則・物権』（信山社，2010年）
判プラ II	『判例プラクティス民法 II　債権』（信山社，2010年）
判プラ III	『判例プラクティス民法 II　親族・相続』（信山社，2010年）

(4) 判決・決定の表記方法

〔例〕
- 大（民連）判大正13・10・7民集3巻476頁〔百選 I 11事件〕
  →大審院大正13年10月7日民事連合部判決・民集19巻1611号〔『民法判例百選　総則・物権〔第6版〕』〔11事件〕24頁〕
- 最（2小）判昭和35・6・17民集14巻8号1396頁〔判プラ I 216事件〕
  →最高裁判所昭和35年6月17日第2小法廷判決・民集14巻8号1396頁〔『判例プラクティス民法 I　総則・物権』〔216事件〕225頁〕

(5) コンメンタール

『注釈民法(6)　物権(1)総則』（有斐閣，1967年）
『注釈民法(7)　物権(2)──占有権・所有権・用益物権』（有斐閣，1968年）
『新版注釈民法(6)　物権(1)──物権総則〔補訂版〕』（有斐閣，2009年）
『新版注釈民法(7)　物権(2)──占有権・所有権・用益物権』（有斐閣，2007年）
『民法注解財産法　第2巻・物権法』（青林書院，1997年）
『基本法コンメンタール　物権（平成16年民法現代語化）』（日本評論社，2005年）
『論点体系　判例民法2　物権』（第一法規，2009年）

(6) 体系書・教科書 (最近 10 年の単著のみを掲記。著者 50 音順)

生熊長幸『物権法 (三省堂テミス)』(三省堂, 2013 年)

石田穰『民法大系(2) 物権法』(信山社, 2008 年)

内田貴『民法 I 総則・物権総論〔第 4 版〕』(東京大学出版会, 2008 年)

近江幸治『民法講義 II 物権法〔第 3 版〕』(成文堂, 2006 年)

大村敦志『基本民法 I 総則・物権総論〔第 3 版〕』(有斐閣, 2007 年)

加藤雅信『新民法大系 II 物権法〔第 2 版〕』(有斐閣, 2005 年)

川井健『民法概論 2 物権〔第 2 版〕』(有斐閣, 2005 年)

河上正二『物権法講義』(日本評論社, 2012 年)

佐久間毅『民法の基礎 2 物権』(有斐閣, 2006 年)

清水元『プログレッシブ民法 物権法〔第 2 版〕』(成文堂, 2010 年)

鈴木禄弥『物権法講義〔5 訂版〕』(創文社, 2007 年)

滝沢聿代『物権法』(三省堂, 2013 年)

田山輝明『物権法〔第 3 版〕(法律学講義シリーズ)』(弘文堂, 2008 年)

田山輝明『物権法〔民法要義 2〕』(成文堂, 2012 年)

月岡利男『物権法講義〔補訂版〕』(法律文化社, 2006 年)

野村豊弘『民法 II 物権〔第 2 版〕』(有斐閣, 2009 年)

平野裕之『コア・テキスト民法 II 物権法』(新世社, 2011 年)

平野裕之『物権法 (新・論点講義シリーズ 10)』(弘文堂, 2012 年)

安永正昭『講義物権・担保物権法』(有斐閣, 2009 年)

山川一陽『物権法講義〔第 3 版〕』(日本評論社, 2012 年)

山野目章夫『初歩からはじめる物権法〔第 5 版〕』(日本評論社, 2007 年)

山野目章夫『物権法〔第 5 版〕』(日本評論社, 2012 年)

吉田邦彦『所有法 (物権法)・担保物権法講義録』(信山社, 2010 年)

我妻榮 (著)・幾代通・川井健 (補訂)『民法案内 3 物権法 (上)』(勁草書房, 2006 年)

我妻榮 (著)・幾代通・川井健 (補訂)『民法案内 4 物権法 (下)』(勁草書房, 2006 年)

第 1 章

物権の意義・性質

1.1 物権の意義

(1) 物権の実質的意義・形式的意義　法律学とりわけ民法においては，条文の文言や法概念の意義（定義）あるいは根拠を，その実質的な性質・内容の側面と，条文根拠や法典の種類といった形式的な側面の，両者から説明することが多い。「物権とは何か」と問われた場合の，その答えに関しても，以下のようになる。

実質的意義における物権	人の物に対する支配権であって，排他性を有する権利
形式的意義における物権	民法典「第 2 編　物権」およびその附属法規によって規律されている権利

(2) 物権の意義を論ずる実益　わが国の物権法教科書は，その冒頭で，とくに債権との対比において，物権の実質的意義・形式的意義を論じているが，この叙述の仕方は，ドイツ法の影響を受けたものである。

　(a) 物権の実質的意義を論ずる実益——物権と同様の性質を有する権利への準用　物権の実質的意義として掲げられる「支配権」「排他性」とは，債権との対比における，物権の性質を示したものであるが，この物権の性質は，物権の効力および指導原理を説明する際に，重要な意味を有する。すなわち，物権には，債権よりも強力な効力が認められているのであるが（→第 2 章参照），その理由に関しては，物権が，債権と異なる上記のよ

うな性質を有しているから、と説明される。また、物権と債権とは、異なる指導原理（物権の客体・種類・公示に関する諸原則→第3章参照）に服するが、その理由づけもまた、物権と債権の性質ならびに効力の違いに求められている。これを、具体的な法適用の側面から捉え直せば、**物権の性質・効力・指導原理の3者間に認められる論理的結合関係**は、次のような論理の筋道となる。すなわち、ある権利の効力や指導原理が争われた場合には、まず、その権利の性質が検討され、それが物権という上位の権利類型に認められる性質を備えていれば、その権利に対して、物権という権利類型に認められる一般的な効力および指導原理を適用させる。これに対して、物権の性質を欠くと認定された場合には、物権について認められる効力と指導原理の適用はなく、債権あるいは他の私権に認められる効力・指導原理が適用される。それゆえ、物権の性質として何を掲げるかは、ある権利の効力と指導原理を決定する際の前提部分での判断要素として、きわめて重要な意味をもつことになる。

　もっとも、世界のほとんどの立法例においては、物権の種類および内容はあらかじめ法律によって決められているので（**物権法定主義**）、立法者が、物権の性質につき一定の見解に立脚して、物権とされる権利を分類してしまった後における、物権の性質をめぐる議論は、**物権法定主義の下では物権以外の権利に分類されているが、物権と同様の性質を有する権利について、物権の効力や指導原理を拡張・類推適用できるか**、という側面において問題となる（たとえば債権である賃借権につき、物権固有の効力である妨害排除請求権が認められるか、といった議論である）。

(b)　物権の形式的意義を論ずる実益——パンデクテン方式の下での物権・債権の峻別　　ただし、同じ物権法定主義をとるといっても、世界の立法例は、物権と債権その他の権利の発生原因や効力内容を、さほど厳格に区別して規定しない立法と、法典の体裁（編別）上、徹底した峻別を行う立法とに分かれる。前者の典型は、フランス法系の**インスティテューティオーネン方式**であり、**私権の主体・客体・変動**に着眼した3編構成の下では、物権と債権は、顕著な対立構造を示さない。これに対して、ドイツ法系の**パンデクテン方式**[1]は、**私権の種類**に着眼した編別方式であることから、

物権と債権とは，単に異なる性質・効力・指導原理を有する権利類型という意味を超えて，まったく正反対の性質・効力・指導原理を有する対立的な権利類型として位置づけられる。その結果，債権編の規定は，物権編に規定されている権利（すなわち物権）に準用・類推適用されることはないばかりか，反対解釈となって適用されることすらある。さらに，物権編と債権編が別立てであることから，性質・効力・指導原理のみならず，要件面においても，それぞれの権利の発生原因は，独立別個のものとして規定され（物権行為の独自性），かつ，原因行為である債権行為が無効であったとしても，物権行為はその影響を受けない（物権行為の無因性）。

　わが現行民法典の立法直後の学説は，ドイツ法の議論の強い影響を受けていたため（学説継受と呼ばれる），上記のようなドイツ法のパンデクテン方式の下における物権・債権の峻別・対立構造を，そのまま継受した。わが国の今日の学説が，物権の実質的意義とならんで，物権の形式的意義として民法典「第2編　物権」に規定された権利という定義を掲げるのは，このような歴史的経緯の名残である。

(c)　近時の学説の動向　　だが，以上のようなドイツ法に傾斜した古典的な法理論に対しては，以下の2点において，修正が加えられている。

　第1に，民法学全般に共通する傾向として，とくに昭和40年代以降，現行民法典の条文・法制度の少なからぬ部分が，旧民法経由でフランス法を継受したものであることが明らかにされるようになった。

　第2に，ドイツ法系のパンデクテン方式の基礎となっている抽象的・形式論理的な演繹論（ある権利を，その性質に基づき，まずは物権・債権という上位概念に分類したうえで，この上位の権利類型に認められる効力・指導原理を，それに属するとされた個々の権利に一律に妥当させる論理）に対しても，概念法学であるとの批判が加えられ，その結果，今日では，要件面では，形式論理を捨て，当事者間の利益衡量その他の実質的価値判断に立ち，効果面でも，一律的な演繹論を捨てて，実際の紛争において争点となっている効力

---

(1)　私権を財産権と家族権に分け，財産権をさらに物権と債権，家族権をさらに親族権と相続権に分ける一方，各権利に共通する事項を「総則」として前置する操作を繰り返す編別方式のこと。

について個別具体的に可否を判断すべきとの立場がとられるようになっている。ただし、今日の学説にあっても、従来の古典的理論を完全に破棄してしまう見解は少数で、多くの見解は、古典的理論に従った場合には具体的妥当性が得られない事案についてだけ例外的に、上記のような修正を加える立場に立っている。

そこで、以下では、まず、物権の実質的意義の中で述べられている物権の性質について説明したうえで、債権と正反対であるところの、物権の効力（第2章）ならびに物権の指導原理（第3章）へと進もう。

1.2 物権の性質

わが国の今日の通説によれば、実質的意義における物権は、「人が物の上に有する直接的な支配権であって、排他性を有する権利」と定義され、一方、これと対比される形で、実質的意義における債権は、「人の人に対する間接的な権利であって、排他性を有さない権利」と定義されている。

この定義は、①対内関係における性質（物上権・対人権）と、②対外関係における性質（排他性の有無）の2つの部分からなる。この二重の基準は、基本的にはローマ法に由来するが、ただし、このうちの②対外関係に関して、排他性なる性質を挙げるのは、今日のわが国に固有の特異な現象であり、ローマ法は、②対外関係に関して、絶対性・相対性なる性質を挙げ、フランス法・ドイツ法も、これに従い、日本の現行民法典の起草者も、同様に、②対外関係については絶対性・相対性の基準に立って、立法を行っていた。それが、排他性なるわが国固有の基準に変わるのは、昭和初期以降のことである。

1.2.1 対内関係——支配権・請求権

まず、対内関係に関して、物権は、人が物の上に有する直接的な支配権（物上権）であるのに対して、債権は、人の人に対する間接的な請求権（対人権）であるといわれる。

(1) 支配権 このうち、支配権の用語にいう「支配」の意味は、

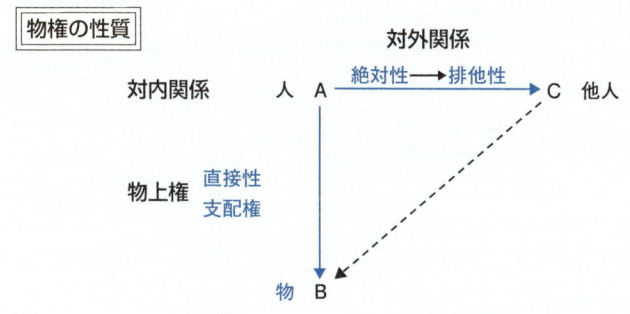

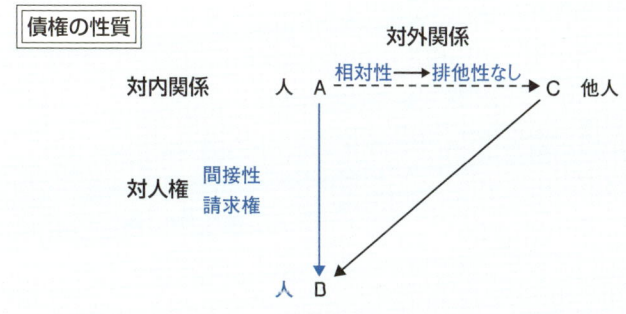

　日常用語におけるそれと同義であって，対象（客体）を自己の勢力下に置いて自由に処断することを意味する。一方，その反対語は「服従」であって，そこには完全な上下関係しか存在していない。牛や馬と飼主の関係や，かつての封建制度や奴隷制度における主従関係などがこれに当たる。だが，近代市民法は，人が人を支配し，隷属させることを許さない（それが例外的に許されるのは，刑法のような公法関係のみである）。このことから，物権の指導原理の側面において，近代法における支配権の客体は，人であってはならない（非人格性）という原則が導かれ，その結果として，支配権であるところの物権の客体は，物に限定されることとなる。

　（2）請求権　　これに対して，請求権とは，人が人（とくに私人）に対して一定の行為（作為または不作為）をするよう要求する権利をいう。人と人との関係を自由で平等で対等な地位に立たせる近代市民法の下では，

権利の対象Bが人であった場合には，相手方の人格を無視して自己の権利を貫徹することはできず，相手方が義務を履行しない場合には，国家の裁判制度を通じてのみ権利の実現を図ることができる。この裁判所に訴えて保護を求める権利（訴権）の前提として存在する実体法上の権利が請求権である。

ところで，そもそも法とは，人の社会生活関係（人と人との間の関係）を規律する規範法則の一種と定義されているから，支配権の客体は物に限られるとする近代法の非人格性原則の下において，物権の内部関係は，法の範疇から外れていることになる。その結果，物権において，法の守備範囲である人と人との関係が問題となってくるのは，もっぱら後述する対外関係の領域——すなわち，内部関係における物権者Aの物Bに対する円満な支配状態を，第三者Cに対して主張する場合——に限られることになるが，しかし，この対外関係における権利主張は，債権と同様，物ではなくして，人に対するものであるから，債権と同様，対外関係における物権の行使もまた，請求権の形態をとることになる（物権的請求権）。

一方，債権は，しばしば請求権と同一視されることがあるけれども，債権と請求権の違いは，その効力内容が，請求権に関しては，請求力に尽きるのに対して，債権に関しては，請求力のほか，給付保持力があると説かれる（→第2章参照）。

また，債権の中には，売買や賃借権のように，物をめぐる法律関係も存するが，しかし，上記のように，債権においては，もっぱら人と人との関係が問題となっていることから，他人の物の売買や賃貸借も，債権関係としては有効に成立する（他人物売買につき560条。559条本文により賃貸借をはじめとする有償契約一般に準用）。だが，「債権は人に対する権利である」という定義における「人」とは，不特定の人間（万人）を指すものではなく，ある特定の人間（債務者という）を意味する。その結果，たとえばAとの間で賃貸借契約を締結したパソコンを，所有者BがCに譲渡してしまった場合，Aは，Bという特定の人間に対して有する債権（ここでは賃借権）を，第三者であるCに対して行使することはできない。だが，これに対して，物権は，あくまでも物に付着した権利であって，権利を設定した者との人

的関係ではない。それゆえ，Aの地上権や抵当権が存する土地を，設定者（X）が第三者Cに譲渡したとしても，Aが有しているのは，土地という物Bに対する権利であって，設定者（X）に対する人的な権利ではないので，Aは，現在の所有者が誰であろうと，物Bの上に物権（ここでは地上権や抵当権）を行使することができる（追及力）。

1.2.2 対外関係——絶対性・相対性，排他性

以上の対内関係に対して，対外関係は，物権・債権いずれについても，人と人との間の関係である。ここでの問題は，権利者が，この第三者に対して，自己の権利を主張することができるか，という点にあるが，ローマ法以来の古典的な理解によれば，物権は，外部関係にある万人に対して自己の権利を主張することができるが，これに対して，債権を主張できる相手方は，内部関係にある者（当事者）に限られ，外部関係にある者（第三者）に対しては，自己の権利を主張することができないとされていた。このことを指して，物権は絶対性を有する（物権は絶対権である）のに対して，債権は相対性を有するにすぎない（債権は相対権にすぎない）といわれる。

(1) 絶対性　このうち，物権の絶対性という場合の「絶対」とは，近代的市民法の基本原理である所有権絶対の原則にいう「絶対」と同義である。所有権絶対の原則とは，所有権（をはじめとする物権一般さらには財産権一般（憲法29条参照）さらには私権一般）は，万人（外部関係にあるすべての者。私人と国家公共団体とを含む）から尊重されるべき不可侵の権利であるとの原則をいう。

では，この不可侵義務（尊重義務）に，第三者（私人または国家公共団体）が違反した場合の効果はどうなるか。およそ民事における義務違反から生ずる効果は，①事後的・代替的救済としての損害賠償請求権（金銭賠償）と，②直接的ないし将来的救済としての妨害排除・差止請求権（現物賠償）のどちらか，あるいは，その両方であるが，物権が侵害された場合には，①・②の両方の効果が生ずる。この効果の前提となっている不可侵義務（尊重義務）を，物権に関しては万人が負っている，というのが，物権の絶対性の具体的な意味内容である。

(2) 相 対 性　これに対して，債権の相対性という言葉は，内部関係（当事者関係）における債務の本来的な履行義務と，外部関係（第三者関係）における不可侵義務（尊重義務）という，2つの異なる義務の問題を包摂している。すなわち，まず，債務の本来的な履行義務を負っているのは，対内関係にある特定の人間（債務者）のみであって，債権債務関係で結ばれていない対外関係にある第三者は，履行義務を負わない。一方，古典的な学説によれば，債権に関しては，対外関係にある第三者は，物権と異なり，不可侵義務（尊重義務）も負わないとされ，その結果，古典的な学説は，第三者の債権侵害に対しては，物権侵害の場合に認められるような不可侵義務（尊重義務）違反の効果，すなわち，①金銭賠償（損害賠償請求権）も，②現物賠償（妨害排除・差止請求権）も認められないとしてきた。

　以上のように，物権の絶対性とは，対外関係にあるすべての者が，不可侵義務（尊重義務）を負っていることを意味するのに対して，債権の相対性とは，対内関係にある特定の人間（債権債務関係の当事者）のみが債務の本来的な履行義務を負い，対外関係にある者（第三者）は，履行義務ならびに不可侵義務（尊重義務）を負わないことをいう。

　そして，このローマ法以来の絶対性・相対性の区別を，ドイツ法・フランス法および日本の旧民法は維持し，現行民法起草者も，この立場に立脚して立法を行った。

(3) 排 他 性　ところが，以上のような古典的学説に対して，現行民法立法後の判例・学説は，第三者の債権侵害に対して，まず，①不法行為に基づく損害賠償請求権（金銭賠償）を認めるようになり，さらに，②妨害排除・差止請求権（現物賠償）に関しても，昭和初期の判例は，賃借権に基づく妨害排除請求権を，「権利一般の不可侵性」を根拠に肯定した[1]。この判例理論は，物権のみならず，賃借権のような債権はもとより，すべての権利が不可侵性すなわち絶対性を有する，ということを意味する。しかしながら，この見解に立った場合には，債権もまた，物権と同様，絶対性

---

[1] ①金銭賠償につき大判大正4・3・10刑録21輯279頁（附帯私訴）〔百選Ⅱ20事件・判プラⅡ322事件〕，大判大正4・3・10民録21輯395頁，②妨害排除・差止めにつき大判大正10・10・15民録27輯1788頁，大判大正11・5・4民集1巻235頁。

を有する権利ということになるから，物権と債権の対外関係における識別基準として，絶対性・相対性の区別を挙げることができなくなってしまう。このことから，わが国では，物権と債権の外部関係の側面での識別基準（したがってまた物権・債権の性質）として，絶対性・相対性が掲げられなくなったのである。

　だが，この戦前の判例の「権利一般の不可侵性」論に対して，学説は，およそすべての権利について妨害排除請求権を認めるのは広きに失すると批判し，その結果，戦後の判例は，「権利一般の不可侵性」論を捨てて，対抗要件を備えた賃借権についてのみ妨害排除請求権を肯定する学説の主張に従った[2]。

　しかし，そうなると，再び問題となってくるのは，対外関係における物権の性質の側である。物権に固有の効力を，物権以外の権利にも拡張することができる理由は，その権利が物権と同様の性質を有している点に求められる。となれば，対抗要件を備えた賃借権についてだけ妨害排除請求権を認める現在の通説・判例の下では，物権と債権の対外的側面における区別（したがってまた物権の対外的性質）は，この対抗要件が問題としている側面，すなわち，同一物上に抵触する内容の権利は両立し得ないという性質（排他性）に求めなければならないことになる。

　このような経緯から，今日のわが国においては，従来の絶対性・相対性に代わって，排他性の有無が，対外関係における物権・債権の識別基準として掲げられるようになっている。

---

(2)　最（2小）判昭和28・12・18民集7巻12号1515頁〔百選Ⅱ21事件・判プラⅡ31事件〕。

第2章

物権の効力

　第1章で述べたように，ドイツ法系のパンデクテン体系の下では，権利の性質の相違から効力・指導原理・取得原因の違いが演繹され，また，物権と債権とは，正反対の性質・効力・指導原理・取得原因を有するものとして対立的に理解される。

　ところで，物権・債権の性質は，それぞれ対内関係と対外関係に分かれていた。そして，債権に関しては，この対内的性質・対外的性質のそれぞれに対応する形で，債権の対内的効力（当事者間効力）・対外的効力（第三者効力）の2つを論ずるのが通例である。となれば，物権の効力に関しても，この債権に関する説明と対比する形で，物権の対内的性質・対外的性質のそれぞれから導かれる，物権の対内的効力・対外的効力を論ずることになりそうだが，ところが，第1に，物権では，対外的効力のみが論じられ，対内的効力は問題とされない。第2に，対外的効力に関して，現行民法典の起草者は，優先効（優先的効力）と追及効（追及的効力）の2つを挙げていた。これに対して，今日の学説は，優先効を挙げる点に関しては同様であるが，追及効に関しては，もっぱら第三者による物権侵害の事例を念頭に置き，侵害排除の法律構成としての物権的請求権を挙げるようになっている（ただし，担保物権の領域では，担保権の実行その他物権の円満な実現の側面での追及効が問題にされている）。

　このうち，物権の対内的効力が論じられないのは，物権の内部関係が，人と物との関係であって，法の領域に属さないことによる。これに対して，対外的効力のうちの追及効が，物権的請求権なる概念に置き換えられてしまったのは，現行民法立法後のわが国の特殊的事情に由来する。

2.1 対内的効力（当事者間効力）

(1) 債権の対内的効力——請求力・給付保持力 　物権との対比を行うため，まず，債権のほうから説明を行っておくと，債権総論の教科書においては，債権の対内的効力（当事者間効力）としては，債権者Aの債務者Bに対する①請求権能（請求力）と，②給付結果を保持できる権能（給付保持力）の2つが挙げられている。

　①請求力とは，たとえば賃貸借契約を締結したにもかかわらず，賃貸人Bが賃借物の引渡義務を履行しない場合，賃借人（引渡義務に関する債権者）Aは，賃貸人（債務者）Bに対して，賃借物を引き渡すよう請求することができる効力をいう。

　一方，②給付保持力とは，賃借物が引き渡された後，賃借人Aが，契約の終了まで賃借物を保持し使用・収益することができ，賃貸人からの返還請求を拒むことができる効力をいうが，これに対して，賃貸人Bが賃借物を持ち去った場合には，賃借物を使用・収益させる義務の債務不履行が生じていることから，①請求力の問題となり，この義務に関する債権者である賃借人Aは，この義務の債務者である賃貸人Bに対して，賃借物を利用させるよう請求できる（債権的請求権であって物権的請求権ではない）。

(2) 物権の対内的効力 　これに対して，債権と異なり，人の物に対する権利である物権については，対内的効力と呼べるものは存在しない。

2.2 対外的効力（第三者効力）

(1) 債権の対外的効力 　債権の効力は，基本的には，債権者・債務者間の対内的効力のみである。

　しかし，債権者Aが債務者Bに対して有している債権の効力が，例外的に第三者Cに及ぶことを認める条文や判例法理もある。

(a) 債権の本来的効力の第三者への拡張 　債権者A・債務者Bの間に成立した債権が，第三者Cに拡張される典型例としては，労働協約の一般

的効力[1]などがある。また，第三者のためにする契約（537条）は，フランスでは契約の第三者効力を認めた規定と解されており，さらに，当事者間債務の拡張と第三者のためにする契約の中間（混合）形態として，第三者のための保護効を伴う契約[2]などがある。

(b) 債権の保全を目的とする特別な第三者効力　また，債権に関しても，その円満な実現が妨げられている場合には，障害を除去するための特殊な第三者効力が認められている。ただし，債権の種類が金銭債権の場合，債権の円満な実現が妨げられている場合とは，取りも直さず，債権者Aが債務者Bの責任財産（一般財産ともいう）について強制執行（民執法22条以下）をしても満足を得られないような場合——すなわち債務者の責任財産の保全の必要がある場合を意味する。そこで，民法典は，この場合の債権者Aに，①債務者Bが第三債務者Cに対して有している債権をBに代わって取り立てる権利（423条。債権者代位権）と，②債務者Bの責任財産を減少させる法律行為をした場合に，債務者Bと受益者Cとの間の法律行為を取り消すことのできる権利（424条。詐害行為取消権）という，2種類の第三者効力を付与した。

では，この2種類の第三者効力が要件を満たさないために債権の満足を得られない場合には，債権者は泣き寝入りするしかないのだろうか。

この問題の解決方法には，2通りのアプローチの仕方がある。

①その1は，債権者代位権・詐害行為取消権の要件を緩和して拡張適用する方法で，非金銭債権に関して債権者代位権[3]や詐害行為取消権[4]を認める判例法理などが，これに属する。

②その2は，物権に認められている第三者効力を，債権にも拡張する方法で，まず，金銭賠償に関しては，大正期以降，「権利一般の不可侵性」

---

[1]　労働組合法17条。労働組合Aが使用者Bとの間で締結した合意の効力を，組合員以外の労働者Cに及ぼすもの。
[2]　AB間の契約の主目的である給付義務のほかに付随義務として成立した保護義務を，家族などの第三者Cにも及ぼすもの。
[3]　大判明治43・7・6民録16輯537頁〔百選Ⅱ13事件・判プラⅡ38事件〕……「債権者代位権の転用」のリーディングケースとなった登記請求権の代位行使の事案である。
[4]　最（大）判昭和36・7・19民集15巻7号1875頁〔百選Ⅱ15事件・判プラⅡ55事件〕。

論に立つ判例によって，不法行為責任が肯定されている。一方，原状回復・差止め（現物賠償）に関して，戦後の判例は，対抗要件を具備した賃借権（不動産賃借権）についてだけ，**物権的請求権**を拡張して保護する立場に立ったが[5]，今日では，物権的請求権の拡張構成に加えて，**不法行為**の拡張構成も有力である。

（2） 物権の対外的効力　　一方，物権には対内的効力は認められないから，物権の効力は，対外的効力に尽きているのであるが，その内容に関して，今日の学説は，①権利者が複数現れた場合に関する**優先的効力**と，②無権利の侵害者に対する**物権的請求権**の2つを挙げている。

2.3　優先的効力

物権の効力のうち，本来的な権利内容を実現する場面における効力である優先的効力は，さらに，(1)物権の債権に対する優先的効力と，(2)物権相互間の優先的効力の2種類に分かれる。

（1） 物権の債権に対する優先的効力　　このうち，物権の債権に対する優先的効力とは，同一物に関して物権と債権が成立した場合には，物権が常に債権に優先することをいう。

Aに対して1000万円の債権を有するX，2000万円の債権を有するY，3000万円の債権を有するZが，Aの唯一の財産である3000万円の不動産について**強制執行**（民執法22条以下）をした場合，債権の種類や成立時期等に関わりなく，X・Y・Zは，不動産の競売代金を債権額に応じて比例分配（按分）する（Xは500万円，Yは1000万円，Zは1500万円）というのが，債権に関する処理である（**債権者平等の原則**）。

だが，もしXが1000万円の債権に抵当権を設定しており，**担保権の実行**（民執法180条以下）の手続をとった場合には，Xの抵当権がY・Zの一般債権に優先して，Xは1000万円全額の満足を受ける一方，一般債権者Y・Zは残額2000万円を按分することになる（Yは800万円，Zは1200万円）。

---

[5]　最（2小）判昭和28・12・18民集7巻12号1515頁〔百選Ⅱ21事件・判プラⅡ31事件〕。

(2) 物権相互間の優先的効力　また，同一物に関して物権が複数成立した場合にも，一定の優先順位決定基準に基づき，どれか1つの物権だけが優先するのであって，債権者平等の原則のように，全員が同一順位に置かれるということは，物権の場合には認められない。物権の支配権としての性質から，対外関係において，他の者による同一内容の支配を排除する性質（排他性）が導かれるからである。

なお，この場合の優先順位の決定基準には，次の3種のものがある。

①	対抗要件の有無・前後で決する	対抗要件の有無につき177条・178条（物権一般）対抗要件の前後につき373条（抵当権）
②	物権の成立の順番で決する	用水地役権（285条2項）動産質（355条）
③	法律の規定により個別的に決定されている	先取特権相互間の優先順位につき339条〜332条，先取特権と動産質権の間の優先順位につき334条，先取特権と抵当権の間の優先順位につき339条

たとえばAに対する1000万円の債権者X，2000万円の債権者Y，3000万円の債権者Zが，債務者A（あるいは物上保証人B）の3000万円の不動産に抵当権を設定した場合には，上記のうち①の優先関係決定基準が適用され，抵当権設定登記の順番が，Xが1番，Yが2番，Zが3番であった場合には，まずXが1000万円の優先弁済を受け，次いでYが残額2000万円について全額弁済を受ける結果，Zの配当額は0円になる。

2.4　物権的請求権

2.4.1　物権的請求権の意義

(1) 物権的請求権の意義・種類　ある権利が侵害された場合，金銭賠償という代償的・事後的救済よりも，原状回復・差止め（現物賠償）という直接的救済のほうが，権利者の保護に厚いことはいうまでもない。その法律構成には，種々のものがあるが，現在の判例・通説は，ドイツ法の「物権的請求権」なる法律構成を採用している。

ドイツの物権的請求権は,「所有権に基づく請求権」に関する諸規定と,その制限物権への準用規定から成り立っている。それゆえ,この概念を輸入したわが国の物権的請求権の定義に関しても,所有権に基づく請求権における「所有権」の語を「物権」に置き換えればよい。

ただし,わが国の物権的請求権が,①物権的返還請求権・②物権的妨害排除請求権・③物権的妨害予防請求権の3種類とされているのに対して,ドイツにおける物権的請求権は,①返還請求権と,②妨害排除請求権の2種類で,わが国の③妨害予防請求権は,②妨害排除請求権の一態様にすぎない。それが独立して別類型となった理由は,ドイツの物権的請求権をわが国に導入する際に,条文根拠に関して,物に対する単なる現実的支配にすぎない占有権においてすら「占有の訴え」(197条以下) という保護手段が規定されているのだから,まして観念的支配権である所有権(および制限物権)については,侵害に対する保護が認められて当然である,という勿論解釈が主張された結果,民法の規定する占有訴権の3類型に揃える形で,物権的請求権が再構成されたためである。

種　類	所有権に基づく〔物権的〕返還請求権	所有権に基づく〔物権的〕妨害排除請求権	所有権に基づく〔物権的〕妨害予防請求権
請求権者 (原告)	所有権者〔物権者〕が,	所有権者〔物権者〕が,	所有権者〔物権者〕が,
相手方 (被告)	占有の方法で,所有権〔物権〕を現に侵害している者に対して,	占有以外の方法で,所有権〔物権〕を現に侵害している者に対して,	占有あるいは占有以外の方法で,所有権〔物権〕を侵害されるおそれを生ぜしめている者に対して,
請求内容 (効果)	占有の回復を請求する権利	妨害の停止を請求する権利	妨害の予防を請求する権利
占有訴権	198条「占有保持の訴え」	199条「占有保全の訴え」	200条「占有回収の訴え」

(2) 物権的請求権の性質　なお,古典的な学説においては,物権的請求権の法的性質が大いに論じられ,①物権効力説(物権的請求権は物権の効

力ないし一作用にすぎず，独立した権利ではないとする説），②請求権説（物権から派生して常に物権に依存する別個の請求権であるとする説），③準債権説（債権に準ずる特殊の請求権であるとする説），④債権説（それ自体が純粋な債権であるとする説）といった見解が対立していた（①→②→③→④の順で，物権からの独立性が強調される）。

このような争いも，基本的にはドイツの議論を継受したもので，具体的には，以下のような論点に関して，物権的請求権の性質が問題とされてきた（たとえば (b)(c) の論点に関する判例は，否定の結論を①物権効力説の立場から導く）。

(a)	物権的請求権の債権的請求権に対する優先性	肯定（物権の優先的効力）。
(b)	物権と独立した時効消滅可能性	判例（大判大正 5・6・23 民録 22 輯 1161 頁〔判プラ I 214 事件〕）・通説は否定。
(c)	物権と独立した譲渡可能性	判例（大判昭和 3・11・8 民集 7 巻 970 頁）・通説は否定。
(d)	債権法規定の適用可能性	判例（不法原因給付の規定（708 条）の物権的請求権への適用につき最（大）判昭和 45・10・21 民集 24 巻 11 号 1560 頁〔百選 II 76 事件〕）・通説は肯定。

2.4.2 物権的請求権の要件

物権的請求権の意義・種類に関する前頁の表で分割して記載したように，所有権に基づく請求権（物権的請求権）の要件は，(1) 請求権者（原告）が所有権（物権）を有していること，(2) 相手方（被告）が占有あるいは占有以外の方法で所有権（物権）を侵害していることの 2 点である。

(1) 請求権者（原告）側の要件 　(1) 請求権者（原告）側の要件　請求権者（原告）が所有権（物権）を有していること——から説明すれば，以下の通りである。

(a) 物権的請求権の認められる物権 　まず注意しなければならないのは，物権的請求権はすべての物権について認められるわけではなく，物権の中には，物権的請求権が認められないものもある（ドイツ法の沿革に即し

て言い換えれば，所有権に基づく請求権が拡張・準用されない物権もある）という点である。

(i) 占有権　まず，占有権に関しては，占有の訴え（占有訴権）という保護制度が，すでに明文で規定されているので（197条〜202条），物権的請求権を認める必要はない。日本の民法典もそうであるが，ローマ法系の民法典の物権法は，現実的支配権である占有権の体系と，観念的支配権である所有権（および制限物権）の体系の2本立てになっており，それぞれについて，①権利変動の要件と②権利の効果（効力）が，別立てで定められている[1]。

(ii) 用益物権　一方，現行民法典制定後に輸入されたドイツ法の物権的請求権概念は，所有権に基づく請求権を，使用収益を権利内容とする物権すなわち用益物権に拡張するものである。換言すれば，物権的請求権は，本来的には，物権の中でも，使用・収益権能を内容とする観念的支配権を保護するために認められたものであった。

(ア)　**地上権・永小作権・共有入会権**　なお，物権・債権の別なく，権利内容の中に物の占有が含まれている権利を，占有の側から見て占有すべき権利（Recht zum Besitz）あるいは占有権原というが，物の使用収益は，物の占有を通じて行われるのが普通であるから，物権的請求権による保護を受ける権利は，通常は占有すべき権利である。所有権（206条）のほか，4種類の用益物権のうち，地上権（265条）・永小作権（270条）・共有の性質を有する入会権（所有権の共有の規定が適用される。263条）がこれに当たる[2]。

(イ)　**地役権・地役入会権**　そして，このような観念的支配権の保護制度は，占有を伴わない使用収益権にも拡張された。4種類の用益物権のうち，

---

[1] ①要件についていえば，物権編「第1章　総則」に設置されている物権変動に関する規定（176条〜179条）は，すべて観念的支配権（所有権・制限物権）に関するもので，現実的支配権（占有権）の変動に関しては「第2章　占有権」の「第1節　占有権の取得」ならびに「第3節　占有権の消滅」に別立てで規定されている。一方，②効果（効力）のうち，権利が侵害された場合の保護制度に関して，フランス法は，観念的支配権（所有権・制限物権）の体系においても，物上訴権の明文規定を置き，ドイツ法も，所有権に基づく請求権と制限物権への準用規定を置くのに対して，日本では，現行民法典を制定する際に，旧民法の物上訴権の規定を削除してしまったのである（起草者は，わざわざ設置しなくても自明のことで，手続の詳細は民事訴訟法で規定すればよいと考えた）。

地役権 (280 条) および地役権の性質を有する入会権 (294 条) がそれであって，地役権は，他人の土地（承役地）を自己の土地（要役地）の便益（観望・通行・用水などの目的）に供する権利であり (280 条参照)，他人の土地（承役地）を占有すべき権利ではない。したがって，地役権に関しては，相手方の占有を要件とするところの返還請求権は認められない。だが，この場合にも観念的な使用収益権を保護する必要があることから認められるようになったのが，妨害排除請求権（および妨害予防請求権）の淵源である。その結果，第三者の承役地の占有により，結果的に地役権が侵害されているような場合には，地役権者は，返還請求権ではなく妨害排除請求権を行使して，第三者を排除する(3)。

　(iii)　担保物権　　以上のように，ローマ法・フランス法の物上訴権とその発展型であるドイツ法の物権的請求権は，観念的支配権における使用・収益権能の侵害に対する保護制度であったことから，担保権能（処分権能のうち，物を換価して債権の優先弁済に充てる権能のこと）を権利内容とする物権（担保物権）は，少なくとも本来的な保護対象ではなかった。

(ア)　用益型担保における用益権侵害　　ただし，権利内容として，優先弁済権のほかに物の使用・収益権も有している担保物権（質権のうち不動産質権がこれに当たる。356 条）については，用益物権と同様，物権的請求権が認められる。

(イ)　占有担保における占有侵害　　しかし，物の占有は認められているものの使用・収益権が認められていない担保物権（留置権と不動産質以外の質権）のうち，①留置権については，占有を喪失した場合には物権そのも

---

(2)　これらの権利の使用収益権能を侵害者が占有の方法で侵害した場合には，権利者は物権的請求権の中でも返還請求権を行使することになるが，注意しなければならないのは，物権的返還請求権の要件は(1)請求者（原告）の物権と(2)相手方（被告）の占有のみであって，(1)請求者（原告）の過去の占有（もと占有）は物権的返還請求権の要件ではない点である。物権的返還請求権は，観念的支配権であるところの占有すべき権利を保護する制度であって，占有訴権のように現実的支配であるところの占有そのものを保護する制度ではないからである。したがって，たとえば Y が不法占有している土地を所有者 A から買い受けた X は，いまだ A から引渡し（＝占有の移転のこと）を受けていなくても，Y に対して返還請求権を行使できる。

(3)　最 (3 小) 判平成 17・3・29 判時 1895 号 56 頁・判タ 1180 号 182 頁。

のが消滅するため（302条本文），物権的返還請求権は使えない。また，②質権の中でも動産質に関して，立法者は，質物の占有を侵奪された場合に，占有回収の訴え（200条）による保護しか認めなかった（353条）。

では，①留置権に関して，占有喪失以外の占有侵害に対して，物権的妨害排除請求権・妨害予防請求権を行使できるか。②動産質権に関して，占有侵奪以外の占有侵害に対して，物権的請求権を行使できるか。あるいは，③その他の占有担保（動産質権以外の質権）に関して，占有侵害を理由とする物権的請求権を行使できるか。前記動産質権に基づく返還請求を認めない立法者の基本姿勢からすれば，否定的な答えも考えられるが，今日の学説は，これらの場合には物権的請求権の行使を肯定する。

(ウ) 優先弁済権侵害　では，留置権以外の担保物権の権利内容である優先弁済権が侵害された場合に，物権的請求権を行使できるか。この点は，とりわけ上記(ア)使用・収益や(イ)占有を権利内容としていない担保物権（非占有担保。先取特権と抵当権）において切実な問題となるが，判例は，戦前より，抵当権の設定された土地上の立木の伐採・搬出禁止請求（＝抵当権に基づく妨害排除請求権・妨害予防請求権）を肯定しており[4]，さらに，近時では，請求内容として，第三者が抵当建物を占有している場合に，抵当権に基づく妨害排除請求権としての建物明渡請求（＝占有移転請求）をも認めるに至っている[5]。

(b) 対抗要件の要否　物権的請求権の請求者（原告）側の要件である所有権（物権）に関して注意すべきもう一つの点は，対抗要件を具備した所有権（物権）である必要はないという点である。

この論点もまた，物権的請求権の法的性質の論点と関係しており，性質論に関して判例の物権効力説に立った場合には，物権的請求権の成立要件は，すなわち物権それ自体の成立要件であるところ，法律行為による物権変動は，意思表示のみを要件とし（176条。意思主義），登記・引渡しその

---

(4) 大判大正5・5・31民録22輯1083頁〔判プラⅠ342事件〕。
(5) 最（大）判平成11・11・24民集53巻8号1899頁〔判プラⅡ41事件〕が，債権者代位権の転用法理を用いて建物明渡請求を認めた後，最（1小）判平成17・3・10民集59巻2号356頁〔百選Ⅰ88事件・判プラⅠ340事件〕が，抵当権に基づく妨害排除請求権構成を正面から採用した。

他の形式は，物権変動の成立要件とされていない。

（2）相手方（被告）側の要件　　以上の物権的請求権と，不法行為とを比較した場合，(1)請求者（原告）側の要件に関しては，不法行為のほうが保護対象の範囲が広い（物権的請求権については，拡張したところで観念的支配権の限りであるのに対して[6]，不法行為では「権利」のみならず「法律上保護すべき利益〔＝**法益**〕」も救済の対象に含まれる。709条）。しかし，物権的請求権に関しては，(1)請求者（原告）側要件に関して絞り込みがかかる代わりに，(2)相手方（被告）側の要件については，不法行為よりも緩やかである。

(a)　侵害の認定基準　　すなわち，所有権に基づく請求権（物権的請求権）の相手方（被告）側の要件は，占有あるいは占有以外の方法で所有権（物権）を侵害していることであるが，ここにいう「侵害」要件の認定は，以下のようになっている。

(i)　客観的違法状態　　第1に，不法行為においては，「権利または法益侵害」ないし「違法性」要件の判断に関して，相関関係説が採用されているのに対して，物権的請求権における「物権侵害」の判断基準は，客観的違法状態の有無に求められている。すなわち，不法行為における相関関係説は，①被侵害者側の事情（被侵害権利・法益の社会的重要性・要保護性）と②加害者側の事情（侵害行為の悪性の強度）を相関的・総合的に考慮して違法性の有無を判断するものであるが，これに対して，物権的請求権における客観的違法状態の有無という判断基準は，もっぱら①被侵害権利につき，その種類・性質・内容に照らして権利の実現が妨げられているかどうかという客観的評価のみによって侵害の有無を判断し，②侵害者側の事情を考慮要素に組み込まない。

(ii)　侵害者の主観的態様の不顧慮　　その結果，第2に，不法行為と異なり，物権的請求権においては，侵害者の主観的態様――たとえば物権侵

---

[6] 物権的請求権を支配権一般に拡張する典型例が，人格権侵害を理由とする妨害排除・差止請求である。差止請求につき最（大）判昭和61・6・11民集40巻4号872頁〔百選Ⅰ4事件・判プラⅠ19事件〕，「人格権的権利」に基づく妨害排除請求につき最（1小）判平成9・12・18民集51巻10号4241頁〔判プラⅠ219事件〕，最（1小）判平成12・1・27判時1703号131頁・判タ1025号118頁，最（1小）判平成18・3・23判時1932号85頁・判タ1209号72頁。

害に関する認識（悪意）や故意・過失，あるいはその前提となる責任能力といった点もまた，問題となってこない。

(iii) 原因（与因）関係の不顧慮　また，第3に，不法行為においては，現在の侵害状態を引き起こした原因者（与因者）が，請求の相手方（被告）となるのに対して，物権的請求権における請求の相手方（被告）は，現在の侵害者であって，この者が侵害状態を引き起こした原因者（与因者）であるかどうかは，およそ問題とならない。

(b) 侵害の態様　すでに触れたように，物権的請求権の種類に関する①返還請求権・②妨害排除請求権・③妨害予防請求権の3分類は，相手方（被告）の侵害の態様の違いを基準とするもので，占有訴権の3分類を模して作られたわが国独自のものである。このうち，①返還請求権と②妨害排除請求権の違いは，①占有の方法による物権侵害か，②占有以外の方法による物権侵害か，という点にあるが，①と②を隔てるところの占有の有無の認定は，実際には非常に微妙である。

(i) 1筆の土地の一部の侵害者　初学者がしばしば混乱するのは，1筆の土地の一部の明渡請求において行使されているのは，返還請求権か妨害排除請求権か，という点である（1個の建物の一部の場合も同様）。結論的にいえば，この問題は，当該土地部分・建物部分について相手方（被告）の占有が認められれば返還請求権になり，認められなければ妨害排除請求権になる点において，1筆の土地の全部・1個の建物の全部の侵害の場合と変わるところはない。

この問題は，占有の成立要件と関係している。すなわち，占有の成立のためには，①占有意思と②物の所持の2つが必要であるが（180条），その有無は（要件判断の詳細については本書「第7章　占有権」の個所で説明するが）①・②のどちらに関しても客観的に認定される。そのため，相手方（被告）が1筆の土地の一部・1個の建物の一部しか侵害していないような状況は，客観的に見て，①占有意思がない，あるいは②所持がないと認定される場合が多く，その結果として，返還請求権の要件を満たさず，妨害排除請求権の問題として処理される事案が事実上多くなる，というだけの話である。しかしながら，境界紛争のように，1筆の土地の一部について相手方の①

占有意思ならびに②所持が認定されやすい事例もあり，その場合の請求権の種類は，返還請求権となる。

(ii) 土地の利用者・土地上の工作物の所有者　同様の占有の有無の認定問題は，土地を耕作等により利用する者や，土地上に建物その他の工作物を所有する者についても，等しく当てはまる。すなわち，たとえばAの土地にBが車を駐車している状態は，Bには土地についての占有意思もなく，また所持にも至らないと認定されるケースがほとんどなので，返還請求権ではなく妨害排除請求権の問題となるのが通例である。これに対して，Aの土地上にBが建物を所有している状態は，社会通念上，建物の敷地部分を占有していると常に評価できるから，Aは土地所有権に基づく返還請求権としての建物収去土地明渡請求権を建物所有者Bに対して行使できる。しかし，どの程度の規模の工作物であれば土地の占有と評価できるか，あるいは耕作その他の土地の利用がどの程度の状態であれば占有と認定できるかは，結局のところ，ケース・バイ・ケースである。

(iii) 土地上の建物の譲渡人・譲受人　では，土地の占有の認定される典型例である土地上の建物所有の事例に関して，BがCに建物を譲渡したが，登記名義がまだBにある場合，土地所有者Aは，建物の譲渡人B・譲受人Cのどちらを相手方として，返還請求権を行使すべきか。

判例は，原則として現在の建物所有者を相手方とすべきとし，①未登記建物の所有者〔B〕が未登記のままこれを第二者〔C〕に譲渡した場合には，これにより確定的に所有権を失うことになるから，その後，その意思に基づかずに譲渡人名義に所有権取得の登記がされても，右譲渡人〔B〕は，土地所有者〔A〕による建物収去・土地明渡しの請求につき，建物の所有権の喪失により土地を占有していないことを主張することができるとし[7]，また，②建物の所有名義人〔B〕が実際には建物を所有したことがなく，単に自己名義の所有権取得の登記を有するにすぎない場合も，土地所有者〔A〕に対し，建物収去・土地明渡しの義務を負わないとする[8]。

しかし，上記①・②の事案に当てはまらない場合——すなわち，他人の

---

(7) 最（2小）判昭和35・6・17民集14巻8号1396頁〔判プラⅠ216事件〕。
(8) 最（1小）判昭和47・12・7民集26巻10号1829頁〔判プラⅠ217事件〕。

土地上の建物の所有権を取得した者〔B〕が自らの意思に基づいて所有権取得の登記を経由した場合には，たとい建物を他〔C〕に譲渡したとしても，引き続き右登記名義を保有する限り，土地所有者〔A〕に対し，右譲渡による建物所有権の喪失を主張して建物収去・土地明渡しの義務を免れることはできないとされる[9]。

(iv)　占有代理人・土地上の建物の賃借人　では，①Bが占有代理人（地上権者・賃借人・受寄者など）Cを通じてA所有の土地を不法占有している場合はどうか。あるいは，②土地上の建物の所有者BからCが同建物を賃借した場合はどうか。返還請求権の「相手方（被告）の占有」要件は，直接占有・間接占有を問わないので，①・②のいずれの場合にも，Aは，Bを相手に返還請求権を行使できる。だが，問題は，Cに対しても物権的請求権を行使できるか，という点である。

まず，①A所有の土地それ自体をBが占有代理人Cを通じて不法占有している場合についていえば，「相手方（被告）の占有」要件は，自主占有・他主占有も問わないので，Aは，自主占有者Bのみならず，他主占有者Cに対しても返還請求権を行使できる。次に，②土地上の建物の賃借人Cに関していえば，賃貸借の場合に限らず，およそ建物を占有使用する者については，敷地も占有していると評価されるというのが判例の立場である[10]。ただし，建物所有者Bと異なり，建物賃借人Cには建物に関する処分権がないので，土地所有者AのCに対する請求内容は，建物収去土地明渡請求ではなくして，建物退去土地明渡請求になる。

さらに，設例②に関して注意しなければならないのは，不法行為に基づく損害賠償（金銭賠償）に関しては，土地所有者Aが土地を使用収益できないことと，建物賃借人Cの建物の占有使用との間には，特段の事情（たとえばBが建物収去土地明渡しをしようとする場合にCがことさらに退去せずこれを妨害する等の事情）のない限り相当因果関係がないとされている点である[11]。したがって，上記設例②のAは，物権的請求権に関しては，建物の所有ないし占有使用を通じて土地を占有しているB・Cのどちらにも請

---

[9] 最（3小）判平成6・2・8民集48巻2号373頁〔百選Ⅰ47事件・判プラⅠ218事件〕。
[10] 最（3小）判昭和34・4・15訟月5巻6号733頁〔判プラⅠ265事件〕。

求できるが，不法行為責任に関しては，特段の事情のない限り建物所有者Bに対してしか請求できない[12]。

(v) 占有補助者（占有機関）・法人の占有 以上(iv)はCが独立の占有者であった事案であるが，これに対して，①CがBの家族・使用人等の占有補助者（占有機関）であった場合には，Aの請求の相手方はBのみであり，独立的な地位にないCについては，Bに対する請求（判決）の効力が当然に及ぶので，もっぱらBを相手とすれば足りる[13]。一方，②法人学説に関して擬制説をとった場合には，法人Bの占有は常に代表者Cを占有代理人とする代理占有となるので，Aの返還請求権の相手方は，法人Bでも代表者Cでもよいことになるが，実在説に立った場合には，代表者Cは占有補助者（占有機関）にすぎないことになるので，Aは，もっぱら法人Bを相手に物権的請求権を行使すべきことになる（詳細は「第7章　占有権」の個所で説明する）。

❖ **所有権留保の留保所有権者の占有**

　Bは，Cが購入する自動車の代金を立替払し，Cが立替金債務を完済するまで所有権を留保する内容のオートローン契約を締結した。一方，Cは，A所有の駐車場を賃借して，購入した自動車を駐車していたが，Bに対する立替金債務の不払により期限の利益を喪失して，残債務全額の弁済期が到来した。他方，Cは，Aとの間の駐車場賃貸借の賃料も支払わなかったので，Aが，Cとの間の賃貸借契約を解除したうえ，自動車の留保所有権者であるBに対して，Bの自動車がAの土地所有権を侵害しているとして，自動車の撤去と土地明渡しを請求した事案につき，最（3小）判平成21・3・10民集63巻3号385頁は，「留保所有権者は，残債務弁済期が到来するまでは，当該動産が第三者の土地上に存在して第三者の土地所有権の行使を妨害しているとしても，特段の事情がない限り，当該動産の撤去義務や不法行為責任を負うことはないが，残債務弁済期が経過した後は，留保所有権が担保権の性質を有するからといって上記撤去義務や不法行為責任を免れることはないと解するのが相当である」とする。

---

(11)　最（3小）判昭和31・10・23民集10巻10号1275頁。
(12)　なお，最（1小）判昭和34・6・25民集13巻6号779頁はCに対する損害賠償を肯定するが，この判例は，特段の事情があり相当因果関係が認められた事例と解されている。
(13)　最（1小）判昭和35・4・7民集14巻5号751頁。

2.4.3 物権的請求権の効果

(1) 請求の種類　物権的請求権の効果の内容を，各類型別にいえば，(a) **返還請求権**に関しては，目的物に関する相手方Bの占有の物権者Aへの移転を求めることであり，動産の場合には引渡請求，不動産の場合には明渡請求，相手方Bが土地上に建物を所有することで土地を占有している場合には建物収去土地明渡請求，建物に関して処分権限のない者Cが建物を占有することで土地を占有している場合には建物退去土地明渡請求になる。一方，(b) **妨害排除請求権**の請求内容は，工作物撤去請求その他占有の方法以外による物権の侵害の停止・除去を求めること，(c) **妨害予防請求権**の請求内容は，差止請求その他物権侵害の危険を生ずる原因を停止・除去して侵害を未然に防ぐ措置を求めることである。

(2) 請求の内容　一方，これらの効果の具体的内容に関して，わが国においては，①物権的請求権が，相手方に対して侵害の除去行為を行うよう要求する権利（**行為請求権**）なのか，それとも，②回復行為を行うのは請求者自身であり，物権的請求権は，相手方に対して請求者の行う回復行為を妨げないことを要求する権利（**忍容請求権**）にすぎないのかが争われてきた。この対立は，見方を変えていえば，**物権的請求権の費用負担者**は，①相手方・②請求者のどちらなのか，という問題である。

(a) 判例（行為請求権説）　この点に関して争いが生じたのは，昭和初期の判例において，次のような事案が相次いだためである。

【事案1】	X所有の建物の賃借人Aが，Yから賃借した機械を建物内に設置したが，建物賃貸借契約終了の際，そのまま放置した。Xは，自分でこの機械を撤去しなければならないか。それとも機械の所有者Yに対して撤去を求めることができるか。
【事案2】	Xの所有する甲土地の隣地である乙土地の所有者Aが境界線付近の土地部分を掘り下げたため，X所有の甲土地に崩壊の危険が生じたが，その後，Aは，その所有する乙土地をYに売却した。Xは，自分で甲土地の崩壊を防止するための措置を講じなければならないのか。それとも乙土地の譲受人Yに対して，防止措置を講ずるよう請求できるか。

判例は，【事案1】【事案2】のいずれに関しても，行為請求権説に立って，被告Yの費用負担での妨害排除・妨害予防措置を命じた[14]。

だが，【事案1】に関しては，建物所有者XのYに対する妨害排除請求権のほかに，機械の所有者Yの側からもXに対して返還請求権を行使できるように思われる。すなわち，【事案1】に関しては，**物権的請求権の衝突**が起きているようにも見える。一方，【事案2】に関する判例は，物権の侵害状態が，乙土地の譲渡人Aではなく，**自然力・不可抗力によって生じた場合**には，Yは責任を負わないとしているようにも読めるため，これらの点をめぐって，その後の学説は紛糾することとなった。

(b) 学　説　学説の立場は，以下の諸説に分かれる。

(i) 忍容請求権説　この見解は，物権的請求権の法的性質に関する物権効力説を援用しつつ，自説を次のように説明する。すなわち，物権的請求権は物権の一作用にすぎず，そして，物権は人の物に対する権利であって，人に対する権利ではないから，物権侵害が生じた場合には，常に物権者X自身が物の支配状態を回復すべきものであり，相手方Yは単にこれを消極的に忍容すれば足りる。したがって，上記【事案2】に関しては，物権侵害が自然力・不可抗力によって生じた場合はもちろん，第三者Aの行為によって生じた場合にも，物権者X側の負担において侵害の除去がなされるべきである。なお，相手方Yの行為によって侵害が生じた場合には，もちろん相手方Yに侵害除去費用を請求することができるが，それは**不法行為**による損害賠償の効果であって，これを物権的請求権の内容と理解すべきではない，というのである。

なお，学説の中には，基本的には忍容請求権説に立ちつつ，相手方Yに帰責性がある場合に関しては，例外的に行為請求権になると解する見解もある（**責任説**）。この見解は，Yの費用負担の有無を，忍容請求権説のように不法行為の要件判断で処理するのではなく，物権的請求権の内部において，Yの帰責性という独自の基準で決する点に特徴があるが，しかし，その具体的内容については，同説の内部でも対立が見られる。

---

[14] 【事案1】に関して大判昭和5・10・31民集9巻1009頁，【事案2】に関して大判昭和7・11・9民集11巻2277頁，大判昭和12・11・19民集16巻1881頁〔百選 I 46事件〕。

一方，これら忍容請求権説・責任説は，上記【事案1】を用いて，行為請求権説を次のように批判した。すなわち，行為請求権説に立った場合には，【事案1】のような衝突事例においては，X・Yのどちらか先に物権的請求権を行使したほうが，相手方に費用負担を負わせることができるという「早い者勝ち」の結果となって不当である，というのである。

　(ii)　行為請求権説　　他方，こうした批判を受けて，かつてより通説であった行為請求権説の側も，その内容を修正するに至った。

　まず現れたのが，物権的請求権の中でも返還請求権についてだけ，原則は行為請求権であるが，相手方がその意思によって占有を取得したのではない場合には，例外的に忍容請求権になるとする見解である（行為請求権修正説）。だが，この見解に対しては，返還請求権についてだけ忍容請求権への転換が生ずることの根拠が明らかではない，との批判が提起された。

　その結果，今日の多数説は，行為請求権から忍容請求権への転換という発想をやめ，これに代えて，【事案1】のようなケースにおいては，社会観念上客観的に見て，もっぱら一方が他方を侵害していると評価すべきであり，そこには1つの物権的請求権しか成立しておらず，衝突は生じていないと理解するようになっている（衝突否定説）。

　この見解にいう「社会観念上客観的に見て」という表現はいささか不明瞭であるが，これは，結局のところ，返還請求権における「客観的違法状態」であるところの「相手方の占有」要件を否定するものであろう。つまり，【事案1】においてXの建物内にYの機械が放置されているだけの状態では，機械に対するXの占有が成立していない（占有の成立要件である占有意思がない，あるいは所持がない）。したがって，Yの返還請求権は，「相手方の占有」要件を満たさず成立しない。ただし，Yの引取行為（これはXの行為請求権たる妨害排除請求権に対応するYの義務の履行行為ということになる）を，Xが妨害したような場合には，Xには機械に関する占有が成立したと認定できる一方，Xの建物に関するYの機械の侵害状態はなくなったと評価できるので，今度は，YからXへの行為請求権たる返還請求権だけが成立することになる。

第3章

物権の指導原理

　ドイツ法学の影響を受けた古典的な学説は，債権との対比において，物権ないし物権法の指導原理を，以下の3段からなる論理展開によって導き出す。すなわち，①第1章で述べたような物権の性質（直接支配性と排他性）から，②第2章で述べた物権に固有の効力（＝対外的効力）が導かれ，そして，この強力な効力ゆえに，③物権ないし物権法には，債権（債権法）とは正反対の指導原理が認められる，というのである。このような論理によって導き出された指導原理は，(1) 物権の客体に関する原則，(2) 物権の種類に関する原則，(3) 物権の公示に関する原則からなる。

3.1　物権の客体に関する原則

　(1) 物権・財産権・私権の客体可能性　　第1に，物権は，ある一定の性質を有している客体についてしか成立しない。しかし，この点に関する学説の説明の中には，(a) 財産権の内部において，債権の客体にはなるが，物権の客体にはならない，という問題のほかに，(b) 私権の内部において，非財産権の客体にはなるが，財産権の客体にはならない，という問題，(c) およそ権利（＝法）の中で，公権（＝公法）の対象となり，私権（＝私法）の対象とならない，という問題が，混入している。

　(2) 物権の客体に関する原則　　そのうち，物権の成立が可能な客体の属性に関して，従来の学説は，①現存性・②特定性・③有体性・④独立性・⑤単一性・⑥非人格性を挙げる。これらはすべて，物権の支配権としての性質の，客体の側面における反映である。物権が支配権である以上，

客体に支配可能性がなければ、対第三者間はもちろん、当事者間においても物権は成立しない（なお、この場合に、当事者間に債権の限りでの権利義務関係が成立するかどうかは一つの問題であるが、結論的にいえば、成立する場合と成立しない場合とがある）。

一方、ここにいう支配可能性の中味は、(a) 物理的な支配可能性と、社会的な側面における (b) 支配価値および (c) 社会的な支配可能性に分かれる。たとえば天体は、①現存性・②特定性・③有体性・④独立性・⑤単一性を備えているけれども、現在の科学技術では (a) 物理的な支配可能性がないため、物権は成立しない。しかし、将来、科学技術の進歩により (a) 物理的な支配可能性が生じてくれば、客体に (b) 社会的に見て支配する価値があるのなら、(c) 社会的に支配が禁止されない限り、物権の成立は認められることになる。一方、奴隷は、当初より (a) 物理的意味における支配可能性があり、また (b) 支配価値もあるが、しかし、今日においては (c) 社会的意味における支配可能性が否定されている。

以上と同様に、従来の学説の挙げる物権の客体に関する制約──①現存性・②特定性・③有体性・④独立性・⑤単一性・⑥非人格性──についても、(a) 物理的支配可能性に加えて、社会的な (b) 支配価値ならびに (c) 社会的支配可能性が考慮要素に入っている。以下、順番に、これらの性質（＝制約）の内容と、その例外について触れてゆく。

(a) 現存性 現にその場に存在していない客体については、物権は成立しない。現存しない客体については、普通は物理的・社会的に見て支配可能性がないからである（たとえば10年後の建築が計画されている建物を、現時において「支配」することはできない）。

ただし、将来物権の客体となることが確実な場合については、現時において物権が認められる場合もある（建物を新築する場合の不動産工事の先取特権（327条）など）。

(b) 特定性 同様に、不特定の物に対する「支配」も、普通は成り立たないから、不特定物は物権の客体とならない（物権の客体は特定物に限られる）。これに対して、債権は、種類物についても成立する（401条）。

なお、物権の支配権能のうち、とくに担保権能の部分を権利内容とする

物権（担保物権）に関しては，担保権の実行（民執法180条以下）の手続との関係でも，客体の特定性が要求される点において，債務者の責任財産（一般財産）を引当てにするところの，一般債権と異なる。ただし，一般先取特権の客体は，一般債権と同様，債務者の総財産の上に成立し（306条），また，在庫商品のような流動物であっても，これを物権の客体とする立法（鉄道財団・工場財団・鉱業財団・軌道財団・運河財団・漁業財団・港湾運送事業財団・道路交通事業財団・観光施設財団の計9財団に関する財団抵当法や企業担保法など）や判例法理（流動集合動産譲渡担保など）がある。

(c) 有体性 　民法85条は「この法律において『物』とは，有体物をいう」と規定する。有体物とは，空間の一部を占める有形的存在──すなわち固体・液体・気体のことをいい，したがって，無体物（電気・熱・光や権利）は，民法典上の「物」ではない。そして，この規定は，単なる定義規定ではなく，その背後には，私権とりわけ物権の客体は有体物でなければならない，との原則（有体性原則）が控えている。

ただし，立法者は，無体物であっても，物理的および社会的な支配可能性があり，また支配価値が認められるものについては，例外的に物権の客体となる旨の特別規定を設置している（民法典の認める特別規定として，①無記名債権は動産とみなされ（86条3項），②すべての財産権が準占有（205条）・準共有（264条）・質権（権利質。362条）の客体となり，③地上権・永小作権が抵当権の客体となることが（369条2項）認められている）。

(d) 独立性・単一性 　この2つの原則（制約）は，一物一権主義と呼ばれる原則の下位原則である。一物一権主義とは，①1個の物の上に同一内容の物権は1個しか成立せず，②1個の物権の客体は1個の物でなければならない，という原則をいう。このうち，物権の個数に関する①の命題は，物権の優先的効力を導くところの対外的な性質である排他性を，権利主体の個数でなく，権利の個数の側から言い直したものである。一方，物の個数に関する②の命題は，さらに，(i)1個の物の一部分には独立の物権は成立せず，(ii)数個の物に対して1個の物権は成立しない，という原則に分かれる。それが (i) 独立性原則と (ii) 単一性原則である。

(i) 独立性 　1個の物の一部または構成部分に独立した支配を認め

ることは，物理的にも社会的にも困難であり，また仮に可能であっても無意味なことが通例であるから，物権の客体とならない。だが，この原則に関しても，例外的な立法・慣習・判例法理がある。

（ア）1筆の土地の一部　　かつて，判例は，1筆の土地の一部については，分筆登記をして2筆の土地に分けなければ所有権は成立しないとしていたが，大正13年に判例変更を行い，1筆の土地の一部の譲渡による所有権移転効果は，分筆登記以前においても，当事者間においては発生するとし(1)，1筆の土地の一部の時効取得も肯定するに至った(2)。

（イ）1個の建物の一部　　土地に関しては，どの部分を区画して支配領域を確定してもよいのに対して，1個の建物の一部の譲渡に関しては，支配可能性との関係で制約がかかる。法律は，①「構造上区分された数個の部分」で②「独立して住居，店舗，事務所又は倉庫その他建物としての用途に供することができるもの」についてだけ，建物の所有権とは独立別個の所有権（区分所有権）を認めているからである（区分所有法1条）。したがって，建物の一部が，①・②の要件を備えている場合には，分割登記をしなくても，売買契約の当事者間では有効に所有権が移転し(3)，借家人が家主の承諾を得て行った増改築部分が，①・②の要件を備えている場合には，242条ただし書が適用されて，増改築部分について借家人の所有権が成立する(4)。

（ウ）立木・未分離果実・稲立毛　　明治42年法律第22号（立木ニ関スル法律）にいう立木（りゅうぼく）（同法1条1項）については，独立した不動産とみなされ（同法2条1項），土地と分離した譲渡や抵当権設定が認められる（同条2項）。さらに，この法律の適用のない立木や，未分離果実・稲立毛（いなたちげ）（刈り入れ前の稲）についても，慣習を根拠に，土地と独立した物権の客体としての取引が肯定されている(5)。

---

(1) 大（民連）判大正13・10・7民集3巻476頁〔百選Ⅰ11事件〕。
(2) 大（民連）判大正13・10・7民集3巻509頁。
(3) 大判昭和4・2・15民集8巻124頁。
(4) 肯定例として最（3小）判昭和38・10・29民集17巻9号1236頁，否定例として最（3小）判昭和44・7・25民集23巻8号1627頁〔百選Ⅰ73事件・判プラⅠ296事件〕。

(ii) 単　一　性　　他方，複数の物を同時に支配することは，通常は物理的にも社会的にも困難であるから，物権の客体とならない。

しかし，個々の物の総体（集合物）が1個の物として支配可能であり，かつ支配価値が認められる場合には，これを1個の物権の客体とする立法や判例法理が存在する（集合物論）。前記(b)特定性に関する例外（流動物）の個所で挙げた立法（9種の財団抵当法と企業担保法）や判例法理（流動集合動産譲渡担保など）は，物の個数に関しては集合物論をとる。

(e) 非人格性　　人に対して，物権は成立しない。近代法の下では，人が人を支配することは社会的に許されないからである。

> ❖ 金　　銭
>
> なお，金銭も，所有権ないし物権の客体となる（動産）。しかし，金銭は，もっぱら交換価値の表象物として意味を持ち，物理的な個性は，基本的に問題とならない。その結果，金銭に関しては，物権法の規定のうち，かなりの部分の適用が排除され，債権法秩序によって法律関係が処理されることとなる。
>
> **(1) 金銭所有権の個数**　　金銭は純粋な価値表象物であるから，物の物理的な単複の問題は生じない。すなわち，札束を集合物と考える余地もないし，金銭の間に主物・従物の区別が生ずる余地もない。
>
> **(2) 金銭所有権の移転**　　物権変動の一般原則である意思主義（176条）は，金銭所有権の移転には適用されない。所有者Aに所有権移転の意思がなくても，盗取者・騙取者Bが金銭の占有を取得した瞬間，所有権はBに移転する。逆に，AB間で消費貸借契約・消費寄託契約の意思表示をしただけでは金銭の所有権は移転せず，借主・受寄者Bが現実の占有を取得してはじめて所有権が移転する。なお，学説は，この点を捉えて，金銭においては，占有と所有が一致すると説く。
>
> **(3) 物権的請求権の否定**　　「占有と所有の一致」の結果，金銭を盗取・騙取された者は，盗取・騙取の時点から所有権者ではなくなるので，盗取者・騙取者に対して物権的返還請求権を行使することができず，被害者の救済は，もっぱら債権的な請求権（不当利得・不法行為）によることになる（最（2小）判昭和39・1・24判時365号36頁・判タ160号66頁〔百選Ⅰ77事件・判プラⅠ299事

---

(5)　温州蜜柑の売買につき大判大正5・9・20民録22輯1440頁，立木の売買につき大判大正9・2・19民録26輯142頁，立木所有権を留保した土地の売買につき最（2小）判昭和34・8・7民集13巻10号1223頁〔判プラⅠ259事件〕，稲立毛の売買につき大判昭和13・9・28民集17巻1927頁。

件〕)。

(4) 時効取得・即時取得の規定の不適用　また，占有者が直ちに所有者と認められる以上，無権原占有者が一定の要件を満たした場合に限って所有権取得を認める，時効取得（162条）や即時取得（192条）の制度も，適用の余地がない。

(5) 観念的占有の否定　また，金銭については，代理占有関係（間接占有）は成立の余地はなく，観念的引渡しもあり得ない。同様に，現実の占有を喪失した観念的占有という概念もあり得ないから，占有訴権も行使の余地がない。

(6) 制限物権の不成立　さらに，金銭には制限物権が成立しない。そもそも動産に成立する制限物権は，3種の担保物権（担保物権4種のうち留置権・先取特権・質権）のみであるが（用益物権（4種ある）はすべて不動産物権である），金銭を担保に入れて，金銭を調達するなどという行為は，およそ無意味だからである。

(3) 財産権の客体に関する原則　**財産権**とは，経済的利益を客体とする権利の総称をいい，物権・債権のほか無体財産権などがこれに属する。一方，その反対概念である**非財産権**には，家族権（親族権・相続権）や人格権が属する。非財産権は，その性質上，一般に，**一身専属性**を有し，その結果，譲渡可能性，相続可能性，時効可能性，差押・強制執行可能性が否定されている。財産権（物権および債権）の客体は，こうした性質を有する非財産権（家族権・人格権）の客体とされていないもの——経済取引の対象となることが禁止されていないものでなければならない。たとえば親権・相続権・人格権の売買は，物権的にも債権的にも無効である。

(4) 私権の客体に関する原則　さらに，物権は，私権の一種でもあるので，私権の客体となり得ない物は，当然，物権の客体にもなり得ない。この点との関係では，融通物・不融通物の区別が重要である。**融通物**とは，私法上の自由な取引が認められているもの，**不融通物**とは，私法上の取引能力が否定または制限されている物のことをいう。不融通物には，**公物**（これはさらに**公共用物**（道路・公園・河川など）・**公用物**（官公署の建物など）に分かれる）と，**禁制物**（あへん煙・わいせつ文書など）とがあり，これらの物については，譲渡可能性，相続可能性，時効取得可能性，差押・強制執行可能性が否定される。

この結論は，上記(3)財産権・非財産権の違いから導かれる結果と似ているが，しかし，(3)財産権の成立を否定する判断が，もっぱら公序良俗違反（90条）といった私法内部の規範に基づいて決定されるのに対して，(4)私権の成立否定の判断は，その客体を不融通物とした公法規定の趣旨に基づいて決定される点が異なる。

3.2 物権の種類に関する原則

(1) 物権法定主義　民法典「第2編　物権」の最初の条文（175条）は，「物権は，この法律その他の法律に定めるもののほか，創設することができない」と規定する。すなわち，債権と異なり，物権に関しては，種類および内容を自由に形成できない。これを物権法定主義という。

　(a)　「この法律その他の法律」　175条にいう「この法律その他の法律」の中に，命令（政令・府省令）は含まれない。民法典は，命令を含む場合には，「法令」の文言を用いる。

> **❖ 法律と法令**
> 民法典でこの言葉の出てくる条文を列挙すれば，以下の通りである。
> **(1)「法律」の文言を用いる条文**　居所（23条2項ただし書），法人法定主義（33条1項），外国法人の認許・権利能力（35条1項・2項），差押え・仮差押え・仮処分の取消し（145条），物権法定主義（175条），不動産物権変動の対抗要件（177条），先取特権の優先弁済的効力（303条），契約による質物の処分（流質契約）の禁止（349条），法定解除（540条）。
> **(2)「法令」の文言を用いる条文**　外国人の権利能力（3条2項），法人の権利能力（34条），法人の登記（36条），任意規定（91条・92条），期間の計算方法（138条），所有権・土地所有権の範囲（206条・207条），準共有（364条ただし書），供託所の定め（495条2項），婚姻・離婚，縁組・離縁の届出の受理（740条・765条1項，800条・813条）。

　(i)　民法上の物権　「この法律」すなわち民法典の定める物権の種類は，「第2編　物権編」の第2章〜第10章の定める9種類の物権と，独立の章をもたず，所有権および地役権の章の中に各1条が設置されている入会権（263条・294条）の，合計10種類である。

物権的請求権の個所でも触れたように，日本民法を含めて，ローマ法系の民法典における物権法は，現実的支配権（占有権）の体系と，観念的支配権（所有権と8種の制限物権）の体系の，2本立ての構造になっており，両体系は，①権利の発生・変更・消滅の要件ならびに②権利の効果（効力）に関して，別個独立に規定を設置している。

　また，観念的支配権の体系は，使用・収益・処分のすべてに関する全面的支配権である所有権と，その一部の支配権である制限物権（8つある）に分かれ，制限物権は，物の使用・収益を内容とする支配権である用益物権（4つある）と物の担保価値に関する支配権である担保物権（4つある）に分かれ，担保物権は，さらに，発生原因の違い（法律の規定に基づいて発生するか，当事者の設定契約により発生するか）により，法定担保物権と約定担保物権（それぞれ2つある）に分かれる。

		現実的支配権	第2章　占有権		
第2編 物権	第1章 総則	観念的支配権	第3章　所有権		
			制限物権	用益物権	第4章　地上権 第5章　永小作権 第6章　地役権 （一）　入会権
				担保物権	法定担保物権　第7章　留置権 　　　　　　　第8章　先取特権
					約定担保物権　第9章　質権 　　　　　　　第10章　抵当権

　(ii)　特別法上の物権　　他方，「その他の法律」に定められた物権には，商事留置権（商法31条・521条・557条・558条・562条・589条・753条2項，会社法20条）・商事先取特権（商法842条〜847条）などのほか，端的に「物権」である旨を明定する特別法として，以下のものがある（なお，これらの法律は，当該権利を「物権とする」と規定するもの（⑤⑦）と，当該権利を「物権とみなす」と規定するもの（①②③④⑥⑧⑨）に分かれる）。

①	漁業法（昭和 24 年法律第 267 号）	漁業権（23 条 1 項）
②		入漁権（43 条 1 項）
③	鉱業法（昭和 25 年法律第 289 号）	鉱業権（12 条）
④		租鉱権（71 条）
⑤	採石法（昭和 25 年法律第 291 号）	採石権（4 条 3 項）
⑥	特定多目的ダム法（昭和 32 年法律第 35 号）	ダム使用権（20 条）
⑦	企業担保法（昭和 33 年法律第 106 号）	企業担保権（1 条 2 項）
⑧	日本国と大韓民国との間の両国に隣接する大陸棚の南部の共同開発に関する協定の実施に伴う石油及び可燃性天然ガス資源の開発に関する特別措置法（昭和 53 年法律第 81 号）	特定鉱業権（6 条）
⑨	民間資金等の活用による公共施設等の整備等の促進に関する法律（平成 11 年法律第 117 号）	公共施設等運営権（10 条の 11）

(b) 「創設することができない」　また，175 条にいう「創設することができない」とは，①法律にない新しい種類の物権を作ることと，②既存の物権の内容を改変することの，両者を禁ずる趣旨である。

(2) 物権法定主義の制度趣旨　一方，物権法定主義の制度趣旨として，立法者や学説の説くところは，以下の 3 点である。

(a) 歴史的理由　その 1 は，不動産所有権を制限する種々の封建的・非合理的な負担を排除することで，近代市民法の基本原則である所有権の自由ないし絶対性を確保する，という目的である。すなわち，物権法定主義は，歴史的には，不動産に関する制限物権の整理を目的とするものであった。

(b) 体系的理由　その 2 は，近代市民法のもう一つの基本原則である私的自治の原則および物権・債権の峻別論と関係する。すなわち，近代法においては，何人も自己の意思のほかは法律の特別の規定に基づかなければ，権利義務を負うことはない。だが，物権は債権と異なり強力な第三者効力を有するから，第三者が意思によらずにこの第三者効力に服すること（＝物権法規定の強行規定性）を正当化するためには，法律の特別の規定を必要とする。また，そのようにして，意思に基づかずに法律関係が形成される分野を限定的な形で法定しておけば，その反対解釈として，債権法の分

野における契約自由の原則と，債権法規定の任意法規性が保障され，国家の強行法規を用いた介入を避けることができる，というのである。

　(c)　実際的理由　その3は，物権の客体に関して，公示に適する客体に限定される，との論と，同様のものである。すなわち，物権は債権と異なり強力な第三者効力が認められているから，権利の存在ないし変動を外部から認識可能な状態に置いておくこと（＝公示）をしないと，第三者が不測の損害を被るおそれがある。だが，権利の種類が無限定で，その内容も千差万別ということになると，これを第三者に分かるように適切に公示することは不可能になる。そこで，この公示技術との関係で，物権の客体を限定したのと同様，その上に成立する物権の種類・内容に関しても，公示に適するものに限定しておく必要が生ずる，というのである。

　(d)　175条の制度趣旨を論ずることの実益　以上の3つの制度趣旨は，175条違反の効果に影響を与える。すなわち，175条に反して創設された物権が，上記のうち(a)の制度趣旨に抵触するような封建的内容を有している場合には，その効力は，当事者間でも第三者間でも無効とすべきことになる。もっとも，そのような封建的権利は，現在では，ほぼ消滅している。同様に，(b)で述べられているような，国家による私法関係への不当介入の危険も，もはや過去のものであろう。となれば，今日における物権法定主義の制度趣旨は，(c)公示の問題に尽きることになるが，そうであるのなら，第三者に対する効力さえ否定しておけば，当事者間で無効としなくても（＝債権的効力を認めたとしても），制度趣旨は十分満足される。

(3)　物権法定主義の欠陥　一方，物権法定主義には，次の2つの問題があるといわれる。

　(a)　旧慣に基づく権利への不対応　過去の時代より存在する慣習的権利の中には，封建的な権利もあれば，必ずしも不当でないものも存在する。ところが，現行民法典の起草者は，入会権を除けば，従来から存在していた慣習上の権利につき，ことごとく物権としての効力を否定し，すべて民法典の定める8種の制限物権に切り替えることとした（民法施行法35条）。しかしながら，この8種類という制限物権の数は，比較法的に見て極端に少ない。そのため，わが国においては，それらの制限物権類型に当てはま

らずこぼれ落ちてしまう旧慣に基づく権利が，非常に多い。

(b) 新たに生成する権利への不対応　その一方で，社会経済の進展は，それに即応した新しい種類・内容の物権を必要とする。しかし，およそ一般に，実社会の進行の速さに，立法作業はしばしば立ち後れる。この点は，物権法定主義についても同様で，①新たな種類の物権の創設に関していえば，先に見たように，特別法により認められた物権は，ごくわずかである。また，②既存の物権の内容の改変に関しても，昭和46年には根抵当，昭和53年には仮登記担保に関する立法措置が講じられたが，譲渡担保に関しては，いまだ立法的な解決には至っていない。

(4) 慣習法上の物権　そこで，(a)旧慣に基づく権利および(b)新たに生成してきた権利の物権性を肯定するために考えられたのが，175条にいう「法律」の中には，慣習法も含まれる，という解釈論である。

(a) 旧慣に基づく権利　だが，民法施行以前から存在した慣習上の権利については，物権的効力の否定を定めた民法施行法35条がある。

(i) 所有権　まず，旧慣上の土地所有権に関しては，大正6年大阪上土権事件判決[1]が，民法175条・民法施行法35条を引用しつつ否定を明言する。「上土権（うわつちけん）」というのは，大阪地方の慣習に基づく地表部分の所有権であるが（つまり，大阪には，昔，底土権（そこつちけん）と上土権という2種類の所有権があった），判旨は，民法典の定める所有権のほかに「上土権ナル地表ノミノ所有権ヲ認ムルコトハ我民法ノ許容セサル所」とし，結論的には地上権に置き換えた。

(ii) 水利権・温泉権　だが，これに対して，土地の用益権の中でも，とくに表流水や地下水を取水する権利に関して，判例は，旧慣上の権利の物権的効力を承認するに至る。

まず，前提知識として，水利使用の法律関係について確認しておくと，①Aが自己所有地の地下水や涌水を使用する権利については，土地所有権の内容であって，独立した権利ではない，というのが一般的な理解である。一方，②A所有地の水をBが利用したい場合には，Aと水利使用契

---

(1) 大判大正6・2・10民録23輯138頁〔判プラⅠ221事件〕。

約を締結することになるが，Bもまた土地所有者であれば，物権（用益物権）の設定契約を締結することができる。A所有地を承役地，B所有地を要役地とする地役権（用水地役権）の設定である（280条・285条）。しかし，Bが土地所有者でなければ，Aとの間に債権契約しか締結できない。もっとも，地役権に関しても問題がないわけではない。というのも，民法典は，慣習に基づく物権の成立を，③入会権以外認めていないため，入会集団ではない個人の水利使用が先祖伝来の場合には，地役権の時効取得（283条）を主張するほかないからである。だが，その一方で，入会権には譲渡性がないので，③入会権と認定されてしまうと今度は譲渡に困る。しかし，①土地所有権・②地役権についても，譲渡性には制約があり，①と認定された場合，土地所有権の一内容である水利権を，土地所有権と分離して譲渡することはできない。同様に，②と認定された場合にも，地役権は，要役地と分離して譲渡することができない（281条。地役権の付従性）。

だが，水利権（広義）の中でも温泉権に関しては，使用収益の内容に関しては地役権（用水地役権）と同一ながら，(a) 土地と分離した自由な譲渡が認められ，(b) 入会権のように慣習に基づいて成立している点において地役権と異なる権利が，全国各地に存在していた。(a)(b) は，地役権の内容を改変しており，物権法定主義違反である。ところが，このうち (a) の点に関して，昭和15年鷹ノ湯事件判決[2]は，温泉専用権（湯口権）が「一種ノ物権的権利ニ属シ通常源泉地ノ所有権ト独立シテ処分セラルル」「地方慣習法ニ依リ〔肯認された〕排他的支配権」であるとした。一方，判例は，(b) 慣習による成立に関しても肯定するに至り[3]，さらに，これら温泉権に関する判例の立場（用水地役権類似の「慣習法上の用益物権」構成）は，表流水をも含めた水利権一般に敷衍されることとなった。

ただし，だからといって，水利使用に関して，地役権（用水地役権）を設定し，あるいは債権契約を締結することが，禁止されたわけではないのは，もちろんである。判例に現れた事案も，水利権の法的性質につき，①

---

(2) 大判昭和15・9・18民集19巻1611頁〔百選Ⅰ45事件・判プラⅠ220事件〕。
(3) 比較的最近の肯定例として高松高判昭和56・12・7判時1044号383頁など。

土地所有権の一内容にほかならないとしたもの、②地役権（用水地役権）の時効取得を認定したもの、③入会権であるとしたもの、④債権的利用権にすぎないとしたもの、⑤単なる自由使用（一般使用）にすぎないとしたものなど、多種多様であり、⑥上記判例の「慣習法上の用益物権」という認定もまた、その中の一つにすぎない。

　(iii)　墓地使用権　その他、下級審裁判例の中には、民法施行前からの共同墓地の使用につき、水利権・温泉権と同様の「慣習法上の物権」の成立を肯定したものがある[(4)]。しかし、墓地使用権に関しても、民法上の物権である地上権ないし賃借権・使用借権といった債権を設定し、あるいは時効取得することも可能であり、したがって、墓地使用権がすべて慣習法上の特殊な用益物権でないことは、水利権・温泉権と同様である。

(b)　新たに生成する権利　一方、学説は、民法施行後に新たに生成した権利に関しても、上記判例の「慣習法上の物権」論を用いて、物権的効力を付与すべき旨を主張する。譲渡担保が慣習法上の担保物権であるとする主張が典型である。しかし、判例は、水利権・墓地使用権その他の用益権に関する「慣習法上の物権」論を、譲渡担保その他の新たな権利移転型の担保権に関しては展開していない。その理由は、権利移転型担保の法律構成に関して、判例が所有権的構成に立っているため、担保権者には、すでに所有権者としての保護が認められているからである[(5)]。

3.3　物権の公示に関する原則

(1)　公　示　衆議院議員の総選挙の公示（憲法 7 条 4 号・公職選挙法 31 条）なども含めて、およそ一般に公示とは、①一定の法的要素（法的事実・法律行為・権利・法律上の地位ないし法律関係）の存否を広く一般に知らせる手段、あるいは、②その手段を利用する行為をいう。①を公示方法

---

(4)　山形地判昭和 39・2・26 下民集 15 巻 2 号 384 頁。
(5)　ただし、下級審裁判例の中には、所有権留保が代金債権担保を目的とする商慣習であるとしたうえで、買主の権利を「一種の物権的財産権」と表現するものがある。前橋地高崎支判昭和 50・3・31 判タ 326 号 257 頁。

（公示手段），②を公示行為と呼ぶこともある。

　①公示方法は，要式行為・不要式行為あるいは意思主義・形式主義などの論点にいう方式ないし形式の一種であるが，(a) 当事者間でしか認識することができない内部的な方式（証書の作成など）と異なり，(b) 外部から認識可能な形式（94条2項などで用いる言葉を使えば外形）である。

　また，一般に，行為は (a) 不作為と (b) 作為に分かれるが，この点は，②公示行為に関しても同様で，(a) 不作為の自然的な公示行為の例としては，目的物の占有使用という行為から占有権の存在が外部的に認識され，表札から建物の使用収益権が外部的に認識され，あるいは人の存在それ自体から人格権が認識されるといった場合が，これに当たる。これに対して，(b) 作為的な公示行為は，まさに公示しようとする積極的意図に基づいて行われる行為であって，①公示方法の中でも公示のために特別に設けられた法制度（公示制度）を利用する行為が典型である。公示による意思表示（98条）や公示送達（民訴法110条以下）などが，これに当たる。

(2) 公示の原則　　物権ないし物権法の指導原理の第3は，以上の公示に関するもので，物権の所在ないし変動は外部から認識可能な一定の外形（＝公示）を伴わなければならない，というものである。これを公示の原則というが，しかし，学説の中には，公示の効力の中でもとくに対抗要件主義を指して公示の原則と呼ぶ見解もあり，初学者は，しばしば混乱する（混乱を避けるため，以下「広義」「狭義」と注記する）。

　公示の原則（広義）は，(a)公示が必要な理由を説明した部分（公示の根拠・目的）と，(b)公示を促進させるための手段を説明した部分（公示強制の方法としての公示の効力）の，2段の論理から成り立っている。

　(a) 公示の根拠・目的　　このうち，物権に関して公示が必要とされる理由は，物権の客体や種類に関する指導原理が導かれる理由と，まったく同じである。すなわち，物権は，債権と異なり，①性質に関して直接支配性・排他性を有し，その結果，②効力に関して優先的効力と物権的請求権という強力な対外的効力（第三者効力）を有するので，第三者が物権の存在を知らずに取引関係に入って不測の損害を被るのを防ぐためには，物権の所在ないし変動を広く第三者の認識可能な状態に置いておくこと（＝公

示）が必要になる（なお，この必要性のことを公示の要請という）。

(b) 公示の効力　だが，公示の要請を満たすためには，まず何よりも，(i)公示方法に関して，第三者が認識しやすいものに整備しておく必要がある。しかし，せっかく整えた公示方法であっても，当事者が利用してくれなければ公示は促進されないから，(ii)当事者に公示行為を強制する目的で，公示には種々の公法上・私法上の効力が結合される。

　(i)　**公示方法に関する効力**　まず，公示方法そのものの整備・充実との関係では，とりわけ制度的に整えられた公示方法（＝公示制度）である不動産登記に関して，登記所ないし登記官に対して義務を負わせ（登記簿の公開や，登記の連続性の確保など），あるいは，登記官や当事者に権利を付与している（登記官の審査権や，当事者自身で実体関係と登記を合致させるための登記申請権ならびに登記請求権など）。

　(ii)　**公示行為に関する効力**　他方，当事者が公示行為を行うよう仕向ける直接・間接の公示強制の方法は，さらに，(ア)公法上の公示強制と，(イ)私法上の公示強制に分かれる。

(ア)　**公法上の公示強制**　表示に関する登記の中でも報告的登記（表題登記など）に関しては，1か月以内の登記申請義務が課されており，これを懈怠した者は，10万円以下の過料に処せられる（不登法164条）。

(イ)　**私法上の公示強制**　他方，私法上の公示強制として，各国の法制度が採用するものには，以下の4種類がある。

　① **設権的効力（成立要件主義）**　その1は，公示をしなければ当事者間でも物権変動が生じない，という形で公示を強制する方法である。

　② **対抗力（対抗要件主義）**　その2は，公示がなくても当事者間で物権変動の効果が生ずることは認めるが，第三者との間ではその効果を認めない，という形で公示を強制する方法である。

　③ **推定力**　その3は，公示に物権に関する強力な証拠価値（推定力）を付与する方法であり，その結果，当事者は，将来起きるかもしれない訴訟に備えて，証拠保全目的で公示を具備しておくようになる。

　④ **公信力**　上記③の推定力に対しては，実体関係と異なる旨の反対証明が許されるが，しかし，推定力をさらに進めて，一定の加重要件（第

三者の登記簿への信頼）の下に，公示の存否から物権の存否を擬制し，反対証明を許さずに確定してしまう方法がある。ドイツ法の公信力が，それであるが，日本の学説は，ドイツの公信力（それが本家本元の公信力である）とはずいぶんと違う意味で，この用語を使っている。

(iii) 日本法の立場　わが民法典は，①設権的効力（成立要件主義）を採用せず（176条。意思主義），②対抗要件主義を採用した（177条・178条）。一方，③わが国の登記や占有に法律上の権利推定力が認められるかについては，争いがある。また，④不動産登記の公信力は認められていないが，公信力に類似の判例法理がある（94条2項類推適用法理）。なお，動産については即時取得（192条）の制度がある。

これを大まかに示せば，次の表のようになるが，その詳細については，次章以下で説明することにしよう。

公示の効力				仏	独	日
公示方法に関する効力		登記簿公開の原則		(○)	○	○
		登記の連続性の原則		○	○	○
		登記官の審査権		(○)	○	(○)
		登記申請権・登記請求権		(×)	○	○
公示行為に関する効力	公法上の公示強制	民事罰		×	×	(○)
	私法上の公示強制	設権的効力（成立要件主義）	不動産	×	○	×
			動産	×	○	×
		対抗力（対抗要件主義）	不動産	○	(○)	○
			動産	○	(○)	○
		推定力	不動産	×	○	(×)
			動産	×	○	(×)
		公信力 即時取得	不動産	×	○	(×)
			動産	○	○	○

第4章

物権の変動(1)
——物権変動の意義・意思主義

4.1 物権変動の意義

(1) 物権変動の態様　民法典「第2編　物権」「第1章　総則」のうち，冒頭の条文（175条。物権法定主義）を除く4か条——①176条（意思主義），②177条・178条（対抗要件主義），③179条（混同）——は，物権の中でも観念的支配権（所有権と制限物権）の変動に関する規定である（現実的支配権（占有権）の変動に関しては，「第2章　占有権」の章に「第1節　占有権の取得」「第3節　占有権の消滅」の規定がある）。

「変動」という言葉が，権利の発生・変更・消滅の3つの総称であることについては，すでに民法総則の「私権の変動」の個所で学習済みと思うが，物権変動に関する上記条文のうち，②不動産物権変動の対抗要件主義に関する177条は，これら3つを，権利主体の側から捉えて，物権の「得喪（＝取得・喪失）及び変更」と表現する。一方，①意思主義を定めた176条には「設定及び移転」とあるが，これは取得（原始取得・承継取得）の中でも承継取得（設定的承継・移転的承継）を，権利主体の側から捉えた表現である。他方，②動産物権変動の対抗要件主義に関する178条にいう「譲渡」とは，意思に基づく権利の移転的承継をいう。なお，③179条の規定する混同は，種々存在する権利の消滅原因の中の一つであって，債権についても同様の規定がある（520条）。

(2) 物権変動の原因　そこで，次に，物権の変動（発生・変更・消滅）の原因の主要なものを例示すれば，次頁の表のようになる。ここでは，当

		発生（取得）	変　更	消滅（喪失）
法律行為	単独行為	・遺贈	・抵当権の順位の放棄	・放棄
法律行為	契約	・財産権移転型の債権契約（贈与・売買・交換） ・約定制限物権（地上権・永小作権・地役権，質権・抵当権）の設定行為	・共有物分割禁止特約 ・地上権の地代の変更 ・抵当権の順位の変更 ・根抵当権の被担保債権の範囲の変更・債務者の変更	・約定制限物権の合意解除（解約） ・約定制限物権の設定行為で定めた存続期間の満了
法律行為	合同行為	・共有者が共有物を出資して行う社団設立行為	・社団の総会決議による地上権の地代の変更	・権利能力なき社団の物権の放棄
非法律行為（法律の規定）	民法の規定	・客体の物理的な発生（建物の新築） ・時効取得 ・慣習（入会権） ・無主物先占，遺失物拾得，埋蔵物発見，添付（付合・混和・加工） ・法定地上権	・根抵当権者・債務者の相続，合併・分割の場合の被担保債権の範囲の変動 ・根抵当権の元本確定事由	・客体の物理的な消滅（建物の焼失） ・時効消滅 ・承役地・抵当不動産の時効取得による地役権・抵当権の消滅 ・混同 ・慣習の消滅
非法律行為（法律の規定）	他の法律の規定	・法定借地権 ・公法行為（公有水面の埋立・許可水利権等）	・借地権の地代等増減請求権の発生	・公法行為（公用収用・没収・許可取消し等）

事者の意思表示を要素とするもの（**法律行為を原因とする物権変動**）と，**法律行為によらない物権変動**（なお，近代法の私的自治の原則の下では，当事者の意思によらない権利義務の発生は，法律に規定のある場合以外は許されないから，非法律行為による物権変動は，すなわち**法律の規定を原因とする物権変動**ということになる）という分類が重要である。

（3）物権変動の公示　　一方，これらの物権変動についての公示方法は，不動産に関しては「不動産登記法（平成16年法律第123号）その他登記に関する法律の定める……登記」であり（177条），動産に関しては「動産の引渡し」である（178条）。

（a）動産物権変動　　まず，動産の側から述べるならば，現実的支配権

である占有権は，目的物の占有という事実的支配から自然的に公示された。同様に，観念的支配権のうち，動産に関する物権（所有権のほかは，4種の担保物権のうち留置権・動産先取特権・質権の3種である）のうち，所有権および留置権・質権は，目的物の占有を権利内容に含んでいる権利（＝占有すべき権利・占有権原）なので，物権の存在ないし変動は，占有ないし占有の移転（＝「引渡し」という）を通じて自然的に公示される。そこで，民法典は，動産物権に関する優先的効力の決定基準を，占有の移転（＝引渡し）の先後に求めることとしたのである。

(b) 不動産物権変動 だが，これに対して，不動産に関する物権（所有権・制限物権のすべてが不動産上に成立し得る）の中には，占有を権利内容としていない権利もあるため（用益物権では①地役権および②地役権の性質を有する入会権，担保物権では③先取特権のうち不動産上に成立する先取特権（一般先取特権・不動産先取特権）と④抵当権），これら4種類の物権の存在ないし変動の公示については，占有ないし占有移転（引渡し）以外の公示方法を考えなければならない。

もっとも，上記のうち，②地役入会権に関しては，慣習の公知性による自然的な公示がある。しかし，残る3種類の物権については，第三者を保護するため，人工的な公示方法（＝公示制度）を設置する必要がある。そこで，民法典は，①地役権・③不動産上に成立する先取特権・④抵当権の3つに，占有すべき権利である所有権および地上権・永小作権・不動産質の4つを加えた合計7種類の物権につき，不動産登記という人工的な制度によって公示すべきものとした。

なお，質権のうち権利質に関しては，指名債権質については債権譲渡の対抗要件（364条），指図債権質については証書の裏書（365条）という債権の公示制度が物権に転用されている。

(4) 公示の効力 公示に結びつけられた私法上の効力（私法上の公示強制）には，①公示を物権変動の成立要件とする方法，②公示を第三者に対する対抗要件とする方法，③公示に推定力を付与する方法，④公示に公信力を付与する方法があった。①・③・④はドイツ法の立場であるが，日本民法は，フランス法にならって，①の方法を排斥し（176条。意思主義），

②の方法を採用した（177条・178条。対抗要件主義）。

　だが，その一方で，不動産の物権変動に関して，日本法は，②の効力を念頭に整備されたフランス法の登記制度ではなくして，①・③・④の効力を発生させるところのドイツ法の不動産登記制度を継受している。

　このように，日本法は，当初より，物権変動の実体法＝フランス法，手続法（登記法）＝ドイツ法という，ちぐはぐな立法を行っていたうえ，さらに現行民法典制定後のドイツ法の全盛時代に，物権変動の領域に関してもドイツ法の立場に引き寄せた解釈論が一世を風靡したため，今日の判例・学説の立場にも，その影響がなおも色濃く残っている。

4.2　意思主義

　民法176条は，「物権の設定及び移転は，当事者の意思表示のみによって，その効力を生ずる」と規定する。民法典は，およそ法律行為一般に関して，基本的に方式自由の原則（諾成主義・不要式主義）を採用しているが，その中でも，176条の規定する物権変動の効果を発生させる法律行為に関する諾成・不要式主義を指して意思主義という。

（1）　物権行為の独自性　　だが，同条にいう「意思表示」をめぐっては，贈与や売買といった債権的な意思表示とは別個独立の，物権変動に向けられた特別な意思表示であるとする解釈論が，民法典制定後のドイツ法全盛時代に強力に主張された（物権行為（物権契約・物権的意思表示）の債権行為（債権契約・債権的意思表示）からの独自性肯定説）。

(a)　独自性肯定説　明治40年代以降のドイツ法継受期の学説は，かつてドイツの学説が，ローマ法の引渡しの中に物権的意思表示を見出したのとまったく同様の理解を，176条の「意思表示」について持ち込んだ。すなわち，民法典の債権編に規定されている売買その他の意思表示は，相手方に財産権を移転する旨を約しただけのものであって，債権的義務しか発生せず，その後，当事者が，この債権的義務の履行行為として，物権変動の効果発生に向けられた特別な意思表示をすることで，物権は変動する。それが176条の「意思表示」であり，そして，この特別な意思表示は，登

記・引渡し・代金支払という行為の中に認定される、というのである。

(b) 独自性否定説　だが，ドイツにおける物権行為の独自性は，①成立要件主義に関する立法例の中でも，形式のみで物権変動効果が発生する立場（形式的確定力）を排して，形式のほかに意思を要求する立場（合意主義）を採用することと，②無因性の結論を，意思表示論から説明すること（債権的意思表示は物権的意思表示の動機にすぎないとの理由づけ）の2点を目的として形成されたものであった。それゆえ，①成立要件主義も②無因性も採用していないわが国において，独自性を論ずる実益が疑われた結果，今日の学説は，176条の「意思表示」とは，売買その他の意思表示のことであるとする見解（独自性否定説）に立っている。

(2) 物権変動の時期　しかしながら，独自性肯定説は，単なる理論的側面での主張にとどまらず，物権変動時期はいつか，という，実際的な論点に関しても，重大な問題提起を行うものであった。すなわち，独自性否定説に立った場合，所有権の移転時期は，売買契約時となるが（契約時移転説），独自性肯定説に立った場合には，同説にいう176条の別個独立の「意思表示」が見出されるところの債権契約の履行行為（登記・引渡し・代金支払）時になる。そして，この結論は，一般市民の法感覚に合致する，というのである（登記・引渡し・代金支払時移転説）。

(a) 判　例　判例は，物権変動の時期に関しては，以下のような立場に立っているといわれる。

(i) 原則（契約時移転説）　原則として，売買・贈与等の債権契約の時点で物権が変動する[1]。ただし，これには(ii)(iii)の例外がある。

(ii) 物権変動の効力発生の客観的要件が欠けている場合　契約時において，物権変動を発生させる客観的要件が欠けている場合には，後日その要件が充たされた時点で物権が変動する。たとえば不特定物売買の場合に

---

[1] 特定物の売買に関して最（2小）判昭和33・6・20民集12巻10号1585頁〔百選Ⅰ48事件・判プラⅠ222事件〕。なお，代物弁済に関して最（2小）判昭和57・6・4判時1048号97頁・判タ474号107頁〔判プラⅠ227事件〕は，①所有権の移転時期と，②債権の消滅時期の問題を区別し，①の効果発生に関しては，独自性否定説＋契約時移転説に立ちつつ，②の効果発生に関しては，代物弁済の意思表示だけでは足りず，登記その他引渡行為を完了し，第三者に対する対抗要件を具備した時点とする。

■ 4.2　意思主義　49

は，特定の時をもって所有権が移転し[2]，他人物売買の場合には，特段の約定ないし意思表示がない限り，売主が他人物の所有権を取得すると同時に，買主が売主より所有権を取得する[3]。

  (iii) 特約がある場合　　上記(i)(ii)のいずれに関しても，物権変動時期についての特約が付されている場合には，その定めに従う[4]。

(b) 学　説　　上記判例の立場のうち(iii)特約がある場合には，これに従うという点に関しては，まったく異論はない。問題は，当事者の意思が明瞭でない場合に，物権はいつ変動するか，という点である。

  (i) 登記・引渡し・代金支払時移転説　　学説においては，物権行為の独自性の論点に関して，肯定説の立場が排斥された後，物権変動時期の論点に関しては，独自性否定説に立脚しつつ，登記・引渡し・代金支払時移転説に立つ見解が登場するに至る。

  (ii) 契約時移転説　　同じ独自性否定説の立場ながら，物権変動時期に関して登記・引渡し・代金支払時説に立つ学説の登場は，契約時移転説の側にも影響を及ぼし，①代金支払・引渡・登記時に物権が変動する旨の特約を広く認定する見解や，②契約の成立認定を厳格に解することで，契約の成立時期を，従来考えられていた時点よりも遅らせる見解が主張されるに至っている[5]。

---

[2]　最（2小）判昭和35・6・24民集14巻8号1528頁〔判プラⅠ224事件〕。
[3]　最（2小）判昭和40・11・19民集19巻8号2003頁〔判プラⅠ226事件〕。
[4]　売買に解除条件の特約が付されていた場合につき最（3小）判昭和35・3・22民集14巻4号501頁〔判プラⅠ223事件〕，代金の完済・所有権移転登記手続の完了までは所有権が移転しない旨の特約が付されていた場合につき最（2小）判昭和38・5・31民集17巻4号588頁〔判プラⅠ225事件〕。
[5]　たとえば3月25日の街角の立ち話で土地の売却を合意し，4月1日に合意内容を文書化した場合，所有権の移転時期は3月25日か，4月1日か。3月25日の立ち話が売買の本契約であると認定すれば，同日に所有権は移転するが，これを予約あるいはそれ以前の段階の約束にすぎないと認定すれば，所有権の移転時期は4月1日になる。

第 5 章

物権の変動(2)
──対抗要件主義

5.1 対抗要件主義の意義

(1) 対抗要件主義の条文　177 条・178 条は，不動産物権変動・動産物権変動が，公示がなければ対抗できない旨を並列的に規定する。

		177 条	178 条
要件	①	不動産に関する物権の得喪及び変更は，	動産に関する物権の譲渡は，
	②	不動産登記法（平成 16 年法律第 123 号）その他の登記に関する法律の定めるところに従いその登記をしなければ，	その動産の引渡しがなければ，
	③	第三者に	第三者に
効果		対抗することができない。	対抗することができない。

　公示の効力としての対抗要件主義は，意思主義とともに，フランス法を継受したものであるが，その内容は，意思主義と同様，母法と大きく異なっており，そのため，わが国の対抗要件主義の構造・要件・効果に関する判例・学説の理解は，母法フランス法の対抗要件主義の構造・要件・効果に関する理解から，かなり懸隔したものになっている。

(2) 対抗要件主義の構造　まず，対抗要件主義の構造をめぐる議論から説明すれば，この問題は，「意思主義（176 条）と対抗要件主義（177 条・178 条）の関係」「二重譲渡の法的構成」といったタイトルの下に議論され

ている論点で，ABの第1譲渡の結果176条の意思主義により第1譲受人Bが所有権を取得し，譲渡人Aは無権利者となっているのに，その後の無権利者Aからの第2譲受人Cが，対抗要件主義によって権利を取得できることを，どのように説明するか，という問題である。

　学説の説明には，次のようなものがある。①その1は，A→Bの第1譲渡の後も，Bの登記が経由されるまでは，譲渡人Aに何らかの権利が残っているので，A→Cの第2譲渡は無権利者からの取得にはならないとする見解である（相対的効力説・不完全物権変動説・優先的効力説など）。②その2は，第1譲渡の時点で譲渡人Aは無権利者になるが，第2譲受人CにはA→Bの第1譲渡を否定する権利（詐害行為取消権や破産法の否認権に類似の権利）が認められ，Cがこの権利を行使すると，A→Bの第1譲渡の効力が否定される結果，A→Cの第2譲渡の無権利の瑕疵が治癒されると解する見解である（否認権説・第三者主張説など）。③その3は，対抗要件主義の規定を，時効取得や即時取得と同様の無権利者からの取得を認める例外規定と解する見解で，A→Cの無権利者からの取得の結果，A→Bの権利取得が遡及的に失権するという（公信力説，法定取得─失権説など）。

　判例は，①の権利の分割的帰属論（相対的効力説・不完全物権変動説・優先的効力説）を前提に，177条（178条）の要件論──より詳しくいえば「第三者」の客観的要件の中でも「第三者の権利取得原因に瑕疵がないこと」要件──に関して，「権利者からの取得」なら177条（178条）を適用し，「無権利者からの取得」なら適用しないとしている（「対抗の法理」と「無権利の法理」あるいは「対抗問題」と「公信問題」の違いなどと表現される）。それゆえ，以下では（本書の著者は判例の立場に必ずしも同調しないが），さしあたり判例の立場に従った説明を行う。

5.2　対抗要件主義の要件──総論

(1) 現行民法典の起草者の立場　　わが国の今日の判例・通説は，不動産物権変動に関する177条の要件・効果の内容を，動産物権変動に関する

178 条にも基本的にはそのまま当てはめているので，まずは不動産物権変動に関する 177 条から説明してゆくと，同条の要件は，①本人側の要件である「物権変動」要件，②同じく本人側の要件である①の物権変動に関する登記の不存在（欠缺）要件と，③紛争の相手方側の要件である「第三者」要件の 3 つであった。

このうちの①「物権変動」要件・③「第三者」要件に関する，フランス法・旧民法・現行民法の立場は，以下のようなものである。

		フランス法	旧民法	現行民法
「物権変動」要件		意思表示制限説	意思表示制限説	無制限説
「第三者」要件	客観的要件（登記）	制限説（必要）	制限説（必要）	無制限説（不要）
	主観的要件	善意悪意不問説	悪意者排除説	善意悪意不問説

(a)　「物権変動」要件　諸外国の立法は，登記能力のある権利変動のすべてについて，公示の効力による制裁を課しているわけではなく，法律行為を中心に限定するものが多い。物権変動の当事者が登記をしないことについての帰責性が認められる典型例だからである。フランス法ならびにボワソナード旧民法も，契約証書ならびに判決証書の公示を怠った場合にだけ，対抗不能の制裁を課している。だが，これに対して，現行民法典の起草者は，法律行為・非法律行為を問わず，すべての物権変動に関して，公示を欠く場合に対抗不能の制裁を課すこととした。

(b)　「第三者」要件　一方，「第三者」の客観的要件（客観的範囲）につき，フランス法は，①その者の取得権原が同一前主に由来するものであること，および，②その者が登記を備えていること，の 2 点を要求している。②の登記の要求の結果，第三者もまた，登記能力のある権利の取得者に限定されることになる。ボワソナード旧民法の立場も同様である。これに対して，現行民法典の起草者は，本人が登記を欠く場合には，すべての第三者に対して対抗できないこととした。なお，「第三者」の主観的要件に関しては，旧民法が特殊な悪意者排除説に立つが，フランス法・現行民

法は善意悪意不問の立場をとっている。

　要するに，現行民法の起草者は，「物権変動」要件＝無制限説＋「第三者」要件＝無制限説という立法を行うことによって，強力な公示強制を行い，登記中心の取引社会を確立しようとしたのである。

(2) 判　例　　しかし，ありとあらゆる物権変動が，ありとあらゆる第三者に対抗できないという，成立要件主義を採用したに等しい過激な立法に，社会はついてゆけなかった。立法直後には，「物権変動」要件に関して，177条（および178条）が，意思表示による物権変動に関する176条の次に規定されているのだから，177条（178条）の「物権変動」も，意思表示による物権変動に限られるとする判例が有力化するなど（意思表示制限説），解釈に混乱が生じたのである。

　そこで，明治41年12月15日，大審院は，同日付の民事連合部判決をもって，①「物権変動」要件については無制限説，②「第三者」要件については「正当ノ利益」制限説（「当事者若クハ其包括承継人ニ非スシテ不動産ニ関スル物権ノ得喪及ヒ変更ノ登記欠缺ヲ主張スル正当ノ利益ヲ有スル者」に限るとする見解）を採用する旨を明らかにした（①相続登記要求連合部判決[1]＋②第三者制限連合部判決[2]）。

5.3　対抗要件主義の要件——各論①：「物権変動」要件

(1) 登記能力のある権利・権利変動　　明治41年相続登記要求連合部判決により，177条にいう「物権の得喪及び変更」要件については，無制限説がとられることとなったが，しかし，177条は，上の文言に続けて，「……登記をしなければ，第三者に対抗することができない」と規定していることから，論理必然的に，同条の「物権変動」は，(a)登記をすることができる権利（登記能力のある権利）について，(b)登記をすることができる権利変動（登記能力のある権利変動）があった場合に限定される。この

---

(1)　大（民連）判明治41・12・15民録14輯1301頁〔百選Ⅰ50事件・判プラⅠ228事件〕。
(2)　大（民連）判明治41・12・15民録14輯1276頁〔判プラⅠ239事件〕。

限定は，後記 5.5 の「公示の不存在」要件の問題なのだが，便宜上，民法 177 条の「物権変動」要件の個所で先行して記述しておく。

(a) 登記能力のある権利　不動産登記法 3 条 1 号～9 号は，以下の 9 つの権利について，登記により公示する旨を定める。

①	民法上の物権	所有権	
②		用益物権	地上権
③			永小作権
④			地役権
⑤		担保物権	法定担保物権	先取特権
⑥			約定担保物権	質権
⑦				抵当権
⑧	債権	賃借権	
⑨	特別法上の物権	採石権	

　それゆえ，民法上の物権 10 種類のうち，占有権・入会権・留置権の 3 つについては，登記能力がない。

(i) 占 有 権　占有権については，占有という現実的支配状態による自然的な公示があるので，占有（占有権）の取得の要件さえ満たせば，第三者に対抗することができる。

(ii) 入会権・留置権　一方，観念的支配権のうち，①入会権については各地方の慣習による公示（公知性）があり，②留置権については占有による公示があるため，入会権者（入会団体）・留置権者は，登記なくして第三者に権利を主張できる。

(b) 登記能力のある権利変動　また，不動産登記法 3 条は，上記合計 9 種類の権利を公示するとは規定しておらず（＝物権の所在を公示する制度ではない），上記 9 種類の権利の「保存等（保存，設定，移転，変更，処分の制限又は消滅）」を公示すると規定している。

　これら不動産登記法に規定されている用語と，民法 177 条の「得喪及び変更」との対応関係は，次頁の表のようになる。

(i) 保 存　不動産登記法にいう「保存」の登記は，(ア)はじめて

する所有権の登記（不登法74条～76条）と，(イ)一般先取特権の対抗要件（336条ただし書）ならびに不動産先取特権の効力保存要件（337条・338条・340条）としての登記（不登法85条・86条）の2種類をいう。この2つの権利以外，保存登記をすることはできない。

	民法177条の「得喪及び変更」			法律行為	非法律行為
①	発生（取得）	絶対的発生		〔1〕	保存（所有権）／（先取特権）
②		相対的発生	設定的承継	設定	〔2〕
③			移転的承継	移転	
①	変更	法律的変更		保存（所有権）	
④				変更	
⑤				処分の制限	
			物理的変更	〔3〕	〔4〕
⑥	消滅（喪失）	絶対的消滅	法律的消滅	消滅	
			物理的消滅	〔5〕	〔6〕
		相対的消滅		（②③に同じ）	（②③に同じ）

　(イ)法定担保物権である先取特権の発生は，非法律行為による権利の絶対的発生である。また，(ア)所有権の絶対的発生のうち，建物の新築なども，非法律行為の側に分類される[1]。

　(ii) 設　定　物権の「設定」とは，所有権または所有権以外の権利の上に新たに制限物権が創設されることをいう。これには，(ア)法律行為による場合（地上権や抵当権の設定契約など）と，(イ)非法律行為（＝法律の規定）による場合があるが（上記の表の〔2〕部分），しかし，通常の用語法において，「設定」という言葉は，人の意思的行為を念頭に置くものである。そのため，(イ)の範疇に属する法定地上権（388条，工場抵当法16条，鉱業抵当法16条，立木法5条，民執法81条，国税徴収法127条）・法定借地権

---

(1)　ただし，公有水面の埋立による所有権の絶対的発生を，法律行為による発生（上記の表の〔1〕の部分）・非法律行為による発生のどちらに分類するかは，多少難しい。

（仮登記担保法 10 条）・法定賃借権（立木法 6 条）・法定転借権（立木法 7 条）については，(ア)法律行為による設定に擬制されており，その結果，これら法定地上権等の設定登記もまた，通常の地上権等の設定登記と同様，当事者の申請（共同申請）による登記となり，その懈怠に対しては，177 条の対抗不能の制裁が課されることになる。

(iii) 移　　転　　これに対して，「移転」の用語に関しては，(ア)法律行為による場合，(イ)非法律行為による場合の別なく用いられる。

なお，時効取得や土地収用は，私権の発生（取得）の中でも，絶対的発生ではなく相対的発生であり（この世に存在していなかった物権がまったく新たに発生するのではなく，他の者の所有権の全部または一部の喪失と表裏一体のものである），前主の許において存在していた瑕疵を引き継がない，という点の限りでは原始取得であるが，その余の点に関しては承継取得であることから，権利喪失者から権利取得者への移転登記が経由される。

(iv) 変　　更　　「変更」には，法律的な性質の変更（対抗要件の具備や存続期間の変更など）のほか，広義では目的物の物理的な変化（農地の宅地化や建物の増築・一部損壊など）も含むが，民法 177 条にいう「変更」は，そのうちの法律的な意味における変更を指し，不動産登記法 3 条における(ア)所有権の「保存」，(イ)「変更」，(ウ)「処分の制限」（→次述(v)）の 3 つを包摂する概念である。

このうち，(ア)所有権の「保存」という言葉は，そもそも，およそ未登記であった土地・建物をはじめて登記する場合に用いられる概念で，未登記の土地・建物の所有権も，元をたどれば過去における絶対的発生や時効取得を原因とするものであるが（＝上記(i)で述べた所有権の絶対的発生——公有水面の埋立や建物の新築など），所有権保存登記は，そういった取得原因を記載しない登記（登記原因の記載のない登記）である。しかし，民法の側では，未登記の不動産が登記を具備することによって，対抗力のない権利が対抗力のある権利に変化する現象もまた「変更」と呼んでいるので，上記(i)の所有権の絶対的発生が明白である場合以外の所有権の「保存」は，177 条の「変更」の範疇に入ってくる。

一方，(イ)不動産登記法における「変更」登記がされる場合の具体例と

しては，地上権の存続期間（民法268条）の変更の登記，抵当権の順位の変更（民法374条）・処分（民法376条）の登記などがある。

これに対して，目的物の物理的な変更に関しては（前掲の表の[4]の部分。なお，目的物の物理的な変更については，それが人為的なものであっても[3]法律行為による変更にはならない），土地の地目・地積の変更の登記（不登法37条），建物の表題部の変更の登記（不登法51条）などがされるが，これらは対抗要件主義の対象となる「権利に関する登記」（不登法2条4号）ではなく，「表示に関する登記」（不登法2条3号）という別のカテゴリーに属し，このカテゴリーに属する「変更」の登記を怠ったとしても，対抗不能の制裁を受けることはない。

　(v)　処分の制限　　民法177条の「変更」の範疇には，不動産登記法3条にいう「処分の制限」も含まれる。

そもそも不動産登記法3条が規定する登記能力のある権利の「保存等」とは，権利に関する登記の登記事項のうち「登記の目的」（不登法59条1号）として記録されるものをいうが，種々存在する処分の制限の中でも「登記の目的」として記録されるのは，民事執行法・民事保全法・破産法・民事再生法・会社更生法などの手続法に基づく処分の制限（民事執行法に関していえば差押え，民事保全法に関しては仮差押えと処分禁止の仮処分）である。

差押え，仮差押え・仮処分の決定を得た債権者もまた，その登記が経由されれば，債権を第三者に対して対抗することができる。民法典は，177条では，登記がなければ「物権」の変動を対抗できないと規定するが，その一方で，債権の中でも，買戻権（581条）および不動産賃借権（605条）に関しては，登記を経由すれば（例外的に）第三者に対して対抗できる旨を規定している（物権に関する177条（登記をしなければ（例外的に）第三者に対して対抗できない）と，規定の仕方が逆である）。差押債権者および仮差押債権者・仮処分債権者の取扱いも，これとまったく同様であって，買戻権者や不動産の賃借人と同様，対抗要件主義の適用を受ける債権者である[(2)]。

　(vi)　消　　滅　　民法にいう「消滅」のうち，相対的消滅は，他方当事者における権利の相対的発生と表裏一体のものである。

一方，絶対的消滅は，(ア)権利の放棄・合意解約などの法律行為，ある

いは混同・存続期間の満了などの非法律行為を原因とする法律的意味における権利の消滅と，(イ)建物の焼失・全壊などの目的物の物理的な消滅の結果生ずる権利の消滅に分かれるが[3]，不動産登記法3条にいう「消滅」は，このうちの(ア)法律的意味における消滅に限定される。

(イ)目的物の物理的な消滅に関しては，既存の権利に関する登記の「抹消」という手続とは別に，目的物の「滅失」登記という手続が用意されている。滅失登記は，前記(iv)変更の個所でも触れた，不動産の「表示に関する登記」という別個のカテゴリーの登記であり，表示に関する登記の不存在を理由に，対抗不能の制裁を受けることはない。言い換えれば，目的物の物理的な消滅に関しては，目的物の物理的な変更（一部滅失・損壊など）と同様，登記をしなくても第三者に対抗することができる。

(2) 物権変動の効果が遡及的に発生する場合　177条の「物権変動」は，以上のような登記能力のある権利変動に限定される。

では，この権利変動の効果がさかのぼって発生する旨の規定がある場合に，遡及効の発生以前に登場した第三者は保護されるか。

遡及効を有する物権変動については，第三者保護規定（遡及効の制限規定）が(a)設置されていない場合と(b)設置されている場合がある。しかし，その一方で，遡及効を有する物権変動についても177条の適用があるとした場合には，第三者は登記を備えている限り保護される。

(a) 第三者保護規定が存在しない遡及的物権変動　まず，A→Bの物権変動に関して遡及効だけが規定されていて，第三者Cの保護規定が存在しないのは，次頁の表に掲げた合計6つである（ただし，条文の文言で遡及効が明定されてはいないが，事柄の性質上，効力が遡及すると解されるものも，多数存在する）。これらの規定は，Bを絶対的に保護する趣旨なのか，それとも対抗問題でBとCの優劣を決する趣旨なのか。

---

(2) なお，差押えの登記，仮処分の登記・保全仮登記のいずれについても，裁判所書記官の嘱託による登記であるが，差押えの登記を例にとれば，債権者の強制競売の申立てに基づく強制競売開始決定に基づいてなされる点において，当事者が直接行う申請による登記と同様，手続をしない者の帰責性ないし要保護性の欠如を問題とすることができる。

(3) 前掲の表の[6]の部分。なお，目的物の物理的な変更と同様，目的物の物理的な消滅に関しても，[5]法律行為による消滅を想定する必要はない。

■ 5.3　対抗要件主義の要件——各論①：「物権変動」要件　59

①	遡及効の特約付の停止条件 (127 条 3 項)		A→B の第 1 譲渡に遡及効特約付停止条件が付されており，A→C の第 2 譲渡後に条件が成就した。
②	時効（144 条）	取得時効	A の不動産を B が時効取得したが，時効完成前に A は C に不動産を売却していた。
		消滅時効	B の不動産に設定された A の抵当権が，被担保債権の時効消滅により消滅したが（396 条参照），時効完成前に A は抵当権を C に譲渡していた。
③	遺言による推定相続人の廃除 (893 条後段)		被相続人 A の推定相続人 C の廃除により B が単独相続人となったが，C の債権者 D が C の法定相続分について差し押さえた。
④	推定相続人の廃除の取消し (894 条 2 項による 893 条後段の準用)		被相続人 A の推定相続人 B の廃除により単独相続人となった C が相続財産を D に譲渡したが，B に関する推定相続人の廃除が取り消された。
⑤	相続の放棄（939 条）		被相続人 A の共同相続人 BC のうち C が相続放棄をしたため B が単独相続人となったが，C の債権者 D が C の法定相続分について差し押さえた。
⑥	遺贈の放棄（986 条 2 項）		遺贈者 A からの受遺者 C が遺贈の放棄をしたため相続人 B が遺産を取得したが，C の債権者 D が C の法定相続分について差し押さえた。

(i) 法律行為による遡及的物権変動 以上のうち，②時効を除く 5 つは法律行為による物権変動であるが，そのうち①については，登記必要説（177 条適用説）が多数説である。これに対して，③〜⑥は，一方の物権変動の遡及的消滅・発生の反射的効果として，他方の物権変動が遡及的に発生・消滅するもので，第三者 C からの取得者 D は「権利者からの取得者」か「無権利者からの取得者」かという問題との組合せ問題になっているが，③〜⑤に関して，判例は，遡及効徹底構成に立って，遡及的な権利の取得者は登記なくして第三者に対抗できるとする[4]。⑥の遺贈の放棄に関して

---

(4) ③に関して大判昭和 2・4・22 民集 6 巻 260 頁，④に関して大判明治 43・4・9 民録 16 輯 322 頁，⑤に関して最（2 小）判昭和 42・1・20 民集 21 巻 1 号 16 頁〔家族法百選 75 事件・判プラ I 235 事件〕。

も，⑤相続の放棄と同様に，遡及効徹底構成に立って，Bは登記なくしてDに対抗できるとする見解（177条適用否定説）が一般的である。

　(ii)　非法律行為による遡及的物権変動　これに対して，非法律行為による物権変動である②時効について，判例は，遡及効をそもそも問題にしていない（遡及効徹底構成に立った場合には，時効完成後の譲受人はもちろん，時効完成前の譲受人も，すべて「第三者」になってしまう）。

(b)　第三者保護規定が存在する遡及的物権変動　これに対して，遡及効を認める規定に，「ただし，第三者の権利を害することができない」といった制限が設けられているものもある。

①	無権代理行為の追認（116条ただし書）	Aの無権代理人がA所有土地をBに売却したが，それを知らないAはCに同不動産を売却した。その後，Aは，A→Bの無権代理行為を追認した。
②	取り消すことができる行為の追認（122条ただし書）	未成年者Aが自己の重要財産を単独でBに売却したが，Aの法定代理人もこの財産をCに売却していた。その後，Aの法定代理人はA→Bの取り消すことができる行為を追認した。
③	選択権の行使（411条ただし書）	Aに対して物の給付に関する選択債権を有するBが，選択権の行使（407条。その結果，債権の発生の時にさかのぼって給付物は特定し物権が移転する）をする前に，Aが給付物をCに譲渡した。
④	認知（784条ただし書）	被相続人Aの相続人Cが相続財産をDに売却したが，死後認知によりBが共同相続人となった。
⑤	遺産分割（909条ただし書）	被相続人Aの共同相続人BC間で遺産分割によりBが取得することとされた不動産を，Cの債権者DがCの法定相続分について差し押さえた。

　①無権代理行為の追認・②取り消すことができる行為の追認・③選択権の行使に関して，学説は，Aは遡及的に無権利者にはならず，B・Cの関係は対抗問題になるという。これに対して，④については，第三者Dは登記がなくてもBに対抗できるとする下級審裁判例がある[5]。他方，⑤「遺産分割と登記」の論点に関して，判例は，177条適用説に立つ（後述）。

（3）物権変動の効果が遡及的に消滅する場合　対比の関係上，物権変動の効果が遡及的に消滅する場合に関して，上記(2)(b)と同様の第三者保護規定が存在するものについても，あらかじめ列挙しておく。

判例は，①詐欺取消し・②法定解除については，遡及効徹底構成に立ち，「物権変動」がそもそも存在していないとの理由で177条の適用を否定するが（ただし，①96条3項の善意の第三者については登記不要説がとられているのに対し[6]，②545条1項ただし書の第三者については登記必要説[7]がとられている），これに対して，③夫婦財産契約の取消しについては，復帰的物権変動構成に立って，第三者との関係は対抗問題になるとする[8]。

	第三者保護規定	177条の適用	第三者の登記の要否
①	詐欺による意思表示の取消し（96条3項）	適用否定（遡及効徹底）	登記不要
②	法定解除（545条1項ただし書）	適用否定（遡及効徹底）	登記必要（権利保護資格要件）
③	夫婦財産契約の取消し（754条ただし書）	適用肯定	登記必要（対抗要件）
④	誤認・困惑による意思表示の取消し（消費者契約法4条5項）	（①に同じ）	（①に同じ）

ここで注意したいのは，上記(2)物権変動の効果が遡及的に発生する場合については，少なくとも177条の「物権変動」がある，という点に関しては問題がないのに対して，(3)物権変動の効果が遡及的に消滅する場合に関しては，上記①・②の判例のように，そもそも177条にいう「物権変動」が存在していない，という評価が考えられる点である。

(a) 取消しと登記　A→Bの譲渡が，行為能力制限，詐欺・強迫，誤認・困惑を理由に取り消された場合（120条1項・2項，消費者契約法4条），遡及的に回復されるAの権利は，登記をしなければBからの譲受人Cに対抗することができないか。

---

[5] 名古屋高判昭和29・12・17高民集7巻12号1113頁。
[6] 最（1小）判昭和49・9・26民集28巻6号1213頁〔百選Ⅰ23事件・判プラⅠ102事件〕。
[7] 最（1小）判昭和33・6・14民集12巻9号1449頁〔判プラⅡ157事件〕。
[8] 大判大正3・12・25民録20輯1178頁。

判例は，Cの譲受けが①取消前か②取消後かで法律構成を異にする。すなわち，①**取消前の第三者**の事例に関しては，**遡及効徹底構成**に立って，物権変動は不存在であるとし，したがってAは登記を経由しなくても物権者たる地位を主張できるとするが[9]，②**取消後の第三者**の事例に関しては，**復帰的物権変動構成**に立って，Bを頂点とするB→A，B→Cの対抗問題が生ずるとし，Aは登記をしなければ取消しによる復帰的物権変動を第三者Cに対抗できないとする[10]。

学説には，①取消前と②取消後で法律構成を異にするのは論理一貫性がないとして，(1) 取消しの前後を問わずに遡及効徹底構成に立って177条の適用を否定する見解と，逆に，(2) 取消しの前後を問わずに復帰的物権変動構成に立って177条の適用を肯定する見解があるが，(3) 本人の帰責性を直視する見解は，判例の立場を基本的に妥当視する。①取消前においては，本人は登記をしようにもできない状況にあるのに対して，②取消後においては，登記可能な状況になったにもかかわらず，登記をしないことにつき帰責性を認めることができるからである。

(b) 解除と登記 では，A→B→Cの転々譲渡において，A→Bの契約が解除された場合についてはどうか。

(i) 法定解除 解除が債務不履行に基づく場合（法定解除。540条以下）に関しては，前提問題として，解除の効果の論点に触れておく必要がある。すなわち，(1) 直接効果説＝遡及効徹底構成に立った場合には，Bは遡及的に無権利者となるのに対して，(2) 間接効果説＝復帰的物権変動構成に立った場合には，Bを頂点とするB→A，B→Cの二重譲渡になる。しかし，判例は (1) **直接効果説**をとっているので[11]，状況は前記**(a)**「取消しと登記」と同様になる。

そして，判例は，「取消しと登記」の論点と同様，「解除と登記」の論点に関しても，①解除前の第三者については遡及効徹底構成，②解除後の第三者については復帰的物権変動構成をとる。

---

(9) 大判昭和4・2・20民集8巻59頁。
(10) 大判昭和17・9・30民集21巻911頁〔百選Ⅰ51事件・判プラⅠ229事件〕。
(11) 大判明治44・10・10民録17輯563頁。

① **解除前の第三者**　まず，解除前の第三者についていえば，この者は545条1項ただし書により保護される。ただし，ここで注意しなければならないのは，(a) 96条3項の「第三者」の範囲，(b) 545条1項ただし書の「第三者」の範囲と，(c) 177条の「第三者」の範囲が違っている点である。まず，第三者の主観的要件に関して，(a) 96条3項の第三者が善意者に限られるのに対して，(b) 545条1項ただし書が第三者の善意・悪意を問題としていないのは，解除原因である債務不履行については，第三者の登場後に発生する場合もあるので，善意・悪意を問いようがないからである。一方，判例は，(a) 96条3項の「第三者」と異なり，(b) 545条1項ただし書の「第三者」は，登記を備えた第三者でなければならないとしているので（権利保護資格要件としての登記）[12]，結論的に登記の先後で決するという点の限りでは，(c) 177条が適用された場合と同様ながら，しかし，第三者の客観的範囲に関しては，(b) 545条1項ただし書の「第三者」のほうが，(c) 177条の「第三者」の客観的範囲より狭いように見える[13]。となれば，①解除前の第三者と，②解除後の第三者とでは，③解除後の第三者のほうが保護されやすいことになるが，この点に関する学説の検討は，あまり進んでいない。

② **解除後の第三者**　以上に対して，解除後の第三者については，取消後の第三者と同様，復帰的物権変動構成がとられて，B→A，B→Cの二重譲渡関係となり，Aは登記がなければCに対し「所有権の復帰を以って対抗し得ないのであって〔＝対抗要件としての登記〕，その場合，第三者が善意であると否と，右不動産につき予告登記がなされて居たと否とに拘わらない」とされている[14]。

(ii) 合意解除　一方，ABが契約後の任意の合意により契約を解除する場合（合意解除の場合）についても，判例は，基本的には上記 (i) 法定

---

(12) 前掲注(7)・最（1小）判昭和33・6・14〔判プラⅡ 157事件〕。
(13) なお，545条1項ただし書の「第三者」の客観的範囲に関する判例として，大判明治42・5・14民録15輯490頁〔判プラⅡ 156事件〕。
(14) 最（3小）判昭和35・11・29民集14巻13号2869頁〔百選Ⅰ 52事件〕。なお，平成16年の不動産登記法全面改正の際に予告登記の制度は廃止されたが，判旨は，要するに，第三者が解除原因について認識可能性を有していたかどうかを問題にしている。

解除と同様に扱い，①解除前の第三者については，法定解除に関する545条1項ただし書を類推適用して，登記を備えた第三者を保護し[15]，②解除後の第三者については，177条の対抗問題になるとしている[16]。

 (iii) 約定解除 以上に対して，解除が，あらかじめ当事者間で結ばれた解除権留保特約・解除条件に基づくものであった場合（約定解除の場合）には，第三者Cの登場が①解除前・②解除後のいずれであろうと，177条により処理される点に関して，異論はない。Aには，約定解除権による物権の復帰につき請求権保全の仮登記（不登法105条2号）ができたのに，それをしなかったことに帰責性が認められるからである。

5.4 対抗要件主義の要件——各論②:「第三者」要件

5.4.1 非「当事者」要件

「取消しと登記」や「解除と登記」の論点における，遡及効徹底構成と復帰的物権変動構成の差異が，「物権変動」の範囲に関する無制限説・制限説の対立を論ずるより以前の，「物権変動」そのものの存否の問題だったのと同様，紛争の相手方が「第三者」ではなく「当事者またはその包括承継人（一般承継人）」であった場合には，やはり「第三者」の範囲に関する無制限説・制限説の論点に立ち入る以前の段階の，177条（178条）の「第三者」要件そのものの欠如が生ずる。判例において，この「当事者」「第三者」の区別を用いて処理される事案が，(1)「時効取得と登記」と，相続関係と登記をめぐる諸論点の中の(2)「被相続人の生前譲渡と登記」の2つである。

 (1) 時効取得と登記 以下では不動産を例に話を進める。Aの不動産をBが時効取得したが，他方，AはCにこれを譲渡していたような場合，Bは登記をしなければCに対抗することができないか。

---

[15] 前掲注(7)・最（1小）判昭和33・6・14〔判プラⅡ157事件〕。
[16] 大判明治42・10・22刑録15輯1433頁（附帯私訴）。

(a) 判　例　前記 5.3「物権変動」要件の個所で触れたように，判例の「物権変動」要件無制限説に立てば，変動原因が法律行為であろうと，時効や相続といった非法律行為であろうと，登記をしなければ対抗することができないから，要件判断は 5.4「第三者」要件の側に移るが，「時効取得と登記」の論点に関して，判例は，時効取得者Ｂと，ＡあるいはＣとが，権利変動の「当事者」か「第三者」かに着眼した以下の５つの準則により，問題を処理している。

【第１準則】	Ａの不動産をＢが時効取得した場合，ＡはＢの時効取得によって所有権を失う「当事者」であるから，177 条の適用はなく，時効取得者Ｂは登記をしなくても原所有者Ａに対抗できる（大判大正７・３・２民録 24 輯 423 頁）。
【第２準則】	したがって，Ｂの時効完成前にＡ→Ｃの譲渡があった場合，ＣもまたＢの時効取得によって所有権を失う「当事者」であるから，177 条の適用はなく，Ｂは登記をしなくてもＣに対抗できる（最（３小）判昭和 41・11・22 民集 20 巻 9 号 1901 頁〔判プラⅠ 230 事件〕）。
【第３準則】	これに対して，Ｂの時効完成後にＡ→Ｃの譲渡があった場合には，Ｃは「第三者」たる地位に立つから，177 条が適用され，Ｂは登記をしなければＣに対抗できない（大（民連）判大正 14・7・8 民集 4 巻 412 頁，最（１小）判昭和 33・8・28 民集 12 巻 12 号 1936 頁〔判プラⅠ 231 事件〕）。Ｃが時効完成前に譲り受け，時効完成後に登記をした場合も同様である（最（２小）判昭和 42・7・21 民集 21 巻 6 号 1653 頁）。
【第４準則】	時効の起算点はＢの占有開始時に固定され（＝起算点固定説），起算点を現在から逆算したり任意に選択することによって，「当事者の法理」（【第２準則】）・「第三者の法理」（【第３準則】）の区別の基準となる時効完成時を動かすことはできない（＝起算点逆算説・任意選択説の否定）（最（１小）判昭和 35・7・27 民集 14 巻 10 号 1871 頁）。
【第５準則】	ＣがＢの時効完成後の譲受人であっても（＝【第３準則】の場合），その後Ｂが新たに時効取得に必要な期間占有を続けた場合には，新たな時効完成時においてＣは「当事者」となるから，177 条の適用はなく，Ｂは登記をしなくてもＣに対抗することができる（最（１小）判昭和 36・7・20 民集 15 巻 7 号 1903 頁〔判プラⅠ 232 事件〕）。

　(b) 学　説　以上の判例の５準則に対して，学説は，第三者Ｃの登場が①時効完成前か②時効完成後かという偶発的な事情で結論が逆になるのは（①時効完成前の譲受人＝当事者の法理（【第２準則】）により時効取得優先，②時効完成後の譲受人＝第三者の法理（【第３準則】）により 177 条適用），権衡を失すると批判した。もっとも，【第２準則】【第３準則】のどちらで統

一するかで，学説は，【第2準則】で統一する見解（占有尊重説）と，【第3準則】で統一する見解（登記尊重説）に分かれていた。

だが，判例が，①昭和46年に，二重譲渡の一方当事者に対して【第2準則】を適用し[(1)]，②昭和48年には，1筆の土地の一部の時効取得に対して【第3準則】を適用したのを契機に[(2)]，これを不当とする学説の中には，時効取得者の登記可能性ないし帰責性という実質的要素を判断基準として類型化し，①二重譲渡型のような登記可能性（帰責性）のある事例については登記尊重説（177条適用説），②境界紛争型のような登記可能性（帰責性）のない事例については占有尊重説（時効取得（162条）適用説）をとるべきとする見解（類型論）も主張されるようになった。

❖「時効取得と登記」に関する近時の判例

なお，近時においては，「時効取得と登記」に関する新判例が立て続けに登場している。

(1) 時効完成後の譲受人を背信的悪意者と認定した事例　判例の背信的悪意者排除論に関しては，「第三者」の主観的要件の個所で取り上げるが，この判例理論は，要するに，①第1物権変動に関する悪意と②信義則違反の2つを満たす場合には，177条の「第三者」には当たらないとするものである。ところが，最（3小）判平成18・1・17民集60巻1号27頁〔百選Ⅰ56事件・判プラⅠ233事件〕は，このうちの①悪意の要件を，第1物権変動が時効取得であった事案に関して緩和する。すなわち，「甲が時効取得した不動産について，その取得時効完成後に乙が当該不動産の譲渡を受けて所有権移転登記をした場合において，乙が，当該不動産の譲渡を受けた時点において，甲が多年にわたり当該不動産を占有している事実を認識しており，甲の登記の欠缺を主張することが信義に反するものと認められる事情が存在するときは，乙は背信的悪意者に当たるというべきである」というのである。

(2) 時効完成後の権利取得が抵当権であった事例　「時効取得と登記」の論点に関する判例の5つの準則は，すべて所有権の時効取得者と所有権者ないし譲受人（所有権の取得者）の間の紛争事例に関するものであった。ところが，**(i)** 平成15年，**(ii)** 平成23年，**(iii)** 平成24年と，時効完成後の権利取得者が抵当権者の事例が登場した。

(i) 平成15年判決　最（2小）判平成15・10・31判時1846号7頁・判

---

(1) 最（2小）判昭和46・11・5民集25巻8号1087頁〔百選Ⅰ53事件・判プラⅠ196事件〕。
(2) 最（2小）判昭和48・10・5民集27巻9号1110頁。

タ1141号139頁〔判プラⅠ153事件〕の事案は，A所有土地につきBの所有権の時効取得が完成した後，Cのために抵当権の設定・登記がなされ，その後，〔①〕Bが時効を援用して抵当権の付着した土地につき所有権移転登記を経由してから，〔②〕Cの抵当権設定登記時を起算点とする10年の善意時効取得を主張して抵当権設定登記の抹消を請求したもので，判旨は，「Bは，上記〔①の〕時効の援用により確定的に本件土地の所有権を取得したのであるから，このような場合に，起算点を後の時点にずらせて，再度，〔②の〕取得時効の完成を主張し，これを援用することはできないものというべきである」とした。

(ii) 平成23年判決 最（2小）判平成23・1・21判時2105号9頁・判タ1342号96頁は，賃借権の時効取得の事案で（A所有土地の賃借人Bが50年以上占有を続けていたが対抗要件（建物の所有権保存登記）を備えていなかったところ，Cのために抵当権の設定・登記がなされ，その後Bは対抗要件を具備したが，競売の実行によりDが所有権を取得した，という事例），判旨は，「所論引用の上記判例〔＝B引用の【第5準則】に関する最（1小）判昭和36・7・20民集15巻7号1903頁〔判プラⅠ232事件〕〕は，不動産の取得の登記をした者と上記登記後に当該不動産を時効取得に要する期間占有を継続した者との間における相容れない権利の得喪にかかわるものであり，そのような関係にない抵当権者と賃借権者との間の関係に係る本件とは事案を異にする」とした。

(iii) 平成24年判決 これに対して，最（2小）判平成24・3・16民集66巻5号2321頁の事案は，Aの土地につきBの所有権の時効取得が完成した後，Cのために抵当権の設定・登記がされたが，BはCの抵当権の存在を知らないまま土地の占有を続けていた，というもので，判旨は，上記【第5準則】に関する昭和36年判決を引用しつつ，「不動産の取得時効の完成後所有権移転登記を了する前に，第三者が上記不動産につき抵当権の設定を受け，その登記がされた場合には，占有者は，自らが時効取得した不動産につき抵当権による制限を受け，これが実行されると自らの所有権の取得自体を買受人に対抗することができない地位に立たされるのであって，上記登記がされた時から占有者と抵当権者との間に上記のような権利の対立関係が生ずるものと解され，かかる事態は，上記不動産が第三者に譲渡され，その旨の登記がされた場合に比肩するということができる。また，上記判例によれば，取得時効の完成後に所有権を得た第三者は，占有者が引き続き占有を継続した場合に，所有権を失うことがあり，それと比べて，取得時効の完成後に抵当権の設定を受けた第三者が上記の場合に保護されることとなるのは，不均衡である」として，Cの抵当権設定登記を起算点とするBの再度の時効取得を認め，これによりCの抵当権は消滅するとした。

(i)平成15年判決における時効取得者Bが，Cの抵当権登記のある登記を経由してから【第5準則】を援用しているのに対して，(iii)平成24年判決では，そのような事情がないこと，(ii)平成23年判決が賃借権の時効取得の事案で，抵当権が実行されても賃借権は消滅しないのに対して，(iii)平成24年判決が所有権の時効取得の事案であることから，3判決は相互に矛盾しないといわれる。

　ただ，(iii)平成24年判決における抵当権の消滅の根拠条文は，397条に求めるべきとする見解も多い。また，(iii)平成24年判決の結論に対しては，抵当権者に時効中断の機会が認められていないことを問題視する向きもあるが，397条が「債務者又は抵当権設定者でない者が抵当不動産について時効取得に必要な要件を具備する占有をしたときは，抵当権は，これによって消滅する」旨を規定している以上，抵当権者としては，抵当権設定契約・登記の際に，債務者または抵当権設定者以外の者が占有していないかどうかを確認しておくべきことになる。

---

(2)　被相続人の生前譲渡と登記　　物権変動の当事者が対抗要件主義の保護を受けない実質的理由は，物権変動の事実を当然に認識していること（悪意）に求められた。「時効取得と登記」に関する判例の「当事者の法理」適用（【第1準則】【第2準則】【第5準則】）の実質的理由もまた，所有権喪失者は，時効取得者の長期間の占有を当然に認識しており，時効中断の機会があったのに，それを怠ったことの帰責性に求められる。

　では，包括承継人（一般承継人）が対抗要件主義の保護対象から除外されている実質的理由は，いずれの点に求められるだろうか。たとえば被相続人Aが不動産をBに売却したが，Bが登記を経由しない間に，Aが死亡した場合，相続人Cは，A→Bの生前譲渡を知らないケースもあり得る。しかし，この場合の相続人Cは，たとえ相続登記を備えたとしても，Bに相続による物権変動を対抗することはできない。その理由は，相続人が，相続の単純承認という行為によって，被相続人の権利を包括的に取得するとともに，義務についても全面的に無条件での引受をしたからである（無条件での引受がいやなら相続財産のすべてを放棄すればよい）。それゆえ，上記設例の相続人Cは，被相続人AがBに対して負っていた義務を無条件で引き受けているため，A→Bの生前譲渡に関する認識の有無にかかわらず，

Bに対する登記の移転義務を負うことになる。

5.4.2　「第三者」の客観的要件

　以上のような「当事者の法理」「第三者の法理」による振り分けの結果，「第三者」に該当すると判断された者については，次に，客観的要件を満たすかどうかが判断される。

　明治41年第三者制限連合部判決は，もっぱら客観的要件のみを念頭に「正当ノ利益」の用語を用いていた。すなわち，判旨は，「正当ノ利益」の文言を「正当ノ権利若クハ利益」と言い換え，また，「同一ノ不動産ニ関スル所有権抵当権等ノ物権又ハ賃借権ヲ正当ノ権原ニ因リテ取得シタル者ノ如キ又同一ノ不動産ヲ差押ヘタル債権者若クハ其差押ニ付テ配当加入ヲ申立テタル債権者ノ如キ皆均シク所謂第三者ナリ之ニ反シテ同一ノ不動産ニ関シ正当ノ権原ニ因ラスシテ権利ヲ主張シ或ハ不法行為ニ因リテ損害ヲ加ヘタル者ノ類ハ皆第三者ト称スルコトヲ得ス」と述べる。

(1) 物権取得者　　まず，明治41年連合部判決が「正当ノ利益（権利・権原）」を有する第三者の筆頭に挙げている「所有権抵当権等ノ物権」の取得者に関しては，以下の3点に注意しなければならない。

(a) 登記能力のある権利の取得者　　その第1は，本人側の「物権変動」要件とまったく同様に，第三者の取得する権利の種類もまた，不動産登記法3条の列挙する登記能力ある権利に限られる点である。「物権変動」要件の個所で説明したように，民法上の物権で，登記能力のない権利は，占有権・入会権・留置権の3つであったが，これらの権利の取得者は，177条の「第三者」に該当しない。

　(i) 占有権　　まず，占有権についていえば，占有者Cに対して，登記をしなくても対抗できるとしなければ，物権的返還請求権の要件として登記を要求しないこととの間での整合性がとれない。

　(ii) 入会権・留置権　　一方，第三者Cが入会権者・留置権者であった場合には，たとえA→Bの物権変動についてBが登記を経由していたとしても，Cに対抗できないとしなければ，Cの保護が図れない。

(b) 同一前主からの取得者　　第2に，第三者Cの取得した権利は，B

の権利の由来している前主A（前々主A'・前々々主A''……）から取得したものでなければならない。

❖ 「第三者」が同一前主からの取得者に限られる理由

　この点に関しては，要件事実の話をしたほうが分かりやすいかもしれない。BとCの間の紛争は，土地・建物の明渡請求であったり，移転登記請求であったりするが，BとCが売買等の契約当事者であれば，契約に基づく債権的請求権を行使すればよく，あるいは契約当事者間で物権的請求権の行使を肯定したとしても（判例・通説は，請求権競合説に立って，債権的請求権・物権的請求権のどちらも行使できるとする），対抗要件主義の規定は，「当事者の法理」の結果，適用されない。

　したがって，177条（178条）が適用されるのは，常に，直接の債権関係で結ばれていない者の間で物権的請求権が行使される事案である。そして，BがCに対して物権的請求権を行使する場合（所有権に基づく返還請求権としての土地明渡請求権を例に話を進める），CがBの所有権を否認した場合には，Bは自己の所有権の取得原因事実——それが原始取得の場合には原始取得の原因事実，承継取得（たとえばA→Bの売買）の場合には承継取得の原因事実——すなわち，①売買（555条）の要件に該当する具体的事実（要件事実）と，②前主Aの所有権を主張しなければならない。しかし，相手方Cが，②前主Aの所有権について否認すれば，Bは，前主Aの所有権の取得原因事実を主張しなければならず，それが承継取得であれば，Bが主張すべき事実は，①前々主A'→前主Aの売買等と，②前々主A'の所有権……となって，②の所有権の来歴経過に関する主張・証明は，相手方Bが否認する以上，原始取得にたどり着かない限り，永遠に続く。

　この承継取得の無限連鎖による所有権証明の困難性ないし論理的不可能性は「悪魔の証明（probatio diabolica）」と呼ばれ，歴史的には，この問題を解消する制度として，占有の本権推定（現行民法では188条）や占有訴権（197条以下）あるいは人工的に原始取得を創設する時効取得（162条）の制度が生成・発展した経緯があるが，以上に対して，もしCが，上記②Bの前主A・前々主A'……（以下「A」とだけ表記する）の所有権について認めた場合には（自白），裁判所はこれを前提に判断するから（弁論主義の第2テーゼ），その場合にBの請求を食い止めるためには，Cとしては，①A→Bの売買等の不存在（＝「物権変動」要件の欠如）を争うか，あるいは①・②の事実を認めたうえでの抗弁を提出するしかない。その抗弁の一つとして規定されているのが対抗要件主義の条文である。

　すなわち，Cが②Aの所有権を認めた理由としては，いろいろな原因があ

■ 5.4　対抗要件主義の要件——各論②：「第三者」要件　　71

るだろうが，その中でも，CもAが権利者であると思って権利を取得した場合に関して，Aがもはや所有者ではないこと（＝A→Bの物権変動があったこと）について公示をしなかったBの懈怠を咎めて，同一前主Aからの権利取得者Cを保護するのが，対抗要件主義の規定である。第三者Cの抗弁の具体的内容――①双方未登記の場合には対抗要件〔不存在〕の抗弁と，②第三者Cが登記を備えた場合には対抗要件具備による権利喪失の抗弁――に関しては，対抗要件主義の効果の個所で説明するが，ともあれ，第三者Cの取得する権利が，Bと同一の前主Aに由来しなければ，Bの自己の所有権に関する「悪魔の証明」が永遠に続くだけである。

(c) 瑕疵のない取得原因による取得者　第3に，第三者Cの権利の取得原因は，瑕疵のない（＝無効・取消原因等の付着していない）取得原因であることを要する。

(i) 無権利の法理・対抗の法理　ところが，ここにいう瑕疵の中には，前主（前々主……）の無権利の瑕疵も含まれる，とするのが，判例・通説の立場である。すなわち，判例・通説は，事案によって，①A→Bの第1物権変動の結果，前主Aは無権利者となっているから，その後のA→Cの物権変動による権利取得者Cには無権利の瑕疵があり「第三者」の客観的要件を満たさないとして，対抗要件主義の規定の適用を否定し，Aは対抗要件なくしてCに対抗できるとする場合（無権利の法理の適用事例）と，②A→Bの第1物権変動の後も，Aには何らかの実体的な権利が残っており，したがってA→Cの第2物権変動の権利取得者Cには無権利の瑕疵がなく「第三者」の客観的要件を満たすとして，対抗要件主義の規定を適用する場合（対抗の法理の適用事例）の振り分けを行う。

(ii) 相続関係と登記　この「無権利の法理」「対抗の法理」の判断基準を用いて177条の適用の可否を決しているのが，相続関係と登記をめぐる諸論点である。

(ア) **相続介在型二重譲渡と登記**　被相続人AからBへの生前譲渡を知らない相続人Cが，自己名義の相続登記を経由しても，包括承継人であるCは，「第三者」要件を欠くので，Bに対抗することができない（当事者の法理。既述）。では，この場合にA→Bの生前譲渡を知らない相続人C

が，不動産をDに譲渡してしまった場合，被相続人Aの生前譲渡の譲受人Bと，相続人Cからの譲受人Dは，対抗関係に立つか。

初期の判例は，相続人Cは無権利者であり，したがってDは無権利者からの取得者であるとの理由で，Bは登記なくしてDに対抗できるとしていたが（無権利の法理を適用），大審院は，大正15年民事連合部判決をもって立場を改め，被相続人Aと相続人Cは同一人物と評価でき，したがって，CとDは，同一前主A＝Bからの二重譲受人となるから，相互に177条の「第三者」の関係に立つと判示するに至った（対抗の法理）[3]。

(イ) 共同相続と登記　被相続人Aからの共同相続人BCの一人Cが，相続不動産につき単独名義で相続登記を経由したうえDに譲渡した場合，登記のないBは自己の持分をDに対抗できないか。戦前の判例は，①Bは登記がなくてもDに持分を対抗できるとする立場（177条適用否定説）と，②明治41年相続登記要求連合部判決を引用しつつ，登記がない以上持分を対抗できないとする立場（177条適用説）に分かれていたが，最高裁は，「Cの登記はBの持分に関する限り無権利の登記であり，登記に公信力なき結果DもBの持分に関する限りその権利を取得するに由ない」として（無権利の法理），②177条適用否定説に立った[4]。

(ウ) 死因贈与と登記　死因贈与に関しては，通常の贈与と同様，対抗の法理が適用されることにつき争いはない。なお，単独行為である遺贈と異なり，契約であるところの死因贈与においては，受贈者は将来の権利取得の可能性について認識しているので，自己の権利を保全するために，請求権保全の仮登記（不登法105条2号）を利用することになる[5]。

(エ) 遺贈と登記　遺贈に関する規定は，死因贈与に準用される（554条）。しかし，その一方で，包括遺贈に関しては，「包括受遺者は，相続人と同一の権利義務を有する」との条文がある（990条）。

① 特定遺贈と登記　判例は，「遺贈は……意思表示によって物権変動

---

[3] 大（民連）判大正15・2・1民集5巻44頁。
[4] 最（2小）判昭38・2・22民集17巻1号235頁〔百選I 54事件・家族法百選73事件・判プラI 234事件〕。
[5] たとえば最（1小）判昭和47・5・25民集26巻4号805頁など。

の効果を生ずる点においては贈与と異なるところはない」とし，また，受遺者Ｂが登記を備えるまでは完全に排他的な権利変動を生じないとして，遺贈者Ａの相続人Ｃないしの差押債権者Ｄとの関係につき，登記必要説（177条適用説）に立つ[6]。

では，Ａが同一不動産を推定相続人Ｂに贈与したが，Ｂの登記未了の間に，他の推定相続人Ｃに特定遺贈をし，その後相続の開始があった場合はどうか。判例は，やはり対抗の法理を適用し，「贈与および遺贈による物権変動の優劣は，対抗要件たる登記の具備の有無をもって決すると解するのが相当であり，この場合，受贈者および受遺者が，相続人として，被相続人の権利義務を包括的に承継し，受贈者が遺贈の履行義務を，受遺者が贈与契約上の履行義務を承継することがあっても，このことは右の理を左右するに足りない」とする[7]。

② 包括遺贈と登記　　戦前の判例には登記不要説に立つものがあるが[8]，戦後の下級審裁判例は登記必要説（177条適用説）に立つ[9]。

学説は，①特定遺贈・②包括遺贈とも登記必要説（177条適用説）が多数説であるが，②包括遺贈に関しては，包括受遺者を相続人と同視する990条を根拠に，Ａからの受遺者Ｂにつき登記不要説（177条適用否定説。Ａの相続人Ｃに対して無権利の法理を適用）に立つ見解もある。

(オ)　「相続させる」旨の遺言と登記　　遺言者Ａが，Ｂに「相続させる」旨を遺言書に記載した場合，この記載が，民法典の定める3種類の遺言事項——①相続分の指定（902条）・②遺産分割方法の指定（908条）・③遺贈（964条）——のうち，②遺産分割方法の指定に当たるならば，その登記手続は，単純な相続による単独申請となって，(1) 遺産分割の協議書の添付や，(2) 遺贈の登記のような共同申請の手間も省けて簡便であるほか，(3) かつては遺贈の登記より相続の登記のほうが，登録免許税が安かった。(3) の点については，今日では両者が同じ税率に揃えられているが，(1)

---

(6)　最（2小）判昭和39・3・6民集18巻3号437頁〔家族法百選76事件・判プラⅠ237事件〕。
(7)　最（3小）判昭和46・11・16民集25巻8号1182頁〔判プラⅠ238事件〕。
(8)　大判昭和9・9・29法律評論24巻民法150頁。
(9)　東京高判昭和34・10・27高民集12巻9号421頁，大阪高判平成18・8・29判時1963号77頁・判タ1228号257頁。

(2)のメリットは，依然として存在する。

判例は，特段の事情のない限り，②遺産分割方法の指定と解釈されるとし，被相続人の死亡の時に直ちに当該遺産が当該相続人に相続により承継されるとする(10)。その結果，「『相続させる』趣旨の遺言による権利の移転は，法定相続分又は指定相続分の相続の場合と本質において異なるところはない。そして，法定相続分又は指定相続分の相続による不動産の権利の取得については，登記なくしてその権利を対抗することができる〔のであるから〕，〔「相続させる」遺言の受益相続人〕Bは，本件遺言によって取得した不動産又は共有持分権を〔第三者〕Cに対抗することができる」こととなる(11)。(エ)「遺贈と登記」・(ク)「遺産分割と登記」については対抗の法理が適用されるのに対して，無権利の法理が適用される(イ)「共同相続と登記」の処理に落とし込まれるのは，いささか釈然としないものがあるが，ともあれ，判例の立場は，以上のようなものである。

以上(ア)〜(オ)に対して，以下(カ)〜(ク)は，遡及効を有する物権変動に関する「遡及効徹底構成」「復帰的物権変動構成」と，「無権利の法理」「対抗の法理」の組合せ問題である。

(カ) 表見相続人の譲渡と登記　　被相続人Aからの特定承継人（生前譲渡の譲受人など）・包括承継人（相続人など）Bは，Aの表見相続人（①相続欠格者・②被廃除者など）Cに対して，登記がなくても対抗することができる。①の場合，相続欠格者たるCは，当初より無権利者である。これに対して，②に関しては，遺言による推定相続人の廃除に関して遡及効の規定があるが（893条後段。既述），判例・通説は，本人側の「物権変動」要件と同様，「第三者」の客観的要件中（c)「瑕疵なき物権変動」要件（「前キの無権利の瑕疵」要件）についても遡及効徹底構成に立って，①相続欠格の場合と同様，Cは当初より無権利者であったと評価する。

では，表見相続人CがDに不動産を譲渡した場合はどうか。①Dが相続欠格者からの譲受人であった場合には，無権利の法理が適用されて，B

---

(10) 最（2小）判平成3・4・19民集45巻4号477頁〔家族法百選89事件〕。
(11) 最（2小）判平成14・6・10家月55巻1号77頁〔家族法百選77事件・判プラⅢ147事件〕。

は登記がなくても無権利者からの取得者Dに対抗できる[12]。②Dが排除された推定相続人からの取得者であった場合に関しても、被廃除者Cの権利喪失に関する遡及効徹底構成の結果、無権利の法理が適用されて、無権利者Cからの取得者Dに対してBは登記なくして対抗できる[13]。

(キ) **相続放棄と登記**　被相続人Aからの共同相続人BCのうち、Cが相続を放棄したためBが単独相続人となったが、Cの債権者DがCの持分を差し押さえた場合、登記のないBはDに対抗できないか。相続放棄に関しては、次述(ク)遺産分割と同様、遡及効の規定があるが（939条）、遺産分割と異なり第三者保護規定はない（既述）。

判例は、遡及効徹底構成に立って、相続放棄の結果「相続人は相続開始時に遡って相続開始がなかったと同じ地位に置かれることになり、この効力は絶対的で、何人に対しても、登記等なくしてその効力を生ずる」とし、その結果「Cが他の相続人……とともに本件不動産を共同相続したものとしてなされた代位による所有権保存登記は実態にあわない無効のものというべく、従って、本件不動産につきCが持分……を有することを前提としてなした仮差押は、その内容どおりの効力を生ずるに由なく、この仮差押登記は無効というべきである」とする[14]（無権利の法理を適用）。

(ク) **遺産分割と登記**　被相続人Aからの共同相続人BCが、遺産分割の協議により、相続財産に属する不動産をBの単独所有にするものとしたが、Cの債権者DがCの持分を差し押さえた場合、Bは遺産分割の効果を登記なくしてDに対抗できるか。

① **遺産分割後の第三者**　判例は、遺産分割後に第三者Dが登場した事案につき、復帰的物権変動構成に立って、「遺産の分割は、相続開始のときに遡ってその効力を生ずるものであるが、第三者に対する関係においては、相続人が相続によりいったん取得した権利につき分割時に新たな変動を生ずるのと実質上異ならないものであるから、不動産に対する相続人の共有持分の遺産分割による得喪変更については、民法177条の適用がある」と

---

[12] 大判大正3・12・1民録20輯1019頁。
[13] 大判昭和2・4・22民集6巻260頁。
[14] 最（2小）判昭和42・1・20民集21巻1号16頁〔家族法百選75事件・判プラⅠ235事件〕。

している[15]（対抗の法理を適用）。

　② **遺産分割前の第三者**　　上記のように，遺産分割前の第三者については，遡及効の制限規定（909条ただし書）があるが，この規定を適用して第三者を保護した判例は見当たらない。ただ，上記①遺産分割後の第三者に関する判例の一般的説示からすれば，②遺産分割前に第三者が登場した場合については，取消し・解除における判例理論と異なり，177条が適用されることになろう。学説は177条の対抗問題になるとしている。

（2）　債権者　　先に見たように，明治41年第三者制限連合部判決は，債権者のうち，(a)賃借権の取得者，(b)差押債権者・配当要求債権者は，「正当ノ利益〔権利・権原〕」を有する第三者に当たるとしている。

(a)　賃借権の取得者（賃借人）　　前記「物権変動」要件の個所で述べたように，A→Bの権利変動でBが取得した権利が債権だった場合には，Bは，賃借権の登記や差押えの登記を備えてはじめて第三者効力が認められていたが，これとまったく同様に，第三者Cの側においても，自己の有する権利が債権の場合には，公示方法（民法605条の賃借権の登記，借地借家法10条・31条の規定する公示方法など）を備えなければ，そもそも権利を対外的に主張することができない。

　(i)　明渡請求　　だが，この点との関係で問題となるのは，Aの不動産の譲受人B，賃借人Cの双方が対抗要件を備えていない場合である。この場合についての考え方は2つ——すなわち，①公示なき賃借人は177条の「第三者」に当たらないとして，未登記の物権取得者Bは登記がなくてもCに対抗できるとする考え方と，②賃借人は公示を備えていない段階でも177条の「第三者」に当たるとして，その後BとCのどちらが先に公示を備えるかの競争をさせる考え方——である。

　学説の中には，②賃借人は公示を備えていない段階でも177条の「第三者」に当たると述べる見解もある。同説に立った場合には，Aから不動産を譲り受けたBが，Aの賃借人Cに対して明渡しを請求する場合に，B・

---

[15]　最（3小）判昭和46・1・26民集25巻1号90頁〔百選Ⅰ55事件・家族法百選74事件・判プラⅠ236事件〕。

Ｃ双方とも公示を備えていない場合には，第三者たる賃借人Ｃは，Ｂの対抗要件欠缺の抗弁を提出して，Ｂの明渡請求を排斥することができる。

一方，学説は，判例の立場を，賃借人は177条の「第三者」に当たるとする見解と説明しているが，学説の引用する判例は，すべて賃借人が登記その他の公示方法を備えている事案であり[16]，未登記の賃借人も177条の「第三者」に当たるとした判例は，探した限りでは見当たらない。結局，判例が，上記①・②いずれの立場かは，不明というほかない。

(ii) **賃料請求，解約・更新拒絶，期間満了に基づく返還請求等** では，賃借人Ｃが登記その他の公示方法を備えている場合の，賃貸人Ａから不動産を取得したＢとの間の法律関係はどうなるか。

判例は，「自己の所有建物を他に賃貸している者が賃貸借継続中に右建物を第三者に譲渡してその所有権を移転した場合には，特段の事情のないかぎり，借家法1条〔＝借地借家法31条の旧規定〕の規定により，賃貸人の地位もこれに伴って右第三者に移転する」としている[17]。すなわち，賃貸不動産のＡ→Ｂの譲渡に伴い，Ａ→Ｃの賃貸借関係も，当然にＢ→Ｃに移転し，不動産取得者Ｂは，賃借人Ｃに対して承継の通知をする必要はないし[18]，賃借人Ｃの承諾も必要ない[19]。学説は，この当然承継の根拠につき，賃貸借関係が賃貸不動産の所有権と結合した「状態債務関係」だからである，と説明している。

しかしながら，このようにしてＡ→Ｂの不動産の譲渡契約の時点において移転する賃貸借関係に基づく請求に関して，判例は，「Ｂは本件宅地につき登記を経由したうえではじめて，Ｃに対して本件宅地の所有者であることを主張でき，また，本件宅地の賃貸人たる地位を主張し得ることになる」とする[20]。すなわち，Ａ→Ｂの所有権の移転に随伴して移転した賃貸人たる地位もまた，所有権の対抗と同じく（同時的に），Ｂが所有権移

---

(16) 大判昭和8・5・9民集12巻1123頁など。
(17) 最（2小）判昭和39・8・28民集18巻7号1354頁，最（1小）判平成11・3・25判時1674号61頁・判タ1001号77頁〔百選Ⅱ33事件〕。
(18) 最（1小）判昭和33・9・18民集12巻13号2040頁。
(19) 最（2小）判昭和46・4・23民集25巻3号388頁〔判プラⅡ112事件〕。
(20) 最（3小）判昭和49・3・19民集28巻2号325頁〔百選Ⅱ60事件・判プラⅠ244事件〕。

転登記を経由しなければ対抗することができない，というのである（対抗要件としての登記要求説）。これに対して，学説の多くは，賃貸人たる地位に基づく請求は，賃貸借契約の当事者間の問題であるから，対抗要件主義の適用の余地はないとして（当事者の法理），対抗要件として登記を要求する判例の立場を批判する。しかし，学説の多くは，結論的には，対抗要件としての登記ではなく，権利保護資格要件としての登記要求説に立つ。

(b) 処分制限の登記を経由した債権者　では，賃借人以外の債権者についてはどうか。

まず，一般債権者であっても，民事執行法・民事保全法・破産法等の手続により，処分制限の登記が経由された場合には，177条の「第三者」に当たる点につき，争いはない（上記(a)(i)登記等を備えた賃借人に同じ）。

(i) 民事執行法上の処分制限の登記を経由した債権者　差押債権者等については，明治41年第三者制限連合部判決が明示している。

(ア) 差押債権者　処分制限の登記のうち，差押えの登記（民執法48条）を経由した債権者（差押債権者）に関しては，最高裁も，177条の「第三者」に含まれる旨を説示する。先述の「特定遺贈と登記」の判例[21]の事案も，A→Bの遺贈の受遺者Bと，A→Cの相続を前提にCの相続分について差押えの登記を経由した債権者Dの争いであった。

(イ) 配当要求債権者　明治41年第三者制限連合部判決は，差押債権者とならんで，配当要求債権者も，「第三者」の具体例として挙示している。配当要求債権者は，自身が強制執行の申立てをしたわけではないが，強制執行手続への参加者として，差押えの登記の傘の下にある。

(ii) 民事保全法上の処分制限の登記を経由した債権者　民事保全法上の処分制限の登記には，(ア)金銭の支払を目的とする債権に関して仮差押命令が発せられた場合の仮差押えの登記（民保法47条），(イ)係争物に関する金銭以外の請求権に関して係争物に関する仮処分命令が発せられた場合のうち，①所有権に関する登記請求権を保全する場合の処分禁止の登記（民保法53条1項），②所有権以外の権利についての登記請求権を保全する

---

[21] 前掲注(6)・最（2小）判昭和39・3・6〔家族法百選76事件・判プラⅠ237事件〕。

場合の処分禁止の登記および仮処分による仮登記（保全仮登記。民保法 53 条 2 項）がある。いずれも裁判所書記官の嘱託による登記であるが、賃借権の場合と同様、Aの債権者Bは、これらの登記を具備することによってはじめて第三者Cに対して債権を主張できる。そして、この点は、第三者Cが債権者である場合についても同様で、債権者Cは、これらの登記を具備することによってはじめてA→Bの物権変動に関する登記の欠缺を主張するにつき「正当な利益を有する第三者」となる。

(ア) 仮差押債権者　　判例も、Aから未登記不動産を譲り受けたBは、登記なくして、不動産につき仮差押えの登記を経由したAの債権者Cに対抗できないとしている[22]。

(イ) 仮処分債権者　　同様に、判例は、仮処分前にAからBが不動産を譲り受けたとしても、Cの処分禁止の登記より前に登記を経由しなければ、仮処分債権者Cに対抗できないとする[23]。

　(iii)　破産法上の処分制限の登記を経由した債権者　　(i)民事執行法・(ii)民事保全法と同様、(iii)破産法上の破産手続開始の登記・保全処分の登記・否認の登記（破産法 258 条・259 条・260 条）を経由した破産債権者も 177 条の「第三者」の客観的要件を満たし、登記がなければ対抗することができない[24]。

　(c)　登記を経由していない債権者　　問題は、以上のような処分制限の登記を経由していない債権者が、177 条の「第三者」に当たるかどうかである。債権者についても、上記(b)の執行・保全手続による登記可能性がある点からすれば、177 条の「第三者」に該当するようにも思われるが、しかし、その一方で、執行・保全手続に着手していない以上、登記なくして対抗されても仕方がないようにも思われる。

　大正期の判例には、明治 41 年第三者制限連合部判決を反対解釈して、「未タ差押又ハ配当加入ヲ為シタルニアラスシテ単ニ債権者タルニ過キサル者ハ民法第 177 条ニ所謂第三者ト謂フコトヲ得サル」としたものがある

---

(22) 大判昭和 9・5・11 法律新聞 3702 号 11 頁など。
(23) 最（3 小）判昭和 30・10・25 民集 9 巻 11 号 1678 頁。
(24) 大判昭和 8・11・30 民集 12 巻 2781 頁。

が(25)。しかし，その後の判例の中には，未登記の債権者も「第三者」に当たるとするものがある。

❖ **未登記の債権者が177条の「第三者」に当たるとした判例**
いまだ執行・保全の登記を経由していない債権者も，177条の登記なくして対抗できない「第三者」に当たるとした判例には，以下のものがある。

(1) 相続の限定承認があった場合の相続債権者 戦前の判例の中には，被相続人Aが不動産をBに譲渡したが未登記のまま死亡し，相続人A'が限定承認した場合，Aの相続債権者Cは177条の「第三者」に当たり，Bは登記なくしてCに対抗できないとしたものがある（大判昭和9・1・30民集13巻93頁）。

(2) 詐害行為取消権を行使した債権者 また，詐害行為取消権は，執行の「準備的工作」ないし「執行ノ前駆」であり，「今ヤ執行ヲ開始セムトスル債権者ト已ニ詐害行為廃罷ノ訴ヲ提起シタル債権者ト其ノ間何ノ立場ノ択フトコロアラム」との理由で，詐害行為取消権者は177条の「第三者」に当たるとした判例もある（大判昭和11・7・31民集15巻1587頁）。

なお，債権者代位権も，強制執行の準備手続としての機能を有しているが，代位債権者Aは，債務者Bが第三債務者Cに有している権利を代位行使するにすぎないので，第三債務者Cから見て代位債権者Aは177条の「第三者」たる地位に立たない（大判明治43・7・6民録16輯546頁）。

(3) 所有権移転請求権を有する債権者 A所有土地上の立木の買受をめぐるBC間の紛争に関して，Cが「たとえ未だ所有権自体は取得するに至らないで，ただ右立木の所有権を自己に移転させる単なる債権を取得したにすぎないものであるとしても，すでにCがかかる権利を取得した以上，Cは右立木について，Bの所有権の取得に対し明認方法の欠缺を主張すべき正当な利益を有する第三者に該当する」とした最高裁判例があるが（最（2小）判昭和28・9・18民集7巻9号954頁），その後の下級審裁判例の中には，Aから農地を遺贈されたCは，農地法上の許可がない限り「特定債権者であるにすぎないから，〔時効取得者〕Bは時効により取得した同土地所有権をもって登記なくしてCに対抗することができる」としたものもある（千葉地判昭和58・8・25判時1100号137頁）。

(3) 不法行為者 以上に対して，明治41年第三者制限連合部判決が説示する非該当例のうち，不法行為者に対する損害賠償（709条）を，登

---

(25) 大判大正4・7・12民録21輯1126頁。

記なくして請求できる点については，まったく争いがない[26]。

（4）「正当な権原」を有さない者　だが，同判決が不法行為者と並列的に挙示する「正当ノ権原ニ因ラスシテ権利ヲ主張……シタル者」は，「正当ノ利益」の裏返しであるから，具体例になっていない。

この者は，「第三者」の客観的要件——すなわち，(a) 登記能力のある権利の取得者，(b) 同一前主からの取得者，(c) 瑕疵のない取得原因（権原）による取得者——のうち，(c) の要件を欠く者である。

この点に関して，学説は漠然と「無権利者」という言葉を用いているが，ここでは，第三者Cが無権利者と評価されることになった原因が探求されなければならない。A→Cの承継取得が有効であるためには，①前主Aの権利と，②A→Cの取得原因に無効・取消原因が付着していないことが必要であるが，しかし，このうちの①共通前主Aの無権利の瑕疵については，判例・学説は別個の論点として問題にしているので（「無権利の法理」と「対抗の法理」の振り分け論），学説が問題とする「無権利者」の事例とは，結局，②A→Cの取得原因（権原）それ自体の不存在（無権原）か，あるいは，A→Cの取得原因に無効・取消しその他の瑕疵が付着している事案（無効権原・誤想権原）ということになる。この点につき，学説が引用する判例には，甲・乙2筆の土地の所有者Aが，甲土地をB，乙土地をCに売却したにもかかわらず，所有権移転登記を相互に取り違えたため，BがC名義となっている甲土地の所有権移転登記の抹消を請求した事案があり，判旨は，Cは甲土地についてBの登記の欠缺を主張するにつき正当な利益を有する第三者に当たらないとする[27]。甲土地について，Cは取得原因を有していないからである。同様に，土地所有者Aとの間での地上権設定契約が存在しないにもかかわらず，地上権登記を有するCから地上権を取得して登記を経由したDは，同土地に関する地上権の時効取得者Bとの関係で，登記の欠缺を主張する正当な利益を有する第三者に当たらない[28]。仮装売買の買主に関しても同様である[29]。

---

(26) 最（2小）判昭和30・5・31民集9巻6号774頁〔判プラⅠ240事件〕。
(27) 大判昭和10・11・29民集14巻2007頁。

❖ **不法占拠者・不法占有者**

「無権利者」のほか，学説の用語法で概念が曖昧なものには「不法占拠者」「不法占有者」がある。この用語に関しても，不法占拠・不法占有の原因となった第三者Ｃの占有権原の種類・性質・由来が問題とされなければならない。

たとえば最（3小）判昭和25・12・19民集4巻12号660頁〔百選Ⅰ58事件・判プラⅠ241事件〕は，A所有建物の賃借人Ｃと，所有権がＡ→Ｂ→Ｄと転々移転した後の取得者Ｄの間の紛争事例で，Ｄは賃貸人たる地位を承継しており，DC間の賃貸借契約の合意解除の有効性が認定されたためにＣが不法占有者と評価された事案であった。それゆえ，本件訴訟の訴訟物が，合意解除に基づく原状回復請求権としての家屋明渡請求権であったならば，「第三者」制限法理である「正当な利益」の有無を問題にする以前に，「当事者の法理」が適用されて177条は適用されず，ＤはＣに登記なくして対抗できることになる。

❖ **転々譲渡の前主と後主**

このほか，判例では，Ａ→Ｂ→Ｃの転々譲渡の後主Ｃにとって，前主Ａが「正当な利益を有する第三者」に該当しないとする判例がある（①大判明治43・7・6民録16輯537頁〔百選Ⅱ13事件・判プラⅡ38事件〕，②大判昭和3・7・2法律新聞2898号14頁，③最（1小）判昭和39・2・13訟月10巻3号471頁・判タ160号71頁，④最（3小）判昭和43・11・19民集22巻12号2692頁）。

このうち，②・③・④判決の説示は，ほぼ同一内容であり，たとえば④判決の判旨は，「該土地をすでに他に有効に譲渡した前所有者のごとく，該土地につきなんらの正当な権利を有しない者は，登記の欠缺を主張するについて正当の利益を有するものとはいえない」というものである。

だが，③判決は②判決を引用し，②判決は①判決を引用している。そして，①判決（債権者代位権の転用をはじめて肯定した著名判例（登記請求権の代位行使の事案）である）が，当該事案の前主Ａを「正当な利益」を有する第三者から除外した理由は，次のようなものであった。「Ａハ明治24年中本件ノ土地ヲＢニ売渡シＢハ明治25年中之ヲＣニ売渡シタルニ拘ワラズＡハ明治33年中本件土地ノ一部ヲ他人ニ売却シテ其代金ヲ請取リ又明治41年中本件土地ノ立木ヲ他人ニ売却シテ其代金ヲ請取リタルモノナリ故ニＡハ右土地ノ一部及ヒ立木ヲ売却シテ代金ヲ請取リタル当時ニ在リテハ其土地ノ所有者ニ非スシテ擅(ほしいまま)ニ之ヲ処分シ以テ不当ノ利得ヲ為シタルモノナレハ物権得喪ノ登記欠

---

(28) 最（3小）判昭和24・9・27民集3巻10号424頁。
(29) 最（1小）判昭和34・2・12民集13巻2号91頁，最（3小）判昭和44・5・27民集23巻6号998頁〔判プラⅠ80事件〕。

缺ヲ主張スルニ付テ正当ノ利益ヲ有スル者ニ非ス」。すなわち，①判決は，Aが単に転々譲渡の前主であるとの理由で「正当な利益（権利・権原）」がないとしているのではなく，Aが二重譲渡ないし不法行為を働いた悪性を問題にしているように読める。しかも，①判決を言い渡した大審院第二民事部は，同日付にて，債権者代位権の債権者Aは，債務者Bの第三債務者Cに対する権利を行使するにすぎないので，第三債務者Cから見て代位債権者Aは177条の「第三者」に当たらないとしていた（大判明治43・7・6民録16輯546頁。「当事者の法理」を適用）。同判決と，①判決の関係についても，学説の考察は進んでいないが，本書では，もうこれ以上触れない。

5.4.3 「第三者」の主観的要件

「第三者」の主観的要件とは，上記「第三者」の客観的要件を満たす者であっても，その主観的な取得態様（悪意・背信的悪意など）との関係で，177条の「第三者」から除外される者があるか，という問題である。

(1) 現行民法・(旧) 不動産登記法の起草者　　フランス法は，少なくとも条文上は，第三者の主観的態様は問題としていない（善意悪意不問説）。これに対して，ボワソナード旧民法は，対抗要件主義により保護される第三者は善意の第三者に限るとしたが（悪意者排除説）[30]，現行民法典の起草者は，善意悪意不問説に立った。その理由は，第三者の善意を要件としたならば，善意・悪意をめぐって訴訟が紛糾し，紛争当事者の不利益が甚だしく，取引の迅速・安全を害することに求められている。

ただし，起草者は，不動産登記法の領域で，この画一的処理に対する例外を設けた。旧不動産登記法4条・5条→現行不動産登記法5条1項・2項の定める2つの場合が，それである。

(a) 不動産登記法5条1項の第三者　　第1に，A→Bの物権変動に関して，詐欺・強迫によって登記の申請を妨げた第三者Cは，Bに登記がないことを主張することができない（不登法5条1項）。①詐欺の場合とは，

---

[30] ただし，旧民法は，フランス法と同様，法定証拠主義を採用しており，登記の不存在による第三者の善意の推定に対して，第三者の自白および宣誓の方法による反対証明しか認めていないので，結論的には善意悪意不問説に近い。

第三者Ｃが，Ａ→Ｂの物権変動についてＢが登記をしなくてもよいと誤信させることをいい，登記申請そのものを妨げる場合に限らず，詐欺行為によって登記申請をなし得ない状態を惹起する場合をも包含する[31]。②強迫に関する判例は見当たらないが，詐欺の場合と同様に解される。

(b) 不動産登記法5条2項の第三者　第2に，Ｂのために登記を申請する義務を負う第三者Ｃも，Ｂに登記がないことを主張することができない（不登法5条2項）。同条項にいう「第三者」とは，登記申請についての代理権を有する法定代理人（制限行為能力者の法定代理人・不在者の財産管理人・相続財産管理人・遺言執行者など）ならびに任意代理人（登記申請を受託した司法書士など）をいい，登記につき共同申請の義務を負う「当事者」（登記義務者。売主や抵当権設定者など）は含まれない。

(2) 戦前の判例　明治41年連合部判決は，「第三者」の客観的範囲に関しては，現行民法典の起草者の立場に逆らって制限説を採用したが，主観的範囲に関しては，善意悪意不問説の立場に従った。すなわち，明治41年第三者制限連合部判決は，「正当ノ利益」の言葉を「正当ノ権利」「正当ノ権原」という言葉に置き換えており，「正当ノ利益」の中に，第三者の主観的態様の問題は組み込まれていなかった。

(3) 戦後の判例　だが，戦後，昭和30年代に入って，最高裁は，第三者の主観的態様を問題にするようになる。

(a) 背信的悪意者排除論の法律構成　判例の法律構成は，昭和30年代においては，①不動産登記法旧4条・5条〔現行5条1項・2項〕の類推・拡張適用を説くもののほか，第三者の②信義則違反（1条2項），③権利濫用（1条3項），④公序良俗違反（90条）などがあった[32]。

しかし，昭和40年代以降の判例は，⑤信義則違反の悪意者は177条の「正当な利益」を有する第三者に該当しない，という説明に収斂していった[33]。すなわち，明治41年第三者制限連合部判決においては，もっぱら

---

(31) 東京地判昭和28・5・16下民集4巻5号723頁。
(32) ④公序良俗違反構成をとる判例として，最（1小）判昭和36・4・27民集15巻4号901頁。
(33) 最（3小）判昭和40・12・21民集19巻9号2221頁〔判プラⅠ243事件〕，最（2小）判昭和43・8・2民集22巻8号1571頁〔判プラⅠ242事件〕，最（2小）判昭和43・11・15民集22巻12号2671頁，最（1小）判昭和44・1・16民集23巻1号18頁など。

「第三者」の客観的範囲を画する基準であった「正当な利益」概念は，⑤の法律構成の結果，主観的範囲をも規律する基準へと変容したのである。

(b) 背信的悪意者排除論の要件　第三者の①悪意と②信義則違反の両者を満たした場合に適用される。ただし，この点に関する近時の判例の立場は微妙であり，(i) 上記①悪意＋②信義則違反の要件を満たす者だけを背信的悪意者と呼ぶ古典的な理解を前提に，①「悪意」要件は満たさない場合でも②「信義則違反」要件を満たす者については，背信的悪意者排除論とは別個の法理として「登記の欠缺を主張するについて正当の利益を有する第三者に当たらない」とする判例や[34]，(ii) 背信的悪意者排除論の①「悪意」要件を，第１物権変動が時効取得である場合に緩和ないし拡張して，時効取得そのものに関する悪意ではなく，「多年にわたり当該不動産を占有している事実」に関して悪意であれば，②「信義則違反」が認められる事情が存在するときは，背信的悪意者に当たるとした判例がある[35]。

(c) 背信的悪意者排除論の効果　今日の判例の背信的悪意者排除論の下でも，第２譲受人Ｃが，不動産登記法５条１項・２項の「第三者」に該当すると認定すること，あるいは，信義則違反，権利濫用，公序良俗違反を認定することは，何ら禁じられてはいない。

(i) 公序良俗違反　これらの中で，要件が最も厳格で，認定される事例が少ない代わりに，最も効果が強力なのは，公序良俗違反であり，Ａ→Ｃの法律行為は万人との関係で無効となって，そもそも二重譲渡関係は存在しなかったことになり，第２譲受人Ｃは，第１譲受人Ｂとの関係のみならず，万人との関係で無権利者となる。

(ii) 信義則違反・権利濫用　これに対して，信義則違反・権利濫用の条文（１条２項・３項）の直接適用の場合，要件判断の柔軟性に対応して，効果の内容も，(ア)公序良俗違反と同様，第三者の権利取得そのものを認めない場合と，(イ)相手方との関係で取得した権利の主張が相対的に禁止される場合の，２種に分かれる。しかし，二重譲渡における信義則違反・

---

[34] 最（２小）判平成10・2・13民集52巻1号65頁〔百選Ⅰ59事件・判プラⅠ246事件〕。
[35] 最（３小）判平成18・1・17民集60巻1号27頁〔百選Ⅰ56事件・判プラⅠ233事件〕。

権利濫用の認定は，公序良俗違反ほど厳しくないので，効果は，(イ)第2譲受人Cは権利者であるが，しかし第1譲受人Bに対して取得した権利を主張できない，という相対的なものにとどまる。

(iii) **背信的悪意者排除論**　177条の「第三者」要件に関して，第三者に「正当な利益」がない場合の効果も，(ア)第三者を無権利者と評価する場合と，(イ)権利者であるが取得した権利を主張できない場合とに分かれるが，判例の背信的悪意者排除論は，信義則違反の問題を，177条の「第三者」要件に関する「正当な利益」制限説の判断要素の中に取り込んだものなので，上記(ii)の信義則違反の効果と同様，背信的悪意者は(イ)権利者ではあるが，ただし，取得した権利を第1譲受人に対して主張できない，という相対的な効果を生ずるにとどまる。

不動産登記法5条1項・2項の「第三者」についても，同様である。

(d) 転得者の法的地位　では，第2譲受人Cについて，上記のような認定が行われた場合，Cからの転得者Dの法的地位はどうなるか。

(i) **公序良俗違反**　A→Cの第2譲渡が公序良俗違反と認定された場合には，Cは万人との関係において無権利者となるから，Cからの転得者Dも万人との関係において無権利者であり，したがって第1譲受人Bは，登記なくして転得者Dに対抗できる。

(ii) **信義則違反・権利濫用**　二重譲渡事例における信義則違反・権利濫用の効果は相対的と解されているので，転得者Dは，自身が第1譲受人Bとの関係において信義則違反・権利濫用を認定されない限り，権利者からの取得者と評価される。

(iii) **背信的悪意者排除論**　第2譲受人Cが背信的悪意者と認定された場合には，二重譲渡の法的構成につき①「権利者からの取得」構成に立つか②「無権利者からの取得」構成に立つかで結論が変わる。②説に立った場合には，無権利者からの取得という例外保護を受けられない以上，背信的悪意者Cは無権利者であり，転得者Dも，自身に無権利者からの取得者保護規定（時効取得や94条2項類推適用法理）の適用がない限り保護されない。しかし，判例は，①説に立って，「〔転得者D〕は無権利者から当該不動産を買い受けたことにはならない」とし，「この〔＝背信的悪意者の〕

法理によって『第三者』から排除されるかどうかは，その者と第1譲受人との間で相対的に判断されるべき事柄である」としている[36]。

5.5　対抗要件主義の要件——各論③：「公示の不存在」要件

第三者が対抗要件主義の規定（177条・178条）による保護を受けるための要件の第3は，先行する物権変動に関して，不動産の場合には登記がないこと，動産の場合には引渡しがないことである。このうち，引渡しについては，「第7章　占有権」で説明することとし，以下では，不動産登記の中でも，対抗要件主義との関係で注意すべき点に絞って説明する。

5.5.1　不動産登記の種類

(1) 登記能力のある権利・権利変動　すでに5.3「物権変動」要件の個所で先行して触れておいたように，177条にいう「不動産に関する物権の得喪及び変更」要件に関する判例の無制限説の立場は，これに続く「不動産登記法（平成16年法律第123号）その他の登記に関する法律の定めるところに従い」要件によって，**(a)**一方において制限され，**(b)**他方において拡張されている。

(a)　177条の「物権」の文言の制限　不動産登記法3条は，登記能力のある権利に関して，民法上の物権に関しては7種類しか規定していない。その結果，登記能力のない残り3つの物権——占有権・入会権・留置権——に関しては，登記がなくても第三者に対抗することができる。

(b)　177条の「物権」の文言の拡張　他方，不動産登記法3条は，登記能力のある権利として，債権については賃借権だけを掲記しているが（同条8号）。その他の債権に関しても，民法あるいは他の法律において，登記をすれば第三者対抗力を認める旨の規定が設置されており，これを受けて，不動産登記法3条は，登記能力のある権利に対して債権者等により加えられた「処分の制限」についても，登記能力を認めている。

---

(36)　最（3小）判平成8・10・29民集50巻9号2506頁〔百選Ⅰ 57事件・判プラⅠ 245事件〕。

(2) 表題部・権利部　　しかし，不動産登記法3条で登記能力の認められている権利および権利変動のすべてが，登記をしなかった場合に対抗不能の制裁を受けるわけではない。不動産登記法1条は「この法律は，不動産の表示および不動産に関する権利を公示するための登記に関する制度について定める……」と規定し，また，同法3条柱書も「登記は，不動産の表示又は不動産についての次に掲げる権利の保存等（保存，設定，移転，変更，処分の制限又は消滅をいう）についてする」と規定しているが，対抗要件主義という私法上の効力と結びつけられているのは，権利に関する登記だけである。

　登記すべき事項（登記事項という。不登法2条6号）は，現在では磁気ディスク帳簿となっている登記簿（2条9号）に，1筆の土地・1個の建物ごとに，表題部・権利部に区分して記録される（登記記録という。2条5号・12条）。このうち，表題部に記録されるのが表示に関する登記（2条3号・7号），権利部に記録されるのが権利に関する登記（2条4号・8号）である。

　言葉で説明しただけでは分かりにくいので，次頁に，登記記録をプリントアウトした書面を掲げておこう。なお，「何人も，登記官に対し，手数料を納付して，登記記録に記録されている事項の全部又は一部を証明した書面の交付を請求することができる」（不登法119条1項）。

　登記簿に限らず，すべての帳簿に関して，紙の帳簿だった時代には，記録されている事項の全部をコピーした証明書のことを謄本，一部をコピーした証明書のことを抄本と呼んでいたが（登記簿謄本・登記簿抄本，戸籍謄本・戸籍抄本（戸籍法10条）など），磁気ディスク帳簿においては，謄本・抄本という言葉は使用せず，登記事項証明書・戸籍事項証明書（全部事項証明書・一部事項証明書）という言葉を使用している（戸籍に関しては，戸籍法120条，戸籍法施行規則73条）。次頁の書面は，土地に関する全部事項証明書であり，そして，その一番上の欄が，「表題部（土地の表示）」である。

(3) 表示に関する登記　　表示に関する登記の記録される表題部は，戦前，地租税・家屋税の徴収のため，全国の税務署に備えられていた土地台帳・家屋台帳に由来する。しかし，終戦後の税制改革により，地租税・家屋税は廃止されて地方税である固定資産税に代わったため，税務署にお

福岡県福岡市東区箱崎１丁目１０－２　　　　　　　　全部事項証明書　　　　　（土地）

表 題 部	（土地の表示）		調製	平成１０年７月９日	不動産番号	１２３４５６７８９０１２３
地図番号	２３・２		筆界特定	余白		
所　在	福岡市東区箱崎一丁目				余白	
① 地　番		② 地　目	③ 地　積　㎡		原因及びその日付〔登記の日付〕	
１０番２		宅地	３００ ｜ １５		１０番から分筆〔昭和６３年３月３１日〕 昭和６３年法務省令第３７号附則第２条第２項の規定により移記〔平成１０年７月９日〕	
所 有 者	福岡市東区箱崎一丁目１０番１号　Ａ　山　太　郎					

権 利 部 （ 甲 区 ） （所 有 権 に 関 す る 事 項）			
順位番号	登 記 の 目 的	受付年月日・受付番号	権 利 者 そ の 他 の 事 項
１	所有権保存	昭和６３年４月１日 第１６２９９号	所有者　福岡市東区箱崎一丁目１０番１号 　　　　Ａ　山　太　郎
２	所有権移転	平成２３年３月７日 第１２２５７号	原因　昭和６３年４月２日時効取得 所有者　福岡市西区大字元岡７４４番地 　　　　Ｂ　川　次　郎

権 利 部 （ 乙 区 ） （所 有 権 以 外 の 権 利 に 関 す る 事 項）			
順位番号	登 記 の 目 的	受付年月日・受付番号	権 利 者 そ の 他 の 事 項
１	抵当権設定	平成２３年３月７日 第１２２５６号	原因　平成２３年３月４日金銭消費貸借同日設定 債権額　金４,０００万円 利息　年２・６０％（年３６５日日割計算） 損害金　年１４・５％（年３６５日日割計算） 債務者　福岡市東区箱崎一丁目１０番１号 　　　　Ａ　山　太　郎 抵当権者　福岡市東区馬出三丁目１番１号 　　　　　Ｃ　商　事　株　式　会　社
付記１号	１番抵当権移転	平成２４年４月２日 第１７３１５号	原因　平成２４年３月２６日債権譲渡 抵当権者　福岡市南区塩原四丁目９番１号 　　　　　Ｄ　興　産　株　式　会　社
２	地上権設定	平成２３年３月７日 第１２２５８号	原因　平成２３年２月２８日設定 目的　鉄筋コンクリート造建物所有 存続期間　６０年 地代　１平方メートル１年１万円 支払時期　毎年３月１日 地上権者　春日市春日公園６番１号 　　　　　Ｅ　建　設　株　式　会　社

これは登記記録に記録されている事項の全部を証明した書面である。

平成２５年４月１日

福岡法務局箱崎出張所　　　　　登記官　　　　　　　　法　務　一　郎　　　電子公印

＊　下線のあるものは抹消事項であることを示す。　　　整理番号　Ｄ２３９９１　（１／１）　１／１

いて不要となったこれらの台帳は登記所に移管され，その後，昭和35年の旧不動産登記法改正により，不動産登記簿の表題部として合綴されたのである（これを登記・台帳の一元化という）。

(a) **表示に関する登記と権利に関する登記の相違個所** すなわち，明治32年立法当初より存在する権利部の登記（権利に関する登記）が，公示を目的とする制度であるのに対して，表題部の登記（表示に関する登記）は，租税徴収を目的とする制度を転用したものであり，この沿革の違いから，両者は，次の点において，手続・効力が異なる。

(i) **登記手続の開始** 第1に，登記手続の開始は，当事者の申請による登記が本則であるが（不登法16条），表示に関する登記については，登記官の職権による登記が認められている（不登法28条）。

(ii) **登記官の審査権** 第2に，登記の審査については，当事者が登記所に提供した申請情報・添付情報を用いた形式的審査（旧法時代の用語でいえば書面審査）が原則である。しかし，表示に関する登記については，登記官の実質的審査権が認められており，当該不動産の表示に関する事項につき実地調査等を行うことができる（不登法29条）。

(iii) **登記の効力** 第3に，租税徴収目的の帳簿（土地台帳・家屋台帳）に由来する表題部の登記（表示に関する登記）については，公示目的の帳簿に関する登記懈怠に対する私法上の制裁制度である，対抗要件主義の適用はない。その代わりに，表示に関する登記の中でも，報告的登記に関しては，公法上の制裁制度が設けられており，1か月以内に登記を申請しなければ，10万円以下の過料に処せられる（不登法164条）。

(b) **表示に関する登記の種類** 表示に関する登記は，(i) 報告的登記と，(ii) 創設的登記（形成的登記）の2種類に分類される。

(i) **報告的登記** 報告的登記とは，表題登記[1]，表示の変更の登記[2]，滅失の登記[3]の総称で，これらの登記に関しては，上記のように，登記

---

(1) 未登記の不動産につき，表題部に最初にされる登記をいう（不登法2条20号，36条，47条，48条，49条，58条6項・7項）。
(2) 不動産の物理的状況に変化が生じた場合に，変化後の現況に表題部を修正する登記をいう（不登法37条，51条，52条）。

義務の懈怠に対して公法上の制裁（10万円以下の過料）が課される（不登法164条。ただし，実際に処罰された例を，著者は知らない）。

(ii) 創設的登記（形成的登記）　創設的登記（形成的登記）とは，不動産の個数の変化を公示する登記（1個の不動産を2個にしたり，2個の不動産を1個にしたりする登記）であって，その場合の1個1個の不動産に関しては物理的な変化が生じない点において，(i)報告的登記と異なる。これには，土地に関して分筆の登記・合筆の登記の2種類（不登法39条～41条），建物に関して建物の分割の登記・建物の区分の登記・建物の合併の登記の3種類がある（不登法54条1項1号～3号）。

(4) 権利に関する登記　一方，対抗要件主義の適用を受ける権利に関する登記の記録される「権利部は，甲区及び乙区に区分し，甲区には所有権に関する登記の登記事項を記録するものとし，乙区には所有権以外の権利に関する登記の登記事項を記録する」（不登規則4条4項）。

ところで，民法177条は「……登記をしなければ，第三者に対抗することができない」と規定しているのであるから，紛争当事者の一方または双方が登記を経由していない場合に関する規定であって，両当事者が登記を経由している場合には適用がない。

両当事者が登記している場合の適用法条は，以下のようになる。

(a) 抵当権の登記が複数存在する場合　この場合については，民法373条（「同一の不動産について数個の抵当権が設定されたときは，その抵当権の順位は，登記の前後による」）が適用される。

(b) その他の権利に関する登記が複数存在する場合　この場合については，不動産登記法4条1項（「同一の不動産について登記した権利の順位は，法令に別段の定めがある場合を除き，登記の前後による」）が適用される。

なお，これら(a)民法373条・(b)不動産登記法4条1項にいう「登記の前後」とは，具体的には，どのような意味か。この点を規定しているのが不動産登記規則2条1項で，「登記の前後は，登記記録の同一の区にした登記相互間については順位番号，別の区にした登記相互間については受付

---

(3)　不動産が滅失した場合に，誤って権利に関する登記がされないよう，客体の表示を消去して登記簿を閉鎖するもの（不登法42条，43条5項・6項，55条4項，57条）。

番号による」。

一方，上記(b)不動産登記法4条1項の例外としての「法令に別段の定めがある場合」には，以下の2つ(c)(d)がある。

(c) 主登記・付記登記　付記登記とは，「権利に関する登記のうち，既にされた権利に関する登記についてする登記であって，当該既にされた権利に関する登記を変更し，若しくは更正し，又は所有権以外の権利にあってはこれを移転し，若しくはこれを目的とする権利の保存等をするもので当該既にされた権利に関する登記と一体のものとして公示する必要があるもの」をいい，主登記とは「付記登記の対象となる既にされた権利に関する登記」をいう（不登法4条2項）。「付記登記の順位番号を記録するときは，主登記の順位番号に付記何号を付加する方法により記録する」（不登規則148条）。そして，付記登記に関する優先関係の決定基準は，付記登記の順位は主登記の順位により，同一の主登記に係る付記登記の順位はその前後による」（不登法4条2項）。

(d) 仮登記・本登記　本登記とは，「仮登記がされた後，これと同一の不動産についてされる同一の権利についての権利に関する登記であって，当該不動産に係る登記記録に当該仮登記に基づく登記であることが記録されているものをいう」（不登法106条）[4]。

一方，仮登記とは，終局登記を申請するための①手続法上の要件または②実体法上の要件が揃っていない時点において，将来それらの要件が整った場合に備えて行う登記のことをいい，①終局登記の申請のための実体法上の要件である物権変動はすでに生じているが，手続法上の要件（添付情報など）が揃っていない場合にされる物権保全の仮登記（不登法105条1号仮登記）と，②物権変動を生じさせる請求権を保全するための請求権保全の仮登記（不登法105条2号仮登記）の2種がある。いずれの仮登記に関しても，独立の順位番号を付した登記がされるが，そもそも終局登記の要件を備えていない場合になされる登記であるから，終局登記の効力（＝対抗

---

(4) すなわち，仮登記に基づいてする終局登記（登記の効力——といっても，日本法の場合には対抗力しかないが——を有する登記のこと）のみを本登記と呼ぶのであって，仮登記に基づかずに直接に行われる終局登記を指して本登記と呼ぶ用語法は，誤用である。

力)はない⁽⁵⁾。しかし，将来，①登記の手続(法)的・②実体(法)的有効要件が整った場合には，仮登記に基づく本登記の手続をすることができ，そして，この手続を行った場合の「本登記の順位〔番号〕は，当該仮登記の順位〔番号〕による」ことになる（不登法106条，不登規則179条・180条）。この効力を，仮登記による本登記の順位保全効力という。

　その結果，A所有不動産につきBが仮登記を経由した後に，AとCとの間で行われた中間処分（たとえばA→Cの賃借権の設定・登記）は，Bが仮登記に基づく本登記を経由した後は，Bに対して対抗することができない。ただし，本登記によって，仮登記の時以後における，これと相容れない中間処分の効力が否定されるということは，仮登記の時に遡及して所有権の移転があったと擬制するものではないから，Bは，本登記を経由する前のCの占有が無権原占有であるとして損害賠償を請求することはできないし⁽⁶⁾，本登記を経由する前の賃料債権の帰属を争うこともできない⁽⁷⁾。

5.5.2　登記の有効要件

　177条が「不動産登記法（平成16年法律第123号）その他の登記に関する法律の定めるところに従いその登記をしなければ」と規定する内容には，(i) 登記がまったく存在していない場合のほかに，(ii) 登記が「法律の定めるところに従い」なされたものではない場合――すなわち，有効要件を欠く登記がされている場合が含まれる。実際の紛争においても，(ii) 当該登記の有効・無効が，しばしば争点となる。

　もっとも，ここにいう登記の有効・無効という言葉には，①これから登記をしようとする際に，申請が受理されるか却下されるか（申請の可否）という問題，②すでになされてしまった登記に関して，抹消登記手続が認められるか否か（抹消の可否）という問題，③同じくすでにされてしまった登記に関して，登記の効力――といっても，日本法が明文で規定しているのは対抗力だけであるが――が認められるか否か（登記の効力（対抗力）

---

(5)　最（3小）判昭和38・10・8民集17巻9号1182頁〔判プラⅠ258事件〕。
(6)　最（1小）判昭和36・6・29民集15巻6号1764頁。
(7)　最（3小）判昭和44・6・3判時563号50頁。

の有無）という問題の3つの意味があり，そして，これら3者は，判例・登記実務においては合致しておらず，①登記申請の側面では，却下事由に該当する登記であるのに，いったんなされてしまうと，②抹消登記が否定され，あるいは③対抗力が肯定される場合が生ずることがある。

　一方，登記が（上記3つの意味において）有効であるためには，(1)登記が実体関係と合致していること（実質的（実体法的）有効要件），および，(2)不動産登記法の要求する手続的要件を満たしていること（形式的（手続法的）有効要件）の，両者を満たしている必要がある。

(1)　登記の実質的（実体法的）有効要件　　このうちの(1)実質的要件（登記が実体関係に合致していること）は，さらに，(a)登記が物権の現状に合致していること，(b)登記が物権変動の過程および態様に合致していること，の2つに分かれる。

(a)　物権の現状に合致しない登記　　まず，現在の権利状態に合致しない登記は，原則として無効である。したがって，①不動産の存否・状態が登記と合致しない場合（たとえば建築中の建前がいまだ不動産といえる状態に達していない段階でされた所有権保存登記など），②権利の主体・内容が登記と合致しない場合（登記名義人が実際には存在しない場合，他の者と取り違えられた場合，地上権設定に対して賃借権設定登記がなされた場合など），③権利変動の存否・内容が登記と合致しない場合（権利変動の不存在・無効にもかかわらずされた権利変動の登記など）の場合には，抹消登記が認められ，また，第三者に対する対抗力もない。

　しかしながら，これにも，次のような例外がある。

(i)　同一性が認定できる場合　　第1に，判例は，建物の登記後にされた移築・改造により構造・建坪が変化し，登記が実体関係と吻合しなくなった場合であっても，移築・改造の前後で建物の同一性が認められ，「〔従前の建物に関する〕登記簿上の表示が移築改造後の建物の表示と認め得る以上，この〔移築改造後の〕建物について有効な登記が存する場合であるというを妨げない」とする[8]。その結果，この登記に関しては，抹消

---

(8)　最（3小）判昭和31・7・20民集10巻8号1045頁。

登記は認められず，建物の表示の変更の登記をすることになる。

(ii) 過剰登記の一部無効 第2に，判例は，1棟の建物のうち，構造上および利用上の独立性（＝区分所有法1条参照）のある建物部分に賃借権が設定されたにもかかわらず，建物全部について賃借権設定登記がされた事案に関して，登記の全部抹消を認めず，賃借された建物部分を除く残余の部分に関する更正登記（＝一部抹消）のみを認める[9]。同様に，実際の被担保債権額を超える額が登記されている場合には，登記が全部無効となるのではなく，実際の債権額の範囲において対抗力を生ずる。

(iii) 無効登記の追完 第3に，たとえ物権の現状に合致せず対抗力を有さない登記であっても，後日その登記に合致する実体関係を備えた場合には，その時点から対抗力を有する[10]。

(iv) 旧登記の流用 以上に対して，当初有効であった登記が，実体関係の消滅によって無効となった後，これを別個類似の実体関係に流用できるか（旧登記の流用）に関しては，争いがある。

(ア) **滅失建物の登記の流用** 滅失建物の登記は，その後に再築された建物の登記としての対抗力を有するか。判例は，対抗力を否定する[11]。

(イ) **担保権登記の流用** 被担保債権の消滅等により消滅した担保権の登記を，新たに設定した担保権の登記に流用できるか。

① 当事者関係 判例は，当事者間の登記の流用契約を無効とするが[12]，しかし，当事者間においては，登記の無効を主張して抹消登記を請求することはできないとされている[13]。

② 第三者関係 流用後に登場した第三者に関して，判例は，流用登記

---

[9] 最（1小）判平成7・1・19判時1520号84頁・判タ871号300頁。
[10] 虚偽表示による登記の後，真実の売買契約により所有権が移転した事案につき，最（1小）判昭和29・1・28民集8巻1号276頁〔判プラⅠ250事件〕，A→Bの売買の買主Bが，子Cに贈与することを前提にCの関与なしにA→Cの中間省略登記を経由したが，その後B→Cの贈与がされた事案につき，最（1小）判昭和41・1・13民集20巻1号1頁，無権代理人による抵当権設定登記を本人が追認した事案につき，最（2小）判昭和42・10・27民集21巻8号2136頁。
[11] 最（3小）判昭和40・5・4民集19巻4号797頁〔判プラⅠ248事件〕。
[12] 大判昭和6・8・7民集10巻875頁。
[13] 最（1小）判昭和37・3・15裁判集民事59号243頁。

の有効性を前提に取引関係に入ったと認められるから，特別の事情のない限り，登記の無効を主張する正当な利益を有しないとする[14]。

その結果，①・②の帰結として，流用登記の無効を主張できるのは，流用前に取引関係に入った第三者に限られることになる。

(b) 物権変動の過程および態様に合致しない登記　登記の公信力を認めない日本法においては，登記制度の建前・理想が，物権の現状のみならず，物権変動の過程および態様を正確に公示すべきことにある点については，学説上異論を見ない。ところが，わが国においては，物権変動の過程および態様に関して，実体関係と異なる登記が非常に多い。

(i) 物権変動の態様に合致しない登記　まず，物権変動の態様に合致しない登記から説明する。

(ア) 登記原因が実体関係と異なる登記　権利変動の態様は，登記簿に「登記原因」として記録される事項（＝登記事項）である（表示に関する登記につき不登法 27 条 1 号，権利に関する登記につき 59 条 3 号）。しかし，平成 16 年全面改正前の旧不動産登記法においては，登記原因証書の提出が必須的ではなかったため，申請書に虚偽の登記原因を記載する場合も多かった（たとえば贈与税を免脱する目的で登記原因を売買と記載する場合など）。また，その一方で，売渡担保や譲渡担保の被担保債権が弁済された場合のように，登記原因の書き方に加えて，抹消登記・移転登記のいずれの登記をすればよいのかすら，当事者が判断しかねるものも存在する[15]。

こうした実情に鑑み，大正期以降の判例および登記実務は，登記原因の種類や当事者の意図を問題にすることなく，なされてしまった登記については，登記原因が実体関係と異なっていても，少なくとも現在の権利状態に合致している限りは有効――対抗力を肯定し，抹消登記を認めない（＝登記の全部抹消は否定し，登記原因に関する更正登記しか認めない）――とする

---

[14] 最（3 小）判昭和 49・12・24 民集 28 巻 10 号 2127 頁〔判プラ I 249 事件〕……仮登記担保における請求権保全の仮登記の流用事例。

[15] なお，譲渡担保の法的性質に関する所有権的構成を前提に，譲渡担保が設定された場合の登記は所有権移転登記となるが，一方，その登記原因に関して，「譲渡担保」と記載することが認められるようになったのは，比較的最近のことである。

立場をとるようになった。

（イ）　**登記原因が実体関係と異なる仮登記**　仮登記に関しても，同様に，実体関係と異なる登記原因が記載されている仮登記（不登法105条2号の請求権保全の仮登記につき，実際の契約内容は代物弁済予約であるのに，登記原因には停止条件付代物弁済契約と記載されている場合や，実際は停止条件付代物弁済契約であるのに，登記原因には売買予約と記載されている場合など）に関して，今日の判例・登記実務は，有効な（＝順位保全効を有する）仮登記と解している。さらに，本来ならば請求権保全の仮登記（不登法105条2号仮登記）をすべきところを，物権保全の仮登記（1号仮登記）をしてしまった場合についても，今日の判例は，有効な（＝順位保全効を有する）仮登記と解している[16]。

（ウ）　**抹消登記に代えての移転登記**　また，戦前より，判例・登記実務は，A→Bの所有権移転登記を，無効・取消し・解除を理由にA名義に戻す登記手続につき，抹消登記に代えて所有権移転登記をすることを認めてきた。抹消登記は，登記上の利害関係を有する第三者の承諾がある場合に限ってしか，申請することができないからである（不登法68条）。

　(ii)　物権変動の過程に合致しない登記　上記のほか，物権変動の過程に合致しない登記としては，以下のものがある。

（ア）　**冒頭省略登記**　A所有の未登記不動産をBが譲り受けた場合，まずA名義の所有権保存登記をしてから，A→Bの所有権移転登記をするのが筋である[17]。しかし，明治32年旧不動産登記法制定直後より，登記実務は，（譲渡人Aの所有権保存登記を省略した）譲受人Bの所有権保存登記の申請を認め，判例も，譲受人B名義の所有権保存登記の対抗力を肯定している[18]。これは，所有権保存登記が，権利変動の登記と異なり，登記原因が登記事項とされていない登記——すなわち，現在の権利状態のみを公示する登記であることと関係する。

（イ）　**相続を原因とする中間省略登記**　所有権保存登記と異なり，移転

---

[16] 最（2小）判昭和32・6・7民集11巻6号936頁。
[17] 最（3小）判昭和31・6・5民集10巻6号643頁。
[18] 大判大正8・2・6民録25輯68頁。

登記に関しては，登記原因が登記事項とされている。だが，物権変動の原因が相続であった場合に関して，旧法時代の登記実務は，実際の物権変動の過程に合致しない登記の申請に対して，比較的寛容な立場をとってきた。すなわち，①生前譲渡と登記（A→Cの生前譲渡につき，Cの登記経由前にAが死亡し，A→Bの相続登記が経由された場合）に関しては，本来ならば，A→Bの相続登記を抹消して登記名義を亡Aに戻してから，亡A→Cの所有権移転登記をするのが筋であるが，これを省略して，直接B→Cの移転登記の申請をしても差し支えないとされている。また，②A→B→Cの順次相続にもかかわらず，登記名義が亡Aのままである場合には，A→B，B→Cのいずれの相続に関しても，単独相続の場合に限って，A→Cの直接の相続登記の申請を認めて差し支えないとされている。

(ウ)　特定承継を原因とする中間省略登記　　これに対して，A→B，B→Cの取得原因が，売買その他の特定承継だった場合，中間省略登記の申請が認められるのは，①中間省略登記の申請を認める旨の特別の法令の規定がある場合か[19]，または，②判決による登記（不登法63条1項）の場合のみであり，①②の場合以外に中間省略登記の申請は認めていない，というのが，登記実務の公式見解である。

❖ 旧法下の判例理論

　では，このような登記実務の取扱いにもかかわらず，旧法時代に中間省略登記が横行していたのはなぜか，といえば，旧法においては，登記原因証書の提出が必須的ではなかったため，登記官の形式的な書面審査主義の下では，実際にはA→B→Cの転々譲渡であるにもかかわらず，A→Cの（虚偽の）登記原因・日付を記載した登記申請書を提出した場合を，見抜くことができなかったためである。

　一方，A→B→Cの物権変動原因が特定承継である場合に，当事者が中間省略登記を行う意図は，主として租税回避の点にあった。すなわち，A→B，B→Cの2回の登記申請を，A→Cの1回に減らすことで，登録免許税を1

---

[19] といっても，現行法では「整備政令による改正後の農地法による不動産登記に関する政令」2条3項・3条3項，「入会林野等に係る権利関係の近代化の助長に関する法律による不動案登記に関する政令」4条1項の2法令が存在するだけである。

回分節減できる。とりわけ中間者Bが不動産業者で，当初より転売目的でAから不動産を仕入れるような場合，Bには登記による保護を受けるメリットは存在しない。こうした事情から，旧法時代には，登記原因につき贈与を売買と偽る例と同様，中間省略登記もまた，野放しの状態で常態化していた。

　その結果，判例は，すでにされてしまった中間省略登記に関しては，現在の権利状態に合致している限り有効とせざるを得なくなったが，しかしながら，その場合にもなお，判例は，ABC全員の合意あるいは中間者の同意がある場合に限る，との制限を加えることで，中間省略登記の横行に歯止めをかけようとした。この制限法理に基づき，旧法時代の判例は，中間者の同意がない場合に，①最（1小）判昭和35・4・21民集14巻6号946頁〔判プラⅠ251事件〕は，中間者BのCに対する抹消登記請求を肯定し，②最（3小）判昭和40・9・21民集19巻6号1560頁〔百選Ⅰ49事件・判プラⅠ257事件〕は，CのAに対する中間省略登記請求を否定する。なお，③最（2小）判昭和44・5・2民集23巻6号951頁〔判プラⅠ256事件〕は，中間者の同意がない場合に，中間者以外の者Dからの抹消登記請求を否定しているが，事案のDは不法占有者であり，177条の「正当な利益」を有する第三者に当たらないことを理由に，抹消登記請求が否定されたものである。また，④最（1小）判昭和46・4・8判時631号50頁〔判プラⅠ252事件〕は，AのCに対する抹消登記請求を否定しているが，Aは中間省略登記の共同申請の一方当事者であるから，Aの同意が容易に認定される事案であった。

　その他，⑤大判大正5・4・1民録22輯674頁は，不動産の買主Bは，売主Aから所有権移転登記を経由しないうちにCに転売して所有権を喪失した場合でも，Aに対する登記請求権を失わないとし，⑥最（3小）判昭和46・11・30民集25巻8号1422頁〔判プラⅠ254事件〕は，中間省略登記はCに登記を得させる便宜のためのものであるから，ABCの3者で中間省略登記の合意をしたからといって，当然に中間者BのAに対する移転登記請求権が失われるものではないとしていた。

　平成16年現行不動産登記法の下でも，ACが中間者Bの同意書を添付して共同申請の方法で中間省略の申請を行うことは，否定されている[20]。
　一方，判決による登記の方法でのCの単独申請に関しても，平成22年に，CのAに対する中間省略登記の請求を否定した最高裁判例が現れたこと

---

[20]　東京高判平成20・3・27登記情報567号32頁。

で[21]，もはや認められなくなったと解されている。

❖ 中間省略登記請求否定最高裁判決

平成 22 判決の事案は，**(1)** 第 1 に，A→B→C の物権変動のうち，B→C の変動原因が相続であった点と，**(2)** 第 2 に，C が A に対して「真正な登記名義の回復」を登記原因とする A→C の直接の所有権移転登記を請求した点に特徴がある。

(1) 中間省略登記の否定　まず，第 1 の点に関していえば，本件の中間者 B は死亡しており，B の地位または利益は C が包括承継しているから，旧法下の判例理論によるときは，中間省略登記の請求が肯定されるはずの事案である。にもかかわらず，判旨は，次のような一般論を述べて，A→C の直接の移転登記請求を否定した。「不動産の所有権が，元の所有者から中間者に，次いで中間者から現在の所有者に，順次移転したにもかかわらず，登記名義がなお元の所有者の下に残っている場合において，現在の所有者が元の所有者に対し，元の所有者から現在の所有者に対する真正な登記名義の回復を原因とする所有権移転登記手続を請求することは，物権変動の過程を忠実に登記記録に反映させようとする不動産登記法の原則に照らし，許されないものというべきである」。ここには，旧法下の判例が述べていたような，全員の合意や中間者の同意・利益という要件が，まったく出てこないことから，学説においては，旧法時代の判例理論は，同判決によって，中間省略登記の請求を完全否定する立場へと判例変更されたと評価する見解が多い。

(2)「真正な登記名義の回復」を原因とする移転登記の否定　一方，第 2 の点に関していえば，原審は，①A→B の物権変動につき贈与の事実を認定しつつ，②「真正な登記名義の回復」を原因とする A→C の直接の移転登記請求を認容した。しかしながら，①の事実を認定するのであれば，A→亡 B の所有権移転登記を命ずる判決を言い渡せば足りるのであって（C としては，亡 B 名義に登記が移転すれば，あとは亡 B→C の相続登記を単独申請できる），②A→C の直接の所有権移転登記を命ずる判決を言い渡す必要はない。そこで，最高裁は，②「真正な登記名義の回復」を原因とする A→C の直接の移転登記請求の中には，予備的に，①「AB 間贈与」を原因とする A→亡 B の移転登記請求の趣旨が含まれていると解する余地があるから，事実審において適切に釈明権を行使してこの点を明らかにするよう求める，として，事件を原審に差し戻した。したがって，差戻審においては，C の請求の趣旨が，A→亡 B の贈与を原因とする移転登記請求に改められ，C 勝訴の判決が言い渡されるこ

---

[21] 最（1 小）判平成 22・12・16 民集 64 巻 8 号 2050 頁。

ととなる。しかしながら、このような処理は、②「真正な登記名義の回復」という登記原因を利用して中間省略登記を実現する便法についても否定する趣旨にほかならない。したがって、今後は、物権変動の過程・態様を忠実に反映した登記を経由することが不可能な特段の事情（登記上の利害関係を有する第三者の承諾が得られないため抹消登記の手続ができない（不登法68条）旨の登記原因証明情報が提供（提出）された場合）がない限り、「真正な登記名義の回復」を登記原因とする所有権移転登記の請求もまた認められないことになろう。

(2) 登記の形式的（手続法的）有効要件　登記が有効であるためには、以上の実質的（実体法的）要件を備えているほかに、不動産登記法25条1号～13号の定める却下事由に該当しないことが必要である。なお、同条13号は政令への委任規定で、これを受けた不動産登記令20条は8種類の却下事由を定めている結果、却下事由は、合計20種類になる。

　ただし、登記官が上記20種類の却下事由を見過ごして登記を実行してしまった場合の、なされてしまった登記の有効・無効――対抗力の有無および抹消登記の可否――に関して、判例・登記実務は、(a) **不動産登記法25条1号～3号と13号（＝不動産登記令20条1号～8号）の却下事由を見過ごしてなされてしまった登記については無効**とするが、(b) **4号～12号の却下事由を見過ごしてなされてしまった登記については、それが現在の権利状態に合致している限りは有効**としている。

　(a) 不動産登記法25条1号～3号，13号の却下事由　これらの却下事由に該当する登記が無効とされている理由は、登記官の職権による抹消の対象となっているためである（不登法71条）。

　ところで、登記記録は1筆の土地または1個の建物ごとに作成されるので（不登法2条5号。**一不動産一登記記録主義**）、不動産登記法25条3号の却下事由（「申請にかかる登記がすでに登記されているとき。」）は、1不動産につき二重に登記申請を行った場合も含む。しかし、なされてしまった二重登記に関しては、表題登記を抹消して、登記記録それ自体を閉鎖する処理が行われるので、権利に関する登記の職権抹消に関する不動産登記法71条ではなく、表示に関する登記一般について登記官の有する職権登記権限（不登法28条）が根拠規定となる。

不登法25条	1号	申請にかかる不動産の所在地が申請を受けた登記所の管轄に属しないとき。
	2号	申請が登記事項以外の事項の登記を目的とするとき。
	3号	申請にかかる登記がすでに登記されているとき。
	4号	申請権限を有しない者の申請によるとき。
	5号	申請情報またはその提供の方法が法令の規定により定められた方式に適合しないとき。
	6号	申請情報の内容である不動産または登記の目的である権利が登記記録と合致しないとき。
	7号	申請情報の内容である登記義務者または登記名義人の氏名（名称）・住所が登記記録と合致しないとき。
	8号	申請情報の内容が登記原因証明情報の内容と合致しないとき。
	9号	要求されている添付情報が提供されないとき。
	10号	事前通知の申出期間内に登記義務者からの申出がないとき。
	11号	表示に関する登記の申請情報の内容が登記官の調査の結果と合致しないとき。
	12号	登録免許税を納付しないとき。
	13号	前各号のほか，登記すべきものでないときとして政令で定めるとき。
不登令20条	1号	申請が不動産以外のものについての登記を目的とするとき。
	2号	申請に係る登記をすることによって表題部所有者または登記名義人となる者が権利能力を有しないとき。
	3号	申請が不登法32条，41条，56条，73条2項・3項，80条3項，92条の規定により登記することができないとき。
	4号	申請が1個の不動産の一部についての登記（承役地についてする地役権の登記を除く。）を目的とするとき。
	5号	申請にかかる登記の目的である権利が他の権利の全部または一部を目的とする場合において，当該他の権利の全部または一部が登記されていないとき。
	6号	同一の不動産に関し同時に2以上の申請がされた場合において，申請にかかる登記の目的である権利が相互に矛盾するとき。
	7号	申請にかかる登記の目的である権利が同一の不動産についてすでにされた登記の目的である権利と矛盾するとき。
	8号	前各号に掲げるもののほか，申請にかかる登記が民法その他の法令の規定により無効とされることが申請情報・添付情報・登記記録から明らかであるとき。

なお，なされてしまった二重登記の有効性につき，判例は，後行の登記を当然に無効とするのではなく，「何れの登記が有効であるかは，専ら実体法上いずれの登記名義人が真の権利者であるかによって決定される」とする立場をとっている[22]。

(b) 不動産登記法 25 条 4 号〜12 号の却下事由　これらの却下事由が，不動産登記法 71 条の職権抹消の対象にされていないのは，それらが申請行為それ自体に関する手続的な瑕疵であり，なされてしまった登記が現在の権利状態に合致している場合もあり得るからである。

　その結果，①本人の死亡後に本人または（本人死亡により代理権の消滅した）代理人によってなされた登記[23]，②旧法の手続において，登記済証があるのに保証書を提出して申請された登記（現行法でいえば，登記識別情報（不登法 21 条・22 条）があるのに資格者代理人による本人確認情報（23 条 4 項 1 号）を提供して申請された登記）[24]，③印鑑証明書の日付を変造した印鑑証明書を添付して申請された登記であっても[25]，現在の権利状態に合致している限りは有効とされ，あるいは，④無権代理人が偽造文書による登記申請をしたが，根抵当権設定契約が表見代理により有効と認定された場合や[26]，④同じく無権代理人が偽造文書による登記をしたが，その後本人の追認により，登記と現在の権利状態が合致するに至った場合には[27]，もはや登記の無効を主張することはできないとされる。

5.5.3　登記請求権

(1) 登記請求権の意義　登記請求権は，共同申請主義（不登法 60 条）に服する権利に関する登記についてだけ生ずる権利である。共同申請主義の下では，登記権利者[28]あるいは登記義務者[29]が，申請手続に協力して

---

[22]　最（3小）判昭和 37・1・23 民集 16 巻 1 号 110 頁。
[23]　最（2小）判昭和 29・12・17 民集 8 巻 12 号 2182 頁，最（2小）判昭和 31・7・27 民集 10 巻 8 号 1122 頁。
[24]　最（2小）判昭和 31・7・17 民集 10 巻 7 号 856 頁。
[25]　最（3小）判昭和 34・7・14 民集 13 巻 7 号 1005 頁。
[26]　最（2小）判昭和 41・11・18 民集 20 巻 9 号 1827 頁。
[27]　前掲注(10)・最（2小）判昭和 42・10・27。

くれなければ，登記をすることができない。それゆえ，共同申請の登記に関しては，**相手方（登記義務者または登記権利者）に対して共同申請の手続に協力するよう請求する実体私法上の権利**が認められなければならない。これを登記請求権という。

　(a)　**判決による登記**　　登記請求権は，裁判外でも行使できるが，相手方が応じてくれない場合には，不動産登記法63条1項にいう「申請を共同してしなければならない者の一方に登記手続をすべきことを命ずる確定判決」を求める訴訟（**登記請求訴訟**）を提起することになる。この訴訟の確定判決は，共同申請における相手方の登記申請意思に代わるものであり（代諾判決。民法414条2項ただし書），判決確定時に登記申請の意思表示をしたものと擬制されるため（民執法174条1項），勝訴者は，この確定判決を添付して，単独で登記の申請をすることができる（不登法63条1項。**判決による登記**）。

　(b)　**登記引取請求権**　　旧不動産登記法（27条）は，判決による登記の申請人を「登記権利者」としていたが，現行63条1項では「当該申請を共同してしなければならない者の他方」という表現に改められた。これは，登記権利者のみならず登記義務者にも登記請求権が認められることに対応した修正である。登記請求権は，多くの場合，登記権利者が登記義務者に対して行使する（たとえば不動産の売買契約において，売主である登記名義人が買主への移転登記手続に協力しない場合など）。しかし，たとえば借地人のいる宅地を更地として明け渡す旨の条件を付した売買契約に基づき，売主Aから買主Bに所有権移転登記が経由されたが，売主Aが条件を履行しないため，買主Bが契約を解除した場合，買主Bには，売主Aに対して登記の抹消の共同申請を求める請求権が認められなければならない[30]。この場合のように，**登記義務者が登記権利者に対して行使する場合の登記請求権**を，とくに**登記引取請求権**という。

---

(28)　不登法2条12号「権利に関する登記をすることにより，登記上，直接に利益を受ける者をいい，間接に利益を受ける者を除く」。
(29)　不登法2条13号「権利に関する登記をすることにより，登記上，直接に不利益を受ける登記名義人をいい，間接に不利益を受ける登記名義人を除く」。
(30)　最（2小）判昭和36・11・24民集15巻10号2573頁〔判プラⅠ253事件〕。

(2) 登記請求権の法的性質 　登記請求権の法的性質ないし発生原因に関しては，かつては一元説と多元説の対立があったが，現在では，多元説の中でも，物権的登記請求権・債権的登記請求権・物権変動的登記請求権の3つに分類する見解が，通説的地位を占めるに至っている。

(a) 物権的登記請求権 　このうちの物権的登記請求権は，物権的請求権の中でも，物権的妨害排除請求権の一態様である。物権的妨害排除請求権は，相手方が占有以外の方法で物権を侵害している場合に，侵害状態の除去を請求する権利であったが，相手方の登記という占有以外の方法での物権侵害に対して，物権者たる地位に基づいて，侵害状態の排除を求めるのが，物権的登記請求権である。

　なお，初学者は，物権的登記請求権が行使された場合について，AがBに対して物権的返還請求権を行使した場合に，占有がBからAに戻るのと同様，登記名義がB→Aと移転すると誤解しがちだが，たとえばA所有の新築建物につきBが勝手に所有権保存登記を具備した場合，Bの保存登記を抹消して未登記の状態に戻すことが，未登記物権者Aの円満な支配状態の回復であって，Bには，それを超えてB→Aの移転登記によるAの登記名義取得に協力する義務はない。また，A→B→Cと所有権移転登記が経由されたが，BがAとまったく無関係の他人で，偽造書類に基づいてA→Bの登記を経由した場合，AがCに対して行使する物権的登記請求権の内容は，B→Cの所有権移転登記の抹消になり，Aは，その後Bに対しても物権的登記請求権を行使してA→Bの所有権移転登記を抹消することになる（通常の場合，Aは，CおよびBを共同被告として，各抹消登記請求訴訟を提起する）。

❖ **物権的登記請求権と中間省略登記の関係**
　なお，BやCが，Dを抵当権者とする抵当権設定登記を経由していた場合には，抹消登記に代えてC→B，B→Aの移転登記をすることも認められるが，C→Aの「真正な登記名義の回復」を原因とする中間省略登記については，前記最（1小）判平成22・12・16民集64巻8号2050頁の結果，認められなくなったと解される。同様に，A→B→Cと物権が有効に転々移転した場合の，A→Cの中間省略登記請求も否定されるから，Cは，Aに対し，物権者としての地位に基づきA→Bの移転登記を請求するか（物権的登記請求権），CがB

に対して有する債権的登記請求権を被保全債権として，BがAに対して有する債権的登記請求権を代位行使し（債権者代位権の転用。大判明治43・7・6民録16輯537頁〔百選Ⅱ13事件・判プラⅡ38事件〕，その後，Bに対して，B→Cの移転登記を請求することになる（債権的登記請求権ないし物権的登記請求権））。

(b) 債権的登記請求権 物権的妨害排除請求権の一態様である物権的登記請求権が消滅時効にかからないのに対して，債権的登記請求権は消滅時効にかかる（なお，時効期間は，債権の種類によって異なる）。

また，売買契約の当事者等に関しては，物権的登記請求権と債権的登記請求権の競合問題が生ずるが，判例・通説は，物権的請求権と債権的請求権の競合と同様，請求権競合説に立つ。

(c) 物権変動的登記請求権 物権変動的登記請求権とは，登記が物権変動の過程および態様に合致しない場合に，登記上の利害関係人が，過程および態様に合致させることを内容とする請求権をいう。

判例に現れた事案としては，A所有の土地を国Bが農地買収してCへの売渡処分を行ったが，この買収・売渡処分は原野を農地と誤認した違法な行政処分であったため，国B→Cの売渡処分が取り消され，国BがCに対して所有権移転登記の抹消を請求した例があり，判旨は，「わが不動産登記法は，不動産について登記簿上，現在の権利関係をあきらかにすると共に，これに先行する権利変動の過程をも，登記簿上如実に表現することを目的とするものであるから，その権利変動の当事者となったものは，その権利変動の過程において真実と符合しない無効の登記あるときは，たとえ既にその物権を他に移転し，従って，現在においては，不動産の実質的権利者ではないとしても，その登記の是正に関して利害関係を有するかぎり，現在の実質的権利者と同じくその是正について登記名義人に協力を求めるいわゆる登記請求権を有するものと解すべきである。そして，現に権利変動の原因たる法律行為を為し登記簿上右法律行為の当事者として表示されたものは，たとえその法律行為がたまたま法律上無効であった場合においても，右にいわゆる登記請求権を有するものと解すべきである」とする[31]。

5.6　対抗要件主義の効果

(1)　「対抗」の一般的意義　　177条・178条の効果は，不動産・動産の物権変動は，登記・引渡しがなければ，第三者に「対抗することができない」というものである。

「対抗」という表現は，民法典その他の法規の随所に見出すことができるが，これを一般的に定義するならば，(a)「対抗することができる」(対抗可能性) とは，一定の法的要素（法的事実・法律行為・権利・法律上の地位ないし法律関係）の存否を当事者あるいは第三者に対して主張できることをいい，(b)「対抗することができない」(対抗不能性) とは，当該法的要素の存否それ自体については有効に確定しているが（この点で不成立・無効の主張とは異なる），これを当事者・第三者に対して積極的に主張することができない（したがって，第三者に対する対抗不能の場合には，当事者間での主張は可能であり，また，当事者に対する対抗不能・第三者に対する対抗不能のいずれに関しても，相手方当事者・第三者の側からこれを承認・援用することは許される）ことをいう。

❖「対抗」という言葉が登場する条文
　民法典において(a)「対抗することができる」との表現が登場する規定は全部で10か条，(b)「対抗することができない」との表現が登場する規定は全部で36か条ある。
(1)　「対抗することができる」旨を規定する条文　　336条，387条1項，389条2項，398条の22第1項，443条1項，457条1項，468条2項，539条，581条見出し書・2項（ただし，1項は「効力を生ずる」と規定する），605条見出し書（ただし，条文は「効力を生ずる」と規定する）。
(2)　「対抗することができない」旨を規定する条文　　37条2項，94条2項，96条3項，98条の2，112条，113条2項，177条，178条，260条2項，347条，352条，364条，365条，377条，395条，398条，460条2号，466条2項，467条468条1項，469条，472条，505条2項，509条，510条，511条，515条，584条，613条1項，655条，676条，680条，756条，759条，854条，945条。

---

(31)　最 (2小) 判昭和36・4・28民集15巻4号1230頁〔判プラⅠ255事件〕。

(2) 対抗不能の抗弁　177条・178の効果をどのように理解するかは，対抗要件主義の構造論（「176条と177条（178条）の関係」「二重譲渡の法的構成」）に関して，いずれの見解に立つかによって異なるが，少なくとも訴訟上は，原告の所有権その他の権利主張に対して，(a)双方とも登記（引渡し）を備えていない場合には対抗要件〔不存在〕の抗弁（登記（引渡し）欠缺の抗弁），(b)被告が登記を備えている場合には対抗要件具備による権利喪失の抗弁として機能する点につき，争いはない。

(a) 対抗要件の抗弁　BがCに対して物権的請求権（たとえば所有権に基づく返還請求権）を行使して土地明渡しを請求し，自己の所有権を基礎づける事実として，①前主Aの所有権と②A→Bの承継取得（たとえば売買）を主張したところ，相手方Cが，①前主Aの所有権について争わず，自分も③A→Cの権利取得者であると主張した場合を考えてみよう。

フランス法や旧民法と異なり，現行民法は，第三者の登記の具備を対抗要件主義による保護を受けるための要件としていないので，Cは，A→Cの権利変動に関する登記を経由していなくても，A→Bの権利変動に関する対抗要件の不存在（欠缺）を理由にBの権利取得を否定することができる（対抗要件〔不存在〕の抗弁あるいは登記欠缺の抗弁といわれる）。

この抗弁に関して，Cが何を主張しなければならないかについては，(i) 自己が177条の「第三者」に該当すること（「第三者」の客観的要件を備えていること。なお，「第三者」の主観的要件に関しては，Cが背信的悪意者であることにつきBが主張・立証責任を負う再抗弁となる）を主張すれば足りるとする見解（第三者抗弁説），(ii) 自己が「第三者」であることに加えて，Bの対抗要件の不存在を主張する必要があるとする見解（事実抗弁説），(iii) 自己が「第三者」であることに加えて，Bが対抗要件を経由するまでは所有権取得を認めない旨の権利行使の特別の意思表示を要求する見解（権利抗弁説）があるが，今日の多数説は (iii) 権利抗弁説である。

(b) 対抗要件具備による権利喪失の抗弁　これに対して，C自身が登記を経由している場合には，①自己が177条の「第三者」であること（＝「第三者」の客観的要件を備えたA→Cの権利変動原因事実）に加えて，②C名義の登記が経由されていることを主張することで，Bの取得した権利を端

的に喪失させることができる（この抗弁は，一般に**対抗要件具備による所有権喪失の抗弁**と呼ばれているが，Bの取得した権利が所有権以外の場合にも主張できる）。この抗弁の結果，Bは，A→Bの物権変動の時点にさかのぼって権利を取得しなかったものとされる。

(c) 対抗要件主義の効果の内容　それゆえ，対抗要件主義の効果を問われた場合，(a)双方未公示（未登記）の場合の効果と，(b)第三者が公示（登記）を備えた場合の効果の2つがあると答えることになる。すなわち，(a)双方未公示の場合には，**権利行使阻止要件**として保証人の催告の抗弁権（452条）や同時履行の抗弁権（533条）などと同様の延期的抗弁権を発生させ，(b)第三者が公示を備えた場合には，**権利消滅要件**として先行する未公示の物権変動の権利取得効果を否定する効果が発生する。

5.7　動産物権変動の対抗要件主義

以上の記述は，主として不動産の物権変動の対抗要件主義を定めた177条を中心としたものだったので，以下では，動産の物権変動に関する178条に固有の注意点を，いくつか補充しておく。

(1)　178条の要件

(a)「物権変動」要件　177条が「物権の得喪及び変更」と規定しているのに対して，178条は「物権の**譲渡**」と規定する。動産上に成立する物権は，占有権・所有権のほかは，3つの担保物権（留置権・先取特権・質権）だけであり，そして，所有権以外の権利は，すべて占有ないし占有移転（＝引渡し）を権利の成立（設定）あるいは移転の要件としているので，引渡しの先後が問題となる余地がない。また，所有権に関しても，非法律行為による物権変動のうち，時効取得（162条）・即時取得（192条）・無主物先占（239条1項）・遺失物拾得（240条）は占有を成立要件としており，相続に関しても，被相続人の死亡時に占有が承継されることから，たとえ対抗要件主義一般に関して「物権変動」無制限説をとったところで，動産物権変動の種類については，自ずと譲渡（法律行為による権利の移転的承継）に限定される，というのが通説の説明である。

(b) 「第三者」要件　　178条の「第三者」の範囲に関しても，判例・通説は，177条の「正当な利益」制限説をそのまま移行させる。

(i) 「第三者」の客観的要件　　したがって，AからBに譲渡された動産を，Cの財産と誤信して差し押さえた債権者Dは，**無権原者**であるから，A→Bの「所有権の移転につき，その引渡の欠缺を主張する正当の利益を有しない」[(1)]。

しかし，どのような権利を有する者が「正当な利益を有する第三者」に該当するかについては，177条と異なった判断がなされており，**差押債権者**については肯定例と否定例があり[(2)]，**仮差押債権者**についても肯定例と否定例がある[(3)]。

また，**引渡しを受けた賃借人**は「正当な利益を有する第三者」に当たるとされるが[(4)]，**受寄者**は「第三者」に当たらないとされている[(5)]。

(ii) 「第三者」の主観的要件　　「第三者」の主観的範囲に関する背信的悪意者排除論も，178条に関して等しく成り立つ。最高裁判例は存在しないが，この点について説示した下級審裁判例はある[(6)]。

(c) 「引渡しの不存在」要件　　177条の「登記」に関しては権利に関する登記に限るとの限定が加わるが，178条の「引渡し」については限定がない。判例・通説は，観念的支配権の譲渡に関する178条の「引渡し」も，占有権の譲渡の要件としての引渡し――現実の引渡し（182条1項）と3種の観念的引渡し（①簡易の引渡し・②占有改定・③指図による占有移転）――に同じと解している[(7)(8)]。

なお，主物たる建物（不動産）と同時に従物たる畳・建具（動産）を譲り受けた場合には，主物たる建物（不動産）の所有権移転登記があれば，従

---

(1) 最（2小）判昭和33・3・14民集12巻3号570頁。
(2) 〔肯定例〕大判明治36・3・6民録9輯239頁，〔否定例〕大判昭和12・7・6大審院判決全集4輯13号24頁。
(3) 〔肯定例〕大判昭和18・4・16法学12巻896頁，〔否定例〕東京高判昭和23・2・9高民集1巻1号57頁（上告審）。
(4) 大判大正4・2・2民録21輯61頁，大判大正4・4・27民録21輯590頁。
(5) 大判明治36・3・5民録9輯234頁，大判昭和13・7・9民集17巻1409頁，最（3小）判昭和29・8・31民集8巻8号1567頁〔百選I 61事件・判プラI 262事件〕。
(6) 長野地松本支判昭和44・7・17下民集20巻7・8号511頁，東京地判平成11・11・30金法1572号152頁。ただし，いずれも結論的には否定。

物たる畳・建具（動産）の譲渡を第三者に対抗することができる[9]。

(2) 178条の効果　178条にいう「対抗することができない」の文言の意味についても，177条と異なる解釈はとられていない。

---

(7) ①簡易の引渡しに関しては，沈没船舶の売買につき最（1小）判昭和35・9・1民集14巻11号1991頁，②占有改定に関しては，大判明治43・2・25民録16輯153頁，譲渡担保につき最（1小）判昭和30・6・2民集9巻6号855頁〔百選Ⅰ60事件・判プラⅠ376事件〕，集合流動動産譲渡担保につき最（3小）判昭和62・11・10民集41巻8号1559頁〔判プラⅠ335事件〕，③指図による占有移転に関しては，第三債務者が動産を保管している事案につき最（2小）判昭和34・8・28民集13巻10号1311頁。
(8) なお，占有は，差押えにより効力を失うものではないから，占有改定による引渡しは，差押えの存続する間は差押債権者に対抗できないが，差押えが解除された後は対抗可能になる。最（2小）判昭和34・8・28民集13巻10号1336頁。
(9) 大判昭和8・12・18民集12巻2854頁。

第 6 章

物権の変動(3)
―― 公示の効力・種類(補論),物権の消滅

6.1 推定力・公信力

　各国の立法例が認める公示の効力――①設権的効力（成立要件主義），②対抗力，③推定力，④登記の公信力および動産の即時取得――のうち，日本法は，フランス法にならって，②対抗力ならびに④動産即時取得の規定を設置し，ドイツ法が不動産・動産に共通して認める①・③・④の効力を規定しなかった。ところが，現行民法典制定後のドイツ法全盛時代に，公示の効力に関しても，ドイツ法を参照した解釈論が有力に展開された。このうち，①に関しては176条の個所ですでに触れたので，以下では，③推定力と④公信力について説明しておく。

6.1.1　推　定　力

(1) 推定力の意義　　民法典において「推定」という言葉は，①民事訴訟法にいう法律上の推定（全部で18か条（17か条？）ある。次頁の表参照）のほかに，②「推定相続人」という単語で用いられる場合（892条かっこ書「相続が開始した場合に相続人となるべき者をいう」）もあるが，公示の推定力に関して問題となる「推定」は，もちろん①の意味であって，争点は，それが①の法律上の推定か，事実上の推定かという点である。

　ドイツ民法典は，不動産については登記，動産については占有に，法律上の権利推定力を認めている（891条・1006条）。これに対して，日本法には，不動産・動産に共通の規定として，188条が「占有者が占有物につい

種類	根拠	証明責任の転換	対象	例
法律上の推定	法律の規定（法定証拠）	転換する	権利推定	188条？, 229条, 250条, 672条2項
			事実推定	32条の2, 136条1項, 186条, 420条3項, 449条, 530条3項, 569条, 573条, 619条1項, 629条1項, 674条2項, 772条, 999条, 1001条
事実上の推定	自由心証主義（民訴法247条）	転換しない（ただし、一応の推定がある）	権利推定	188条？
			事実推定	裁判官の通常の心証形成作用

て行使する権利は，適法に有するものと推定する」旨を定めているが，登記の推定力について定めた条文は存在しない。そこで，ドイツ法全盛時代の学説は，188条が法律上の権利推定を定めた規定であるとの理解を前提に，同条を登記について類推する一方，同条の占有の推定力の適用範囲を動産に制限する縮小解釈を行った。

(2) 登記の推定力

(a) 判例　判例の立場は，必ずしも明らかではない。

(i) 証明責任を負わない当事者の登記の推定力　というのも，リーディングケースとなった判例[1]は，AのBに対する所有権に基づく妨害排除請求権としての登記抹消手続請求訴訟において，被告Bの有している登記の推定力を論じた事案だからである。しかし，この訴訟において，自己の所有権に関して証明責任を負っているのは，原告Aであって，被告Bではないので，被告Bの登記からBの所有権を推定する必要性は，そもそも存在していない。

(ii) 証明責任を負う当事者の登記の推定力　ところが，その後，(i)判決は，登記名義人が原告の事案で引用され[2]，いずれも原告の所有権が

---

(1) 最（1小）判昭和34・1・8民集13巻1号1頁〔判プラⅠ247事件〕。

登記から推定されている。

　(iii) 所有権喪失の抗弁と登記の推定力　その他，判例には，AのBに対する土地の所有権保存登記抹消請求訴訟において，被告Bが，所有権喪失の抗弁として，A→Bの売買を主張した事案につき，上記(i)の最高裁判決を引用しつつ，登記簿上の不動産の直接の前所有名義人Aが現所有名義人Bに対し当該所有権の移転を争う場合においては，登記の推定力は働かないとしたものがある[3]。しかし，所有権消滅の抗弁の要証事実は，原告・被告間の有効な権利取得原因（本件ではA→Bの売買の事実）であって，被告Bの所有権それ自体は証明対象ではない。

　なお，以上の判例のうち，登記の推定力の法的性質について明言しているのは，(ii)の裁判例1例のみであり[4]，残りすべての裁判例は，登記の推定力の法的性質について言及していない。

　(b) 学　　説　だが，今日の学説の多くは，上記(a)(i)の最高裁判例に関する判例集（民集）の判示事項の記載に「登記と事実上の推定」とあることから，判例は登記の推定力につき事実上の推定説に立つものと理解したうえで，同説を支持している。

　もっとも，判例が事実上の推定説に立つと理解したところで，判例の立場は，登記のみで裁判官の心証が確信の程度に至る推定（一応の推定）ということになる。しかし，学説の多くは，登記単独では裁判官の心証形成には至らない蓋然性の低い事実上の推定にすぎないとしている。

(3) 占有の推定力

　(a) 判　　例　最高裁の判例は，いずれも188条の適用否定例である。

　(i) 占有権原の抗弁と占有の推定力　判例は，①AのBに対する土地

---

(2) ①大阪高判昭和38・2・28高民集16巻1号42頁（上告審）……土地の登記名義人による家屋明渡請求訴訟，②東京地判平成15・3・27金法1683号77頁……登記名義人による滌除（現・抵当権消滅請求）に基づく根抵当権設定登記等抹消請求訴訟．③福岡高判平成19・12・20判タ1284号253頁……土地の登記名義人による建物収去土地明渡請求訴訟．④東京地判平成23・6・21平成20年（ワ）第557号・第5383号……土地の登記名義人による建物収去土地明渡請求訴訟．
(3) 最（3小）判昭和38・10・15民集17巻11号1497頁．
(4) 前掲注(2)・①大阪高判昭和38・2・28（事実上の推定ではなく，法律上の推定であるとする）．

明渡請求訴訟において，Bが占有権原の抗弁を主張した事案（不動産占有の推定力の事案）につき，「Bの前記正権原の主張については，Bに立証責任の存することは明らかであり，Bは占有者の権利推定を定めた民法188条の規定を援用して自己の正権原をAに対抗することはできない」とし[5]，②動産所有者Aの占有者Bに対する所有権確認請求訴訟において，Bが占有権原の抗弁を主張した事案（動産占有の推定力の事案）につき，登記の推定力に関する判例と同様，「物の所有者からその物に対する占有の権限を伝来したと主張する占有者は，その権利の前主たる所有者に対しては民法188条の権利推定を援用し得ない」とする[6]。

(ii) 証明責任を負わない当事者の占有の推定力　また，判例の中には，家屋所有者Aの占有者Bに対する家屋明渡請求において，他の者の所有である旨が認定された場合には，「民法188条を適用し，Bの所有権を推定することはできない」とするものもある[7]。しかし，本件のような所有権に基づく返還請求訴訟においては，原告Aが自己の所有権について証明責任を負うのであって，自己の所有権について証明責任を負わない被告Bについて，占有の推定力を問題とする余地はない。

なお，以上のように，判例は，188条を不動産・動産の別なく適用している。一方，占有の推定力の法的性質（法律上の推定か事実上の推定か）について明言する判例は，下級審裁判例も含めて存在しない。

(b) 学　　説　学説の多くも，民法188条を法律上の権利推定を定めた規定と解するが，同条の適用範囲に関しては，①動産・不動産の別なく適用があるとする見解と，②動産に限定する見解（不動産に関しては188条を登記に類推適用する）に分かれる。

しかしながら，学説の中には，188条は，本権（＝占有すべき権利）に基づく返還請求訴訟において，被告＝占有者が証明責任を負わない旨を定めた注意規定にすぎないと解する見解もある。現行民法典の起草者も，同様の立場に立っていたようである。

---

(5)　最（3小）判昭和35・3・1民集14巻3号327頁〔判プラⅠ274事件〕。
(6)　最（2小）判昭和37・4・20裁判集民事60号377頁。
(7)　最（1小）判昭和38・7・4裁判集民事67号7頁。

6.1.2 公信力

(1) 公信力の意義　「公信力」という言葉は，わが国では，権利外観法理（表見法理）とほぼ同義で用いられているが，ドイツにおいて，公信力（öffentlicher Glaube; *publica fides*）の用語は，登記その他の公簿が一般公衆に対して有する信用力を指して用いられる場合が多く（権利外観法理の中でも，とくに純粋権利外観と呼ばれる），したがって，占有の公信力という言葉は，あまり使わない。動産の即時取得（日本民法 192 条の見出し書の用語法）については，善意取得（gulgläubiger Erwerb）という言葉が使われるのが普通である。

(2) 登記の公信力　ドイツ民法の登記の公信力の規定（892 条）は，登記の推定力に関する前条（891 条）を一歩進めて，第三者の信頼という加重要件の下に，登記の①存在あるいは②不存在から，権利の①存在あるいは②不存在を擬制し，反対証明を許さずに確定してしまう登記の効力をいう。このうち，①登記の存在による権利の存在の擬制は，積極的公示効果ないし正当性の擬制効果，②登記の不存在による権利の不存在の擬制は，消極的公示効果ないし完全性の擬制効果と呼ばれるが，②の効果は，フランス法や日本法の採用する対抗要件主義の適用領域をカバーするものである。なお，わが国の学説の中にも，公信力（公信の原則）が①積極的信頼を保護する制度であるのに対して，対抗力（公示の原則）は②消極的信頼を保護する制度であると説明する見解があるが，正確にいえば，公信力（公信の原則）は，①積極的信頼ならびに②消極的信頼の両者を保護する制度である。

わが国の不動産登記には，──ドイツ法上の意味においても，わが国の用語法である権利外観法理の意味においても──，公信力はない[8]。保護されるのは，上記のうち②消極的信頼のみであるが（対抗要件主義），ただ

---

(8) わが国の登記に公信力がない旨を明言する最高裁判例として，最（2 小）判昭和 37・3・23 民集 16 巻 3 号 594 頁，最（1 小）判昭和 43・6・27 民集 22 巻 6 号 1339 頁，最（2 小）判昭和 54・3・23 民集 33 巻 2 号 294 頁，最（2 小）判平成 5・7・19 家月 46 巻 5 号 23 頁など。

し，今日においては，94条2項類推適用法理という，①積極的信頼保護の判例法理が存在している。

(3) 即時取得　フランス法は，動産の即時取得を，時効——すなわち時の経過を要件として発生する法律効果——の一種として，時効の章の中に規定している (2279条)。すなわち，時効期間がゼロの即時時効という位置づけであり，日本の旧民法も，この立場を継受した。

しかし，日本の現行民法典の起草者は，即時取得を，占有を要件として発生する種々の法律効果の一つとして，物権編「第2章　占有権」「第2節　占有権の効力」中に規定した (192条)。

これに対して，ドイツ民法は，所有権の章中にある動産所有権の譲渡の部分で，真の権利者からの取得を定めた条文の次に，無権利者からの取得として善意取得に関する規定を置く。その結果，わが国の明治40年代以降のドイツ法全盛時代の学説は，即時取得を，物権変動の個所で論ずるようになり，その影響は，今日の物権法教科書にも及んでいるが，本書では，民法典の条文どおり，占有権の効力の個所で説明することにしたい。

6.2　特別法・慣習法上の公示

以上，公示に認められる種々の効力——①設権的効力（成立要件主義）・②対抗力・③推定力・④公信力——に関して，177条および178条の規定する登記と引渡しを念頭に話を進めてきたが，このほかにも，物権ないし物権変動の公示には，(1)特別法によって認められた公示，ならびに，(2)慣習法によって認められた公示がある。

(1) 特別法上の公示　このうち，不動産あるいは動産に関する物権の存在または変動を，登記・引渡し以外の公示方法を特別法で制定する例は，すでに明治期から存在している。次頁の表に掲げたものが，その主要なものであるが（このほか，無体財産権や権利質の公示方法を定めた特別法が多数制定されているが，有体財産の公示のみを掲記した），これら特別法上の公示については，いくつか留意すべき点がある。

	客体	物権変動	公示	特別法
①	船舶	所有権の移転，抵当権の設定等	船舶登記簿への登記＋船舶原簿への登録	船舶法（明治32年46号）5条・34条1項，商法（明治32年法律第48号）687条・848条〜851条
②	鉄道財団	抵当権の設定等	鉄道抵当原簿への登録	鉄道抵当法（明治38年法律第53号）13条・15条・27条
③	工場財団	（上に同じ）	工場財団登記簿への登記	工場抵当法（明治38年法律第54号）9条
④	鉱業財団	（上に同じ）	鉱業財団目録への登記	鉱業抵当法（明治38年法律第55号）3条
⑤	樹木の集団	土地と分離した譲渡，抵当権の設定等	立木登記簿への登記	立木ニ関スル法律（明治42年法律第22号）12条
⑥	軌道財団	抵当権の設定等	軌道財団目録への登記	軌道ノ抵当ニ関スル法律（明治42年法律第28号）1条・2条
⑦	運河財団	（上に同じ）	運河財団目録への登記	運河法（大正2年法律第16号）13条・14条
⑧	漁業財団	（上に同じ）	漁業財団目録への登記	漁業財団抵当法（大正14年法律第9号）2条
⑨	農業用動産	抵当権の得喪・変更	農業用動産抵当登記簿への登記	農業動産信用法（昭和8年法律第30号）13条
⑩	漁業権 入漁権	設定，先取特権の保存・抵当権の設定等	免許漁業原簿への登録	漁業法（昭和24年法律第267号）50条
⑪	漁船	抵当権の得喪・変更	漁船原簿への登録	漁船法（昭和25年法律第178号）10条
⑫	鉱業権 租鉱権	設定等，抵当権の設定等	鉱業原簿への登録	鉱業法（昭和25年法律第289号）59条・60条・84条・85条
⑬	港湾運送事業財団	抵当権の設定等	港湾運送事業財団目録への登記	港湾運送事業法（昭和26年法律第161号）23条
⑭	自動車	所有権の得喪	自動車登録ファイルへの登録	道路運送車両法（昭和26年法律第185号）4条・5条
⑮	自動車	抵当権の得喪・変更	（上に同じ）	自動車抵当法（昭和26年法律第187号）5条

(次頁へつづく)

客体	物権変動	公示	特別法
⑯ 道路交通事業財団	抵当権の設定等	道路交通事業財団登記簿への登記	道路交通事業抵当法（昭和27年法律第204号）6条
⑰ 航空機	所有権の得喪・変更	航空機登録原簿への登録	航空法（昭和27年法律第231号）3条・3条の3
⑱ 航空機	抵当権の得喪・変更	（上に同じ）	航空機抵当法（昭和28年法律第66号）5条
⑲ 建設機械	所有権・抵当権の得喪・変更	建設機械登記簿への登記	建設機械抵当法（昭和29年法律第97号）3条・7条
⑳ ダム使用権	設定等，抵当権の設定等	ダム使用権登録簿への登録	特定多目的ダム法（昭和32年法律第35号）26条
㉑ 株式会社の総財産	企業担保権の得喪・変更	株式会社登記簿の企業担保権区への登記	企業担保法（昭和33年法律第106号）4条
㉒ 観光施設財団	抵当権の設定等	観光施設財団登記簿への登記	観光施設財団抵当法（昭和43年法律第91号）7条
㉓ 特定鉱業権	設定等，抵当権の設定等	特定鉱業原簿への登録	日本国と大韓民国との間の両国に隣接する大陸棚の南部の共同開発に関する協定の実施に伴う石油及び可燃性天然ガス資源の開発に関する特別措置法（昭和53年法律第81号）32条
㉔ 土地	借地権の存在	・借地上の既登記建物の所有 ・掲示	借地借家法（平成3年法律第90号）10条1項・2項
㉕ 動産	譲渡	動産譲渡登記簿への登記	動産及び債権の譲渡の対抗要件に関する民法の特例等に関する法律（平成10年法律第104号）3条
㉖ 公共施設等運営権	設定等，抵当権の設定等	公共施設等運営権登記簿への登録	民間資金等の活用による公共施設等の整備等の促進に関する法律（平成11年法律第117号）10条の14
㉗ 小型船舶	所有権の得喪	小型船舶登録原簿への登録	小型船舶の登録等に関する法律（平成13年法律第102号）3条・4条・10条

(a)　**特別法上の物権の公示**　物権法定主義の個所で説明したように，特別法上「物権」と明定されている権利は9種類であったが，そのうち採石権の変動（設定・移転・変更・消滅）の公示方法は，民法上の物権と同様，不動産登記簿への登記である（不登法3条9号）。

　これに対して，残りの8種の特別法上の物権の変動については，特別な帳簿への登録（⑩漁業権・入漁権，⑫鉱業権・租鉱権，⑳ダム使用権，㉓特定鉱業権，㉖公共施設等運営権）あるいは商業登記簿に設けられた特別な区への登記（㉑企業担保権）が公示方法として整備された。

　(b)　**特別法上の公示の種類**　ところで，これら9種類の特別法上の物権の公示もそうであるし，物権の客体（流動物・集合物）の個所で触れた9種類の財団（②鉄道財団・③工場財団・④鉱業財団・⑥軌道財団・⑦運河財団・⑧漁業財団・⑬港湾運送事業財団・⑯道路交通事業財団・㉒観光施設財団）に関する財団抵当の公示もそうであるが，「登記」という用語を用いるものと「登録」という用語を用いるものがある。

　登記と登録は，どこが違うのか。

　答えは，登記という用語が，法務省の地方ブロック局（法務局・地方法務局とその支局・出張所）における，法務事務官の事務に対して用いられる（登記事務をつかさどる部署を登記所といい，登記事務を取り扱う法務事務官を登記官という）のに対して，登録という用語は，法務省以外の官公署が所轄の場合に用いられる点にある。

　❖　登記と登録

　　たとえば⑭自動車の登録・⑮自動車の抵当権の登録を所管する部署は国土交通省の運輸監理部または運輸支局であり，担当官は運輸監理部長または運輸支局長である（自動車登録令（昭和26年政令第256号）参照）。一方，⑰航空機の登録・⑱航空機の抵当権の登録や，⑳ダム使用権の登録を所管するのは，国土交通大臣である（航空機登録令（昭和28年政令第296号），ダム使用権登録令（昭和42年政令第2号）参照）。

　　船舶になると，公示の所管はさらにややこしくなって，(ア)①総トン数20トン以上の船舶（船舶登記令（平成17年政令第11号）2条1号の「船舶」の定義参照）については，法務省管轄の船舶登記簿への登記をした後，船籍港を管轄する管海官庁（国土交通省の地方ブロック局である各地方運輸局）に備えられている船

舶原簿への登録をする（船舶法 5 条 1 項）。だが、(イ)⑪漁船（船舶法 2 条 1 項各号の定義する漁業等に従事する船舶）に関しては、農林水産省の所管となり、漁船の所有者の主たる根拠地を管轄する都道府県知事の備える漁船原簿に登録する（漁船法 10 条）。他方、(ウ)㉗総トン数 20 トン未満の小型船舶（小型船舶の登録等に関する法律 2 条各号の定義参照）については、国土交通省の管轄となって、その地方ブロック局（地方運輸局・運輸支局のほか、地方運輸局の事務を分掌する海事事務所・沖縄総合事務局に置かれる事務所）の長（地方運輸局長・運輸支局長等）が事務をつかさどる（ちなみに、即時取得（192 条）の「無過失」要件の主張・立証責任に関する著名判例である最（1 小）判昭 41・6・9 民集 20 巻 5 号 1011 頁〔判プラ I 277 事件〕は、㉗の法律が制定される以前には登録不要とされていた総トン数 20 トン未満の船舶に関する事案であった）。

(c) **特別法上の公示の目的**　特別法上の公示の目的の多くは、前掲の表に掲げなかった (i) 無体財産権や権利質の公示も含めて、担保権の設定を可能にするためのものである（ほぼ唯一といってよい例外が、㉔借地人保護のための借地借家法上の公示である）。また、それら担保目的の公示の客体は、上記 (i) 無体財産・権利か、有体財産にあっても、(ii) 集合物（および流動物）か、あるいは (iii) 動産であり、したがって、物権の指導原理との関係でいえば、(i) の特別法は有体性原則、(ii) の特別法は単一性原則（および特定性原則。なお、⑤立木にあっては独立性原則も）、(iii) の特別法は物権法定主義（抵当権の客体は不動産（および地上権・永小作権）に限られる。369 条）に対する例外を設置するものでもある。

(d) **特別法上の公示の効力**　それゆえ、特別法上の公示は、新たな物権（所有権ないし抵当権）の客体を創設する点において、(i) 設権的効力を有する。たとえば、⑤樹木の集団に関しては、立木登記が、土地と独立別個の 1 個の物権の客体（＝集合物論。なお、この登記された樹木の集団（立木）は不動産である）を創設させる成立要件である。

なお、各種の特別法の定める公示の効力は、(i) 設権的効力のほかは (ii) 対抗力のみであって、ドイツ法的な (iii) 推定力や (iv) 公信力を認める旨の規定はない。

動産に関しては、未登記・未登録動産（登記・登録が抹消された場合も含

む）の対抗力については，民法 178 条で規律されるが，既登記・既登録動産に関しては，特別法の対抗力に関する規定が優先的に適用される。また，判例は，既登記・既登録動産に関して，即時取得の規定（192 条）の適用も否定するが[1]，だからといって，客体が不動産になるわけではないので，民法典の定める動産に関する他の規定[2]の適用が排除されるわけではない。

（2）慣習法上の公示（明認方法）　慣習（法）に基づく物権（その他の権利）の公示方法を，明認方法という。

（a）明認方法の目的　判例上，明認方法による公示が認められているのは，①立木の所有権，②未分離果実・稲立毛の所有権，③温泉権その他の慣習法上の物権である。すなわち，明認方法の問題は，物権の指導原理――①・②については一物一権主義（独立性原則・単一性原則），③については物権法定主義――に対する例外が，どのような場合に認められるかを，公示の側面から捉え直したものにほかならない。

（b）明認方法の効力　上記(1)特別法上の公示である立木登記が，立木が土地から別個独立の所有権の客体となる成立要件となっているのと同様，(2)明認方法は，①立木あるいは②未分離果実・稲立毛を，土地から独立した所有権の客体とするための（i）成立要件となっている。

また，①立木の明認方法の効力内容に関して，判例は，立木登記の（ii）対抗要件としての機能と同様であり，民法 177 条の規定が準用されるとしている[3]。

ただし，不動産登記や立木登記と異なり，第 1 に，明認方法によって公示・対抗されるのは，立木の所有権の譲渡，譲渡と同視される解除・取消し等による復帰的物権変動，立木所有権の留保のみであり[4]，抵当権の

---

[1] 最（2 小）判昭和 62・4・24 判時 1243 号 24 頁　判タ 642 号 109 頁〔判プラ I 215 事件〕。
[2] 178 条・192 条以外に，動産を対象とする規定には，1 年の短期消滅時効（174 条 5 号），無主物先占（239 条 1 項），動産の付合（243 条・244 条），加工（246 条），動産の先取特権（311 条以下），動産質（352 条以下），動産の賃貸借の規定（602 条 4 号・603 条・614 条・617 条 1 項 3 号）がある。
[3] 大判大正 8・5・26 民録 25 輯 892 頁，大判大正 9・2・19 民録 26 輯 142 頁，大判大正 10・4・14 民録 27 輯 732 頁，最（2 小）判昭和 28・9・18 民集 7 巻 9 号 954 頁。

設定は認められていない（ただし，譲渡担保は認められる）。

　第2に，不動産登記や立木登記については，登記官あるいは第三者による不当抹消の場合に対抗力が肯定されるのに対して[5]，明認方法に関しては，第三者の登場時における存続が必要である[6]。

　なお，A所有土地上の立木の二重譲受人B・Cが双方とも明認方法を施さないうちに，AあるいはB・Cにより立木が伐採されて動産となった事案に関しては，AあるいはB・Cが動産である伐木をDに譲渡した場合には178条の問題となるが，Dが登場しない限り，土地に関する不動産登記あるいは立木に関する立木登記ないし明認方法の対抗力の問題になる，というのが判例の立場である[7]。

　これに対して，②未分離果実・稲立毛の明認方法については，①立木と同様，明認方法自体が所有権移転の公示・対抗要件であるとする判例もあるが[8]，未分離果実・稲立毛等の所有権移転の公示・対抗要件は引渡しであり，その引渡しの方法として明認方法という慣習上の方法が認められているとする判例も多い[9]。

　他方，③慣習法上の物権に関して，鷹ノ湯事件判決[10]は，温泉権が「既ニ地方慣習法ニ依リ如上ノ排他的支配権ヲ肯認スル以上此ノ種権利ノ性質上民法第177条ノ規定ヲ類推シ第三者ヲシテ其ノ権利ノ変動ヲ明認セシムルニ足ルヘキ特殊ノ公示方法ヲ構スルニ非サレハ之ヲ以テ第三者ニ対

---

(4)　立木所有権を留保した土地の売買につき最（2小）判昭和34・8・7民集13巻10号1223頁〔判プラⅠ259事件〕。

(5)　①登記官による不当抹消につき大（民連）判大正12・7・7民集2巻448頁，大判昭和10・4・4民集14巻437頁，最（2小）判昭和32・9・27民集11巻9号1671頁，②戦災による登記簿焼失語，滅失登記回復期間が徒過した事案につき最（2小）判昭和34・7・24民集13巻8号1196頁，③第三者による不当抹消につき最（2小）判昭和36・6・16民集15巻6号1592頁，最（2小）判昭和39・7・10民集18巻6号1110頁。

(6)　最（3小）判昭和35・3・1民集14巻3号307頁〔判プラⅠ295事件〕，最（1小）判昭和36・5・4民集15巻5号1253頁〔百選Ⅰ62事件・判プラⅠ261事件〕。

(7)　最（2小）判昭和37・6・22民集16巻7号1374頁〔判プラⅠ260事件〕。

(8)　稲立毛につき大判昭和8・3・3法律新聞3543号8頁，庭木・庭石につき大判昭和9・7・25大審院判決全集1輯8号6頁。

(9)　蜜柑につき大判大正5・9・20民録22輯1440頁，桑葉につき大判大正9・5・5民録26輯622頁，稲立毛につき大判昭和13・9・28民集17巻1927頁。

(10)　大判昭和15・9・18民集19巻1611頁〔百選Ⅰ45事件・判プラⅠ220事件〕。

抗シ得サルモノト解スヘキ」としている。①立木の明認方法と同様の理解である。

(c) 明認方法の種類・内容　明認方法の種類・内容は，まったく慣習に委ねられている。

①立木の場合には，樹木の皮を削って所有者の氏名等を墨書したり焼き印を押すのが通例である。

②未分離果実・稲立毛の場合には，周囲を縄張りしたり，立札を立てるといった方法が明認方法となるとされる。

なお，③慣習法上の物権との関連でいえば，譲渡担保に関して担保的構成に立つ学説は，譲渡担保の公示・対抗要件は，動産所有権移転の公示・対抗要件である占有改定ではなく，縄張り・立札・プレートといった明認方法になるとしている。

6.3　物権の消滅

(1) 物権の消滅原因　民法典「第2編　物権」「第1章　総則」は，①すべての物権——現実的支配権である占有権と，観念的支配権である所有権および制限物権——に共通の規定である物権法定主義の条文（175条）と，②もっぱら観念的支配権のみを念頭に置く物権変動に関する条文（176条〜179条）とに分けることができるが，その最後の条文である179条は，観念的支配権に共通の消滅原因である混同を規定する（なお，現実的支配権である占有権の消滅原因に関しては，占有権の章中の「第3節　占有権の消滅」により規律される。また，個々の観念的支配権に固有の消滅原因についても，それぞれの章中に規定が置かれている）。

もっとも，観念的支配権に共通の消滅原因には，179条の規定する混同のほか，次頁の表に挙げるものがある。

(2) 混同　混同とは，2つの権利ないし法律上の地位が同一人に帰した場合に，これを存続させる利益がないことを理由に，その双方もしくは一方が消滅することをいう。債権の混同の場合（債権および債務が同一人に帰属したとき）には，事柄の性質上，債権と債務の双方が消滅するが

①	物理的原因		客体の滅失	建物の取壊し・焼失など。
②	法律的原因	私法	法律行為	放棄	255条，268条，275条，286条，287条，376条，398条，398条の15参照。
③			非法律行為	消滅時効	167条2項，291条～293条，396条，397条参照。
④				混同	179条。
⑤		公法	行政行為	公用収用	物的公用負担の一種であって，特定の公共事業の用に供するためにする財産権の強制的取得のこと。公用徴収ともいう。土地収用法に基づく土地収用，農地法に基づく土地買収など。
⑥			刑事罰	没収	犯罪に関係する物について現所有者の所有権を剥奪して国庫に帰属させる刑罰（付加刑）。刑法19条。

(520条)．これに対して，物権の混同の場合（2つの物権が同一人に帰属したとき）には，どちらか一方の物権が消滅する。すなわち――，

　(a)　所有権と制限物権が同一人に帰属したとき　　制限物権が消滅する（179条1項本文）。たとえばAの所有地にBのために抵当権が設定されている場合に，Aに抵当権が帰属し，あるいはBに土地所有権が帰属したときは，抵当権は原則として消滅する。

　(b)　制限物権と制限物権を目的とする制限物権が同一人に帰属したとき

　制限物権を目的とする制限物権が消滅する（179条2項前段）。たとえばAの地上権にBのために抵当権が設定されている場合に，Aが抵当権を取得し，あるいはBが地上権を取得したときは，抵当権は消滅し，Aの抵当権とBの転抵当権が同一人に帰属したときは，転抵当権が消滅する。

(3)　混同の例外　　しかし，2つの権利を存続させる必要性がある場合には，両権利は同一人の許において存続する。具体的には，以下のような場合である。

　(a)　所有権と制限物権の混同の例外　　上記(2)(a)同一物につき所有権

と制限物権の混同が生ずべき場合において，(i) **物**または (ii) **制限物権**が第三者の権利の目的となっている場合には，例外的に，混同は生じない（179条1項ただし書）。

  (i) 物が第三者の権利の目的である場合　たとえばAの所有権とBの1番抵当権が，AまたはBに帰属したが，目的物にCの2番抵当権があるような場合，Bの有していた1番抵当権は，AないしBの利益を保護するために（Cの順位上昇の利益を阻止するために），消滅しない。

  (ii) 制限物権が第三者の権利の目的である場合　Aの所有権とBの地上権が，AまたはBに帰属したが，Bの地上権についてCが抵当権を設定していたような場合，Bの有していた地上権は，抵当権者Cの利益保護の理由から，消滅しない。

 (b)　**制限物権と制限物権を目的とする制限物権の混同の例外**　上記(a)所有権と制限物権の混同の例外を定めた規定（179条1項ただし書）は，(b)制限物権と制限物権を目的とする制限物権が混同を生ずべき場合についても準用される（179条2項ただし書）。すなわち——，

  (i) 制限物権が第三者の権利の目的である場合　Aの地上権と地上権に設定されたBの1番抵当権が，AまたはBに帰属したが，地上権にCの2番抵当権があるような場合，Bの有していた1番抵当権は，AないしBの利益保護の理由から，消滅しない。

  (ii) 制限物権を目的とする制限物権が第三者の権利の目的である場合
Aの地上権と地上権に設定されたBの抵当権が，AまたはBに帰属したが，抵当権にCの転抵当権（376条）が設定されていたような場合には，Bの有していた抵当権は，Cの利益保護の理由から，消滅しない。

(4) 対抗要件を備えた賃借権の混同の根拠条文　A所有の不動産の賃借人Bが賃借不動産を買い受けたが，登記を経由しないうちに，A→Cの二重譲渡がなされ，Cの登記の経由により，BがCに対抗できなくなった場合には，「一たん混同によって消滅した右〔Bの〕賃借権は，右第三者〔C〕に対する関係では，同人の所有権取得によって，消滅しなかったものとなる」[1]。

 しかし，ここで問題となるのは，対抗要件を備えた賃借権については，

債権の混同の例外に関する 520 条ただし書が適用されるのか，それとも**物権の混同**の例外に関する 179 条 1 項ただし書（上記事案では，物が第三者の権利の目的となっている場合）が適用されるのか，という点である。

　この論点に関しては，A 所有土地を賃借して建物を建築・建物登記を経由した（＝旧・建物保護法 1 条（現・借地借家法 10 条 1 項）の対抗要件を具備した）B と，B に劣後する抵当権者 C がいる場合に，A が B から建物を買い受けたため，土地所有権と賃借権が同一人 A に帰属した事案につき，「特定の土地につき所有権と賃借権とが同一人に帰属するに至った場合であっても，その賃借権が対抗要件を具備したものであり，かつ，その対抗要件を具備した後に右土地に抵当権が設定されていたときは，**民法 179 条 1 項ただし書の準用**により，賃借権は消滅しないものと解すべきである」とした判例がある[2]。

---

(1) 最（3 小）判昭和 40・12・21 民集 19 巻 9 号 2221 頁〔判プラ I 243 事件〕，最（1 小）判昭和 47・4・20 判時 668 号 47 頁。
(2) 最（1 小）判昭和 46・10・14 民集 25 巻 7 号 933 頁〔判プラ I 263 事件〕。

第7章

占 有 権

7.1 占有権の意義

(1) 占有権の意義　占有とは，人の物に対する現実的な支配状態をいうが，どのような場合に占有の成立を認めるかについては，立法例が分かれる（後述）。一方，**占有権**とは，占有を要件として発生する種々の法律効果のうち，法典上，**占有（占有権）の効力として配置されている諸権能の総称**である（現行民法典に即していえば，物権編「第2章　占有権」「第2節　占有権の効力」に規定されている7つの権能の総称である）。

(2) 現行民法典における占有権の内容　占有を要件として発生する法律効果には種々のものがあるが，そのうちのどれを選んで占有の効力（占有権の内容）とするか（＝占有権の章の「占有権の効力」の場所に規定するか）については，まったく一致を見ない[1]。

　日本の現行民法典の起草者は，占有を要件として発生するさまざまな法律効果の中から7つを選んで占有権の内容とし，占有権の章の「第2節　占有権の効力」に規定した。

　これら7つの「占有権の効力」は，(ⅰ) 占有者が真の権利者から**本権の訴え**を提起された場合（＝**物権的返還請求権**を行使された場合）の**占有者と回復者の法律関係**を定めた規定（次頁の表①〜⑥）と，(ⅱ) 占有者が占有の侵

---

(1) たとえばレール（Lehr）は占有権の内容・効力として62個の法律効果を挙げるが，サヴィニー（Savigny）は取得時効と占有の訴えの2つ，オーブリ＝ロー（Aubry et Rau）は占有の訴えの1つだけを挙げる。

害者に対して「占有の訴え」(⑦) を提起できる権利(「占有訴権」という旧民法の用語で呼ばれる)の2つに大別することができる。

①	本権推定力（188条）	フランス法起源	証明責任に関する規定
②	果実返還義務 （189条～190条）	ローマ法起源	不当利得の特則
③	損害賠償義務（191条）	ローマ法起源	不法行為の特則
④	即時取得（192条～194条）	ゲルマン法起源	観念的支配権の取得方式
⑤	家畜外動物の取得（195条）	ローマ法起源	無主物先占・遺失物拾得の特則
⑥	費用償還請求権（196条）	ローマ法起源	不当利得の特則
⑦	占有の訴え （197条～202条）	ローマ法起源	占有権の固有の効力（？）

(3)　「占有権の効力」以外の占有の効力　しかし，上記以外にも，「占有」が要件となっている法制度には，以下のものがある（このほか「引渡し」(＝占有の移転) を要件としている条文もある。→後述 7.4(2) 参照)。

①	取得時効	162条，164条，166条
②	無主物先占	239条1項
③	承役地の時効取得による地役権の消滅	289条
④	留置権	295条，298条1項，302条
⑤	動産の先取特権	313条1項，318条
⑥	質権	342条，345条，352条，353条
⑦	抵当地上の建物の一括競売の適用排除	389条2項
⑧	抵当不動産の時効取得による抵当権の消滅	397条
⑨	債権の準占有者に対する弁済	487条
⑩	代物弁済を受けた債権者の担保物の交付	503条
⑪	土地工作物責任	717条
⑫	動物占有者の責任	718条
⑬	遺贈の物上代位	999条

7.2　占有の要件

　占有権の章の最初の条文（180条）は，「占有権は，自己のためにする意思をもって物を所持することによって取得する」と規定する。

(1)　物の所持　　このうち，物の「所持」という言葉は，180条のほか，簡易の引渡しを定めた182条2項，占有権の消滅事由を定めた203条・204条にも出てくるが，「社会通念上，その物がその人の事実的支配に属するものというべき客観的関係にあることを指す」[1]。

(a)　所持の認定　　上記判例の定義からは，「所持」の有無の判断は，常に価値的・規範的評価を伴うことが分かる。すなわち，上記判例にいう「社会通念上」とは，**(i)** 一方において，必ずしも本人が物理的・直接的に支配している必要はない，ということを意味し，**(ii)** 他方において，たとえ直接的・物理的な支配があったとしても，社会通念上，所持と認定できない場合がある，ということを意味する。

(i)　観念的・間接的な支配　　第1に，本人の①物理的・②直接的な支配がなくても，(ア)観念的な支配あるいは(イ)他人を通じた間接的な支配があると社会通念上認められれば，所持は肯定される。

(ア)　観念的な支配　　判例に現れた事案としては，物理的な支配（家屋に錠をかけてその鍵を所持するとか，標札や貼紙などで現に占有することが第三者にもわかるようにしておく方法など）がなくても，隣家より当該家屋の裏口を常に監視して容易に侵入を制止し得る状況である場合には，当該家屋に関する所持があるとされる[2]。また，Aの所有地上に建物を建築・所有するBは，社会観念上，所有建物を通じて土地を占有（所持）していると評価され，さらに，B所有の建物を占有使用するCも，社会観念上，建物の占有使用を通じて土地を占有（所持）していると評価され[3]，「銀行は，貸金庫の内容物に事実上の支配を及ぼしており，その『所持』（民法180条）

---

[1]　最（3小）判平成18・2・21民集60巻2号508頁。
[2]　最（3小）判昭和27・2・19民集6巻2号95頁。
[3]　最（3小）判昭和34・4・15訟月5巻6号733頁〔判プラⅠ265事件〕。

を有することが明らかである」とされ[4]。「社会通念上，当該道路が当該地方公共団体の事実的支配に属するものというべき客観的関係にあると認められる場合には，当該地方公共団体は，道路法上の道路管理権を有するか否かにかかわらず，自己のためにする意思をもって当該道路を所持するものということができるから，当該道路を構成する敷地について占有権を有するというべきである」とされる[5]。

(イ) **間接的な支配**　所持概念の観念化はまた，他人を用いて行う間接的な支配も「所持」として承認する（→ 7.3(1)「自己占有・代理占有」参照）。

　(ii)　排他的・独立的な支配　その一方で，物理的・直接的な保持・利用がある場合にも，社会通念上，(ア)排他的な支配あるいは(イ)独立的な支配と認められなければ，「所持」の要件は満たさない。

(ア) **排他的な支配**　たとえば土地の通行について所有者が放任しているだけの状態では，他人の力を排して物を支配しておらず，所持があるとは評価できない[6]。

(イ) **独立的な支配**　また，上記(i)(イ)本人Ａが他人Ｂを通じて物を所持する場合については，①他人Ｂについても独立した所持が認められる場合（占有代理人による代理占有を用いた間接占有）と，②他人Ｂには独立した所持が認められず，本人Ａの直接の所持と評価される場合（占有補助者（占有機関）を用いたＡの直接占有）がある（→ 7.3(1)参照）。

(2)　占有意思　日本民法の場合，(1)物の所持が認定されただけでは占有は成立せず，したがって占有権の保護は受けられない。占有が成立するためには，(1)物の所持という客観的要件に加えて，(2)意思的要素（占有意思）という主観的要件が必要である。

(a)　主観説・客観説　(1)物の所持のほかに(2)意思的要素（占有意思）を要求する立場を（i）主観説というが，この立場の内部にあっても，占有意思の具体的内容をめぐって，立場が3つに分かれる。

---

[4]　最（2小）判平成11・11・29民集53巻8号1926頁。
[5]　前掲注(1)・最（3小）判平成18・2・21。
[6]　東京高判昭和30・11・25東高民時報6巻12号282頁，東京地判昭和41・7・29判時461号46頁。

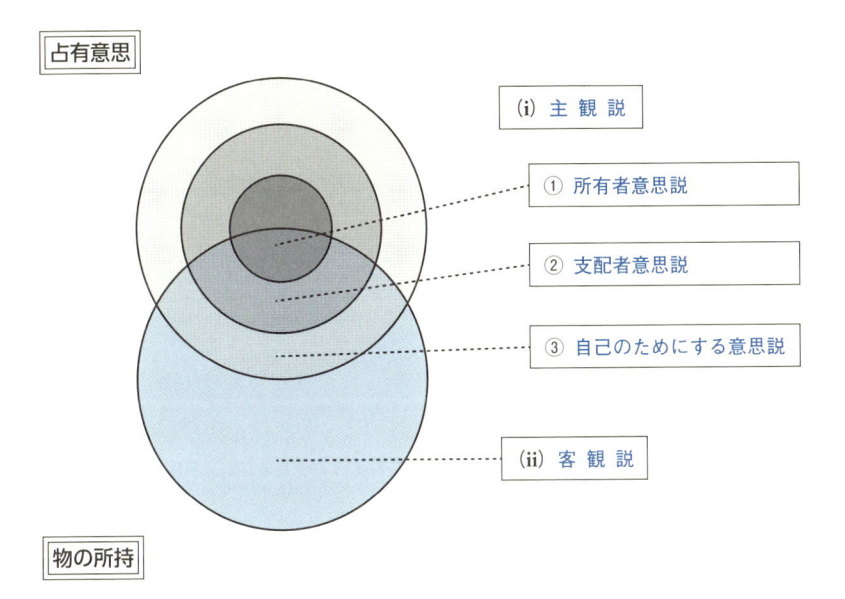

```
占有意思

                    (i) 主 観 説

                    ① 所有者意思説

                    ② 支配者意思説

                    ③ 自己のためにする意思説

                    (ii) 客 観 説

物の所持
```

　(i)　**主 観 説**　主観説のうち，①所有者意思説（フランス民法の立場）に立った場合には，所有権者として物を所持している者は占有権の規定で保護されるが，地上権者・質権者として物を所持している者には占有権が成立しない。②支配者意思説に立った場合には，制限物権の存在を前提に物を所持している者も占有権の規定で保護されるが，債権者として物を所持している者には占有権は成立しない。一方，日本民法の採用する③自己のためにする意思説（180条）においては，債権その他も含めておよそ占有すべき権利を有する者一般が占有権の規定による保護を受けるが，しかし，主観説に立っている以上，占有意思が認められない場合には占有権は成立しない点において，次述(ii)客観説よりも保護範囲が狭い。

　(ii)　**客 観 説**　以上の(i)主観説に対して，占有（占有権）の成立要件として，占有意思を要求せず，物の所持という客観的事実状態さえ認定できれば，占有の成立を認め，占有を要件とする各種の法律効果（占有権）の保護を与える立場を客観説という（ドイツ民法の立場）。

　(b)　占有意思の認定　今日のわが国の判例・通説は，占有意思の認定を，(i)所持権原および(ii)所持事情に関する客観的・外形的判断を行うこ

■ 7.2　占有の要件　　133

とで，結果的に客観説と同様，占有の成立を広く認める傾向にある。

(i) 所持権原　第1に，占有意思の認定は，所持の原因となった権原[7]の客観的性質によるものとされ，当事者が実際に自己の利益を享受しようとしていたかどうかは問題とされない。たとえば売買契約が，実際には売主の財産隠匿目的の通謀虚偽表示で，買主には自己の利益を享受する意図がなかったとしても，売買という権原の客観的性質上，買主は「自己のためにする意思」をもって物を所持していると評価される。

(ii) 所持事情　第2に，占有意思は，必ずしも現実に有している必要はなく，社会通念上有していると認められるような客観的事情があれば足りるとされる。その結果，占有意思に関する認定は，所持に関する認定の中に包摂されてしまい，所持が認定されれば，当然に占有意思も認定されることとなる。

(c) 意思無能力者の占有　ただし，わが国の主観説の立法を前提とする限り，解消が困難な問題もある。たとえば判例は，未成年者による不動産の時効取得の可否が争われた事案につき，意思能力の有無を問題としているが[8]，意思無能力者には占有意思が認められないと解した場合，後見人がいない意思無能力者については，占有が成立せず，時効取得（162条）や無主物先占（239条1項）も認められないことになってしまう。

7.3　占有の態様

(1) 自己占有・代理占有　わが民法は，本人が自ら現実の占有をする場合（自己占有）のほかに，「占有権は，代理人によって取得することができる」旨を規定している（181条）。ここにいう代理人を占有代理人といい，占有代理人を通じて行う観念的な占有を代理占有という。

一方，ドイツのような客観説の立法においては，代理占有の意思を問題とする余地もないから，物を現実に支配している者の現実の占有を直接占

---

(7)　ある法律行為または事実行為を正当化させる法律上の原因のこと。占有権の章の185条のほか，242条にも出てくる言葉である。
(8)　最（2小）判昭和41・10・7民集20巻8号1615頁。

有といい，他人を通じて行う本人の観念的な占有を間接占有という。

(a) 代理占有の要件　181条は，代理占有の成立要件については，何も規定していない。しかし，代理占有の消滅事由に関しては，204条1項1号～3号の規定があるので，その反対解釈から，次の3つが代理占有の成立要件と解されている。

① 本人が占有代理人に占有をさせる意思を有すること
② 占有代理人が本人のために物を所持する意思を有すること
③ 占有代理人が物を所持すること

ただし，これらの要件のうち，①本人・②占有代理人の占有意思もまた，自己占有の場合と同様，③に関する (i) 所持権原（代理占有権原）の種類・性質および (ii) 所持事情（代理占有事情）から客観的に判断される。

なお，法律行為の代理の場合，代理行為の瑕疵は原則として代理人について決するが（101条1項），代理占有に関しては，占有を要件として発生する法律効果（「占有権の効力」として規定されているものを含む）ごとに異なる。たとえば取得時効についていえば，「自主占有」要件は本人について決するが（占有代理人は常に他主占有者であるから），「善意（悪意）」「無過失」要件は基本的には占有代理人について決せられる[1]。

(b) 代理占有の効果　法律行為の代理においては，法律効果は本人のみに帰属するが，代理占有においては，占有（占有権）の効果が，占有代理人と本人の両者に発生する点に特徴がある。

その一方で，第三者が占有代理人に対して行った権利行使は，同時に本人に対する権利行使としての効力を有する。たとえばA所有の土地を，Bが自己の土地と偽ってCと地上権設定契約を締結した場合，Cには自身の占有から地上権の時効取得，Bには占有代理人Cを通じての所有権の時効取得の余地が生ずるが，反面，Aが直接占有者Cに対して土地明渡請求訴訟を提起した場合には，Cの地上権の取得時効が中断すると同時に，Bの所有権の取得時効も中断する[2]。

---

[1] 大判大正11・10・25民集1巻604頁は，本人が善意，占有代理人が悪意の場合に，162条2項の適用を否定している。ただし，学説は，占有代理人が善意であっても，本人が悪意である場合には，162条2項の適用を否定すべきとする。

(c) 占有補助者（占有機関）　占有補助者（占有機関）とは，占有者の手足（＝機関）となって物を所持する者をいう。この者には，社会観念上，独立した所持が認められず，本人が直接占有していると評価される結果，本人のみに占有（占有権）の効力が認められる点において，本人・占有代理人の両者に占有（占有権）の効力が付与される代理占有と異なる。

(d) 法人の占有　法人に関して，法人自身による所持ないし自己占有（直接占有）を観念できるか。この問題は，法人学説につき(i)擬制説・(ii)実在説のいずれに立つかによって異なる。

(i) 法人擬制説　法人擬制説に立った場合，所持ないし直接占有をしているのは法人の代表者たる自然人であって，法人の占有は常に代表者を占有代理人とする代理占有と評価される。

(ii) 法人実在説　これに対して，法人実在説に立った場合には，たとえ代表者が欠けた場合（占有代理人となるべき者が存在しない場合）であっても，従業員等を占有補助者とする法人の自己占有（直接占有）が認められる。また，代表者がいる場合に関しても，彼を占有代理人と解するほかに，占有補助者（占有機関）にすぎないと解する余地も生ずる。

判例は，本論点に関しては(ii)法人実在説に立ち，かつ，代表者の地位についても，①個人のためにもこれを所持するものと認めるべき特別の事情のない限り，占有補助者（占有機関）にすぎないとして，会社の代表者を被告（＝独立の占有者）とする土地明渡請求を否定し[3]，また，会社の代表者は法人とは別個に占有訴権を有さないとする[4]。これに対して，②代表者が法人の占有代理人（占有機関）として物を所持するにとどまらず，代表者個人のためにもこれを所持するものと認めるべき特別の事情がある場合には，代表者は，その物について個人としての占有をも有することになるから，法人・代表者のいずれに対しても，占有の訴えを提起できる[5]。

---

(2)　大判大正 10・11・3 民録 27 輯 1875 頁。
(3)　最（2小）判昭和 32・2・15 民集 11 巻 2 号 270 頁〔百選 I 63 事件・判プラ I 264 事件〕。
(4)　最（2小）判昭和 32・2・22 判時 103 号 19 頁・判タ 68 号 88 頁〔判プラ I 283 事件〕。
(5)　最（3小）判平成 10・3・10 判時 1683 号 95 頁・判タ 1007 号 259 頁〔判プラ I 284 事件〕，
　　最（2小）判平成 12・1・31 判時 1708 号 94 頁・判タ 1027 号 95 頁。

なお，法人自身の占有を肯定した場合には，法人が法人の占有代理人あるいは占有補助者となることも肯定される[6]。

(2) 自主占有・他主占有　　占有（占有権）の成立要件につき，フランス民法は，主観説のなかでも，所有者意思説を採用しているが，これに対して，日本民法は，自己のためにする意思説を採用している結果（180条），わが国の占有には，所有の意思ある占有のほかに，所有の意思なき占有があることになる。

所有の意思なき占有とは，占有権原の客観的性質が，制限物権（地上権・質権など）や，債権（賃貸借・寄託など）のような場合であるが，これらの場合には，他に所有者がいて，制限物権者・債権者は，自身は所有の意思なき占有をすると同時に，所有者のために代理占有を行う関係にある。この点を捉えて，所有の意思なき占有は他主占有と呼ばれ，所有の意思ある占有は自主占有と呼ばれる。

「所有の意思」という言葉が登場するのは，① 162条，② 185条，③ 186条1項，④ 191条，⑤ 239条1項の5か条である。

(a) 自主占有の推定　　上記条文のうち，③ 186条は，所有の意思その他占有の態様に関する主張・証明責任を定めた規定（法律上の事実推定）であるが，① 162条（所有権の時効取得）や⑤ 239条（無主物先占）による所有権取得を主張する当事者Aは，① 162条・⑤ 239条の要件である「占有」を主張・立証すれば，③ 186条1項により無前提で「自主占有」要件が充足されるため，「所有の意思」がある旨の主張・立証を要さず，相手方Bが，占有者Aの占有に「所有の意思」がないことを抗弁として提出すべきこととなる。このように，条文上は（ここでは① 162条・⑤ 239条）法律効果の発生要件として規定されているように見える事実（ここでは自主占有。なお，① 162条に関しては「平穏」「公然」「善意」要件についても同様）が，実際には，別の規定（ここでは③ 186条1項）によって，その不存在が法律効果の発生障害要件となっている場合を，暫定真実という。

---

[6] 占有補助者の肯定例として，最（1小）判昭和48・3・29判時705号103頁・判タ297号216頁。

(b) 他主占有の抗弁　その結果，①162条および⑤239条に関して問題となってくるのも，④191条と同様，所有の意思なき占有（他主占有）の主張・立証ということになるが，その認定もまた，——占有の有無の認定に関する(i)所持権原と(ii)所持事情（あるいは代理占有の認定に関する(i)代理占有権原と(ii)代理占有事情）の外形的・客観的判断とまったく同様に——，占有者の内心の意思ではなく，(i)占有取得の原因である権原の種類・性質（他主占有権原）または(ii)占有をめぐる事情（他主占有事情）に関する外形的・客観的判断による。

(i) 他主占有権原　たとえば賃貸借契約に基づいて賃借人が取得した占有は，権原の客観的性質上，他主占有と認定される[7]。これに対して，売買契約に基づく買主の占有は，たとえ解除条件付であったとしても自主占有であり，また，解除条件の成就により売買契約が失効しても他主占有には転換しない[8]。

(ii) 他主占有事情　また，判例は，「占有者がその性質上所有の意思のないものとされる権原に基づき占有を取得した事実が証明されるか〔＝(i)他主占有権原〕，又は占有者が占有中，真の所有者であれば通常はとらない態度を示し，若しくは所有者であれば当然とるべき行動に出なかったなど，外形的客観的にみて占有者が他人の所有権を排斥して占有する意思を有していなかったものと解される事情〔＝(ii)他主占有事情〕が証明されるときは，占有者の内心の意思のいかんを問わず，その所有の意思を否定し，時効による所有権取得の主張を排斥しなければならないものである」とする[9]。

なお，(ii)他主占有事情の具体的内容・認定方法に関しては，占有者が所有権移転登記手続を求めなかったことや，固定資産税を負担していないことは，「他主占有事情の存否の判断において占有に関する外形的客観的

---

(7) 賃貸借が法律上効力の生じないものであっても，他主占有の認定を妨げるものではない。最（1小）判昭和45・6・18判時600号83頁・判タ251号185頁。
(8) 最（1小）判昭和60・3・28判時1168号56頁・判タ568号58頁。
(9) 最（1小）判昭和58・3・24民集37巻2号131頁〔判プラⅠ269事件……「お綱の譲り渡し」事件〕。

な事実の一つとして意味のある場合もあるが，常に決定的な事実であるわけではない」とされ，他の諸事情をも考慮要素に含めた総合判断によって決すべきものとされている[10]。

(c) 自主占有への転換の再抗弁　上記「所有の意思」の文言が登場する5つの条文のうち，②185条は，「権原の性質上占有者に所有の意思がないものとされる場合」に関する規定である。すなわち，同条は，占有者Aの占有に関する③186条1項による自主占有の推定に対して，相手方Bが提出した他主占有の抗弁につき，(i) 権原の客観的性質に関する立証を通じて他主占有が認定された場合に関する条文であり，同条は，その場合にもなお，以下の2つの自主占有への転換事由に限って，占有者Aの再抗弁を認めるものである。(ア)その1は，「自己に占有をさせた者に対して所有の意思があることを表示し」たことであり，(イ)その2は，「新たな権原により更に所有の意思をもって占有を始め」たことである。この占有者Aの再抗弁に関する自主占有意思の認定もまた，(i) **自主占有権原**または (ii) **自主占有事情**の外形的・客観的判断による。

(ア)　**所有の意思の表示**　まず，所有の意思の「表示」に関しては，相手方に対する明確な意思表示である必要はなく，(ii) 自主占有事情から外形的・客観的に認定できるものでよい[11]。

(イ)　**新たな権原に基づく所有の意思ある占有の開始**　一方，185条の文言は「新たな権原により更に所有の意思をもって占有を始める」と規定しているので，(i)「新たな権原」があるだけでは自主占有には転換せず，これに加えて (ii)「所有の意思ある占有の開始」が必要となる。

「新たな権原」の典型である**売買**についていえば，自主占有への転換時期は，①通常の売買の場合には契約時，②農地の売買の場合には権利移転の法定条件である知事等の許可時になりそうだが，①につき占有者が所有

---

(10) 最（2小）判平成7・12・15民集49巻10号3088頁〔判プラⅠ270事件〕。
(11) 最（3小）判平成6・9・13判時1513号99頁・判タ867号155頁は，農地解放によりA所有土地の一部が小作人Bに売り渡され，残部はCに贈与されてBが引き続き耕作することとなったが，Bは初回の地代支払日である昭和23年12月末よりCに地代を支払わず自由に耕作しているのをCが容認していた事例につき，遅くとも昭和24年1月1日にはCに対し所有の意思のあることを表示したものと認定した原審判断を是認している。

権移転登記を経由した時点，②につき当事者が契約を締結しかつ代金を支払った時とする判例がある[12]。これは，判例が，(i) **自主占有権原**（＝新たな権原）だけではなく，(ii) **自主占有事情**を総合的に勘案して，185 条の「更に所有の意思をもって占有を始める」要件を判断しているためである。

「新たな権原」が**相続**であった場合に関しても，この点は同様である。戦前の判例は，相続に関する人格承継説に立って，相続人固有の占有を否定していたことから（187 条適用否定説），185 条に関しても，相続は「新たな権原」に当たらないとされていた。だが，戦後，判例は，従来の判例を変更して相続人の占有の二面性を肯定した結果（187 条適用肯定説），185 条に関しても，不動産の管理人の相続人の占有につき，相続は「新たな権原」に当たるとして自主占有への転換を認めた[13]。また，共同相続人の一人による共同相続財産の占有に関しても，単独占有としての自主占有への転換が認められる[14]。なお，これらの判例もまた，所有の意思（自主占有意思）の認定に関しては，(i) **自主占有権原**（＝新たな権原）のみで判断せず，(ii) **自主占有事情**を総合的に考慮して判断している。

（3）瑕疵なき占有・瑕疵ある占有　「瑕疵ある占有」（占有の「瑕疵」という言葉は，187 条 2 項に登場する文言である），暴行・強迫，隠匿，悪意，過失のいずれかを備えた占有をいい，その反対に，平穏，公然，善意，無過失のすべてを備えた占有を「瑕疵なき占有」という。

　(a) 平穏かつ公然の占有，暴行・強迫または隠匿の占有　以上のうち，平穏と公然，暴行・強迫と隠匿は，民法典の条文では「平穏に，かつ，公然と」あるいは「暴行若しくは強迫又は隠匿によって」（なお，平成 16 年民法現代語化改正前には「強暴又は隠秘」という言葉が使われていた）という形で，ワンセットで規定されている。

　　(i) 平穏かつ公然の占有　このうち，「平穏・公然」占有の登場する

---

[12] ①につき最（1 小）判昭和 51・12・2 民集 30 巻 11 号 1021 頁，②につき最（1 小）判昭和 52・3・3 民集 31 巻 2 号 157 頁。
[13] 最（3 小）判昭和 46・11・30 民集 25 巻 8 号 1437 頁〔判プラ I 266 事件〕，最（3 小）判平成 8・11・12 民集 50 巻 10 号 2591 頁〔百選 I 64 事件・判プラ I 268 事件〕。
[14] 最（2 小）判昭和 47・9・8 民集 26 巻 7 号 1348 頁〔判プラ I 267 事件〕。

条文は，①162条・②163条・③186条1項・④192条の4か条で，このうち①・②の取得時効・④の即時取得の条文の規定する平穏・公然の文言は，③186条1項によって，効力発生要件ではなくなり（暫定真実），占有者の暴行・強迫，隠匿が，相手方が抗弁として提出すべき，法律効果の発生障害要件になる。

　(ii)　**暴行・強迫または隠匿の占有**　これに対して，暴行・強迫または隠匿の語が直接登場する条文は，190条2項の1つだけで，悪意占有者の果実返還・代価償還義務に関する190条1項の規定が準用されていることから，同条項にいう暴行・強迫または隠匿の具体的内容・程度は，悪意占有と同程度の非難可能性ということになる。

(b)　善意かつ無過失の占有，悪意または過失の占有　善意・無過失あるいは悪意・過失の占有の語が登場する条文は，①162条2項（善意・無過失），②186条1項（善意），③189条（善意），④190条（悪意），⑤191条（善意），⑥192条（善意・無過失），⑦194条（善意），⑧195条（善意），⑨196条（悪意）の9か条であり，これらの条文において，「善意」とは，占有者が自己の占有権原の不存在・無効を知らないことをいう。

　なお，①短期取得時効・③果実取得・⑥即時取得・⑦代価弁償・⑧家畜以外の動物の取得における「善意」も，「所有の意思」（自主占有）や「平穏・公然」と同様，②186条1項の結果，法律効果の発生要件ではなくなり（暫定真実），占有者の「悪意」が，相手方が抗弁として提出すべき，法律効果の発生障害要件となる。

　これに対して，①短期取得時効および⑥即時取得の条文にある無過失については，②186条1項に掲げられていない。判例は，無過失は本条項によって推定されないとしている[15]。

(4)　占有の継続　時効取得（162条・163条）では，占有・準占有の継続が要件となるが，ある時点において占有していたことの証明はできても，間断なく占有を続けていたことの証明はほぼ不可能である。そこで，186条2項は「前後の両時点において占有をした証拠があるときは，占有

---

[15]　最（1小）判昭和46・11・11 判時654号52頁〔判プラⅠ194事件〕……162条2項の事例。

は，その間継続したものと推定する」旨を定めている（**法律上の事実推定**）。

なお，占有ないし所持の喪失により，取得時効は中断し（164条・165条。自然中断），占有権は消滅し（203条本文），動産質権は対抗不能となるが（352条），これらの危険から占有者を保護するため，占有者が占有回収の訴えを提起した場合には，占有ないし占有権が存続する旨が定められている（203条ただし書。なお，質権につき353条参照）。

7.4　占有の移転

(1)　占有（占有権）の変動　　占有ないし占有権の変動（発生（取得）・変更・消滅（喪失））のうち，原始取得および承継取得のうち設定的承継の場合の要件は，180条・181条に従う（①自主占有意思（「自己のためにする意思」）ないし他主占有意思（本人のためにする意思）と②物の所持）。消滅に関しては，「第3節　占有権の消滅」の規定に従う。承継取得のうち移転的承継に関して規定しているのが，(i) 182条～184条の引渡しに関する条文と，(ii) 187条（占有の承継）の規定である。

(2)　引渡し　　占有の移転的承継には，(i) 当事者の意思に基づくもの（売買における目的物の交付など）と，(ii) 基づかないもの（意思に基づかない占有の移転的承継は，包括承継（相続・法人の合併）に限られる。特定承継の場合には常に占有意思が要件となる）があるが，このうち，(i) 意思に基づく占有の移転的承継を「引渡し」という。なお，意思に基づく権利の移転的承継を「譲渡」というが，民法典は，意思に基づく占有権の移転に関しても「**占有権の譲渡**」と表現している（182条1項・2項）。

> ❖ 民法典で「引渡し」の文言が登場する条文
> 　(i)「引渡し」の文言を用いる条文は，合計20か条ある。すなわち，動産物権変動の対抗要件（178条），物上代位の対象離脱（304条）・動産先取特権の対象離脱（333条），質権の成立要件（344条），抵当建物使用者の引渡しの猶予（395条），債権の目的が特定物の引渡しである場合の注意義務（400条），弁済として引き渡した物の法律関係（475条・476条・477条），特定物の現状引渡し（483条），弁済の場所（484条），売買代金の支払に関する規定（573条・574条・575条），請負の報酬支払時期（633条）・担保責任（637条・638条），委任におけ

る受取物・金銭の引渡し（646条，647条），組合の清算の際の残余財産の引渡し（688条）。

このほか，**(ii)** 要物契約の定義規定などで登場する「受け取る」の文言も（171条，316条，342条，498条，587条，592条，593条，646条，657条，691条，1001条の計11か条），「引渡し」の対概念であり，さらに，**(iii)** 即時取得の条文（192条）にいう「取引行為によって……占有を始めた者」も，「引渡し」を受けた者である。

(a) 引渡しの種類　民法典は，占有の静止状態に関して，現実の占有（自己占有・直接占有。180条）のほかに，観念的な占有（代理占有・間接占有。181条）を認めるが，これと同様に，占有の移転（＝引渡し）の側面に関しても，民法典は，現実の引渡しのほかに，3種の観念的な引渡しを認めている。

(i) 現実の引渡し　182条1項は，「占有権の譲渡は，占有物の引渡しによってする」と規定する。ここにいう「引渡し」は，占有権の譲渡人から譲受人に対して直接に占有物の現実的支配を移転させる行為を意味しており，これを現実の引渡しという。しかし，「物の所持」概念の観念化は，占有の移転の側面においても進んでおり，不動産については，当事者双方が目的物を熟知しており現地に臨む必要のない場合には，所持の移転に関する当事者の合意によって占有は移転するとされ[1]，また，沈没船の売

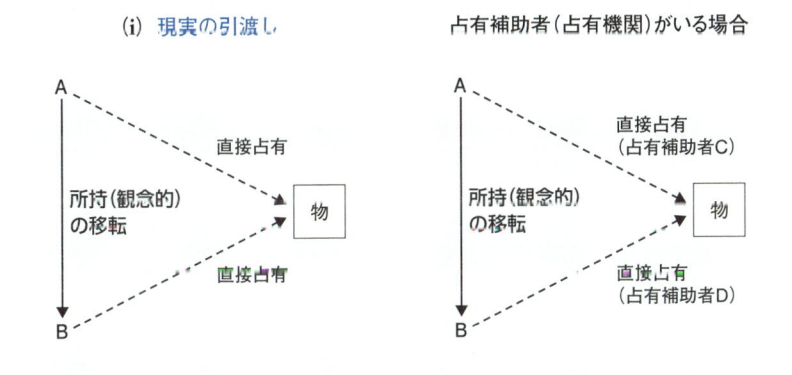

(i) 現実の引渡し　　　　　　　　　　　占有補助者（占有機関）がいる場合

```
A                                    A
 ╲    直接占有                         ╲    直接占有
  ╲                                    ╲   （占有補助者C）
所持（観念的）  ［物］               所持（観念的）  ［物］
の移転                                 の移転
  ╱    直接占有                        ╱    直接占有
 ╱                                    ╱   （占有補助者D）
B                                    B
```

---

(1) 山林の売買につき大判大正9・12・27民録26輯2087頁。

(ii) 簡易の引渡し〔①〕

「譲渡人」
A
↑↓「意思表示」（合意）
　　　　　　間接占有
　　直接占有
B ──────────→ 物
「譲受人」
（占有代理人・占有補助者）

占有代理人がいる場合〔②〕

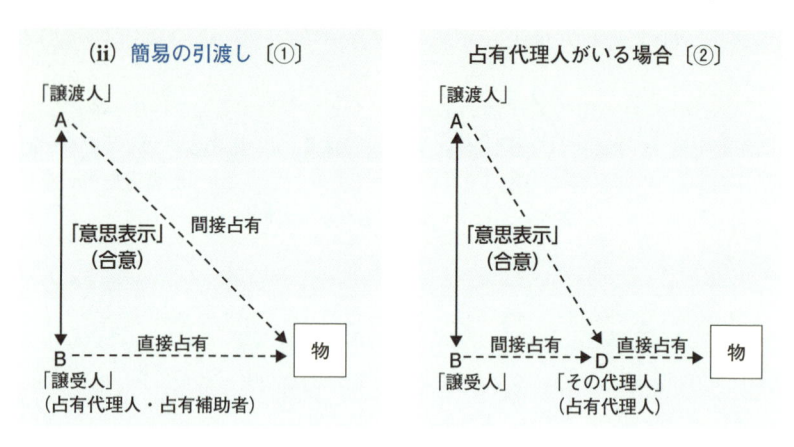

「譲渡人」
A
↑↓「意思表示」（合意）
　　　　　　　　　　間接占有
　　　間接占有　　　直接占有
B ────── D ──────→ 物
「譲受人」　「その代理人」
　　　　　　（占有代理人）

買につき，売買契約書・保険会社の損害品売渡証・関係漁場使用に関する漁業協同組合長名義の承諾書等の関係書類の授受があった以上は，当事者の一方の実力的支配関係が相手方の実力的支配関係に移属されたものと認めるを相当とする(2)。

同様に，Aが占有補助者（占有機関）Cを通じて占有をしている場合にBに物を引き渡す場合や，Bの占有補助者（占有機関）Dに物を引き渡す場合についても，社会通念上，実力的支配の移転があったと認定できる場合に，現実の引渡しが行われたと見ることになる。

(ii) 簡易の引渡し　では，買主Bが賃借人で，賃借物を気に入って賃貸人Aから買い取った場合はどうか。この場合にB→A，A→Bの現実の引渡しを2度行うのは煩わしい。そこで182条2項は「譲受人〔B〕又はその代理人〔たとえば転借人D〕が現に占有物を所持する場合には，占有権の譲渡は，当事者〔AB〕の意思表示のみによってすることができる」としている。これを簡易の引渡しという。

ここにいう「意思表示」とは，両当事者の合意と解されているが，判例によれば，譲受人が目的物の使用・収益を従前からしてきている限り，本権に関する意思表示（たとえば売買の合意）の際に，黙示になされたものと推定される(3)。

---

(2) 最（1小）判昭和35・9・1民集14巻11号1991頁。
(3) 台湾高等法院判昭和6・10・21法律評論20巻民訴579頁。

(iii) 占有改定　　**(iv) 指図による占有移転**

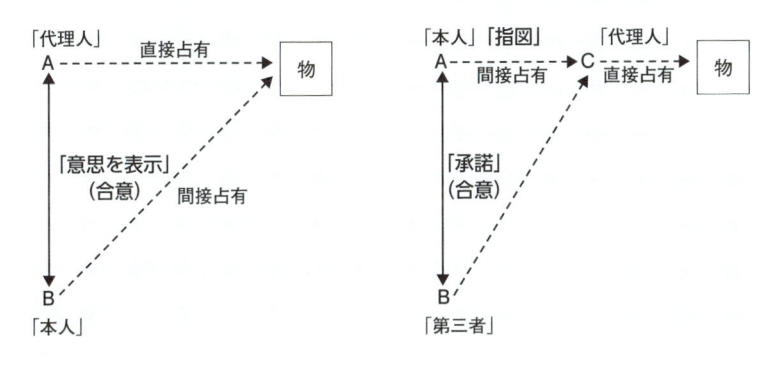

なお、182条2項は譲受人が独立の占有を有していた場合（占有代理人）に関する規定であるが、判例は、占有補助者に関しても簡易の引渡しの方法での占有移転を認める[4]。

(iii) 占有改定　　簡易の引渡しの事案とは反対に、Aが占有物をBに譲渡した後も使用を続けるような場合（譲渡担保などが典型例である）に関しても、A→B、B→Aの現実の引渡しを2度行うのは煩わしい。そこで183条は「代理人〔譲渡人A〕が自己の占有物を以後本人〔譲受人B〕のために占有する意思を表示したときは、本人〔譲受人B〕は、これによって占有権を取得する」旨を規定している。これを占有改定という。

なお、条文は、「代理人〔A〕が……意思を表示したとき」と規定しているが、判例は、これを両当事者の合意と解し、しかも、この合意は、本権に関する合意（たとえば売買の合意）の中に、黙示に含まれるとする[5]。また、本条にいう「代理人」は、上記(ii)簡易の引渡し（182条2項）にいう「代理人」と異なり、占有改定前においてBの占有代理人である必要はない。しかし、占有改定後においては、譲渡人Aは譲受人Bの占有代理人でなければならず、譲受人Bの占有補助者（占有機関）になる場合は、占

---

[4] 最（3小）判昭和39・5・26民集18巻4号667頁……内縁の夫Aが家屋を占有補助者である内縁の妻Bに贈与した際に（＝(i) 占有移転権原）、Aが家屋を買い受けた際の契約書と実印をBに交付したことによって（＝(ii) 占有移転事情）、簡易の引渡しによる占有移転が行われたとみるべきとする。

[5] 大判大正4・9・29民録21輯1532頁。

有改定に含まれない。

(iv) 指図による占有移転　上記(ii)簡易の引渡しに関する182条2項は，①賃借人B自身が占有していた物を所有者Aから買い受けた場合と，②賃借人Bが転借人Dを通じて代理占有していた物をAから買い受けた場合の，2つのケースを規定していた。一方，(iii)占有改定は，①所有者Aが自己占有する物をBに売却した後も占有を続ける場合であるが，これに対して，②所有者Aが倉庫業者Cに預けていた商品をBに売却した場合の占有移転の方法が，(iv)184条の定める指図による占有移転で，同条は「代理人〔C〕によって占有をする場合において，本人〔A〕がその代理人〔C〕に対して以後第三者〔B〕のためにその物を占有することを命じ，その第三者〔B〕がこれを承諾したときは，その第三者〔B〕は，占有権を取得する」と規定する。しかし，実際の時系列は，本人Aと第三者Bが本権の移転（たとえばA→Bの売買）について合意した後，本人Aが占有代理人Cに指図する順番となり，第三者Bの承諾も，(ii)簡易の引渡しや(iii)占有改定と同様，AB間の黙示の合意の形で本権の移転に関する合意中に認定されると考えられている。

これに対して，本人Aの占有代理人Cへの指図は，間接占有者の変更をもたらすものであるため，Cに対して明示的にされなければならない。なお，Aの指図に対するCの承諾は不要である。

(3) 占有の承継　187条は，占有（占有権）が承継される場合につき，占有承継人は，前の占有者に由来する占有と，自己に固有の占有の2つを有するとの前提（「占有の二面性」という）に立って，占有承継人に対して，①自己に固有の占有のみを主張するか，②自己の占有に前の占有者の占有を併せて主張するかの選択権を与えた（同条1項）。

(a) 占有の併合主張　たとえば前占有者Aの5年の占有の後に，占有承継人Bが5年の占有を続けたような場合，Bの占有だけでは時効期間を満たさないが，Aの占有との併合主張の側を選択することで，短期時効取得が可能となる。しかし，前占有者の占有を併せて主張する場合には，その瑕疵をも承継する（187条2項）。したがって，占有承継人Bの5年の占有が善意占有であっても，前占有者Aの5年の占有が悪意占有だった

場合には，Aの占有の瑕疵がBにも承継されて，短期時効取得の要件を満たさなくなる[6]。

ただし，162条2項は「占有の開始の時」の善意・無過失を要求しているので，Aが占有開始時に善意・無過失であれば，その後に悪意・過失に転じても要件を満たすのと同様，善意の前占有者Aの占有承継人Bが当初より悪意・過失占有の場合にも，Bは10年の短期時効取得を主張できる[7]。

なお，前主からの占有の承継の態様は，売買等の特定承継の場合と，相続のような一般承継の場合とを問わない[8]。

(b) 占有の単独主張　他方，占有承継人の占有の単独主張に関しては，占有の承継の原因が相続・合併や法人成りであった場合，上記占有の二面性のうち，承継人に固有の占有が認められるかが問題となる。

(i) 相　　続　戦前の判例は，相続に関する人格承継説に立って，相続人は被相続人から承継した地位しか主張できないとしていたため，自己に固有の占有の主張を認める187条1項にいう「承継人」は，特定承継人に限られるとしていた。しかし，最高裁は，相続の場合にも相続人に固有の占有が認められるとして187条1項の適用を肯定し[9]，そして，この立場が，185条の他主占有から自主占有への転換に関しても，相続は「新たな権原」に当たるとする判例変更を導いた（→7.3(2)参照）。

(ii) 権利能力なき社団の法人格取得　同様の問題は，権利能力なき社団Aが法人Bとなった場合にも生ずる。判例は，法人格のない寺院Aの土地が住職名義で登記されていたため相続登記を経由した住職の相続人に対し，Aが法人格Bを取得して以降20年の固有の占有に基づく時効取得を主張した事案につき，187条1項の適用を肯定している[10]。

---

(6) なお，前主が数人いる場合──たとえばA→B→Cと占有が移転する場合，Cは，B→Cのみの占有を併合主張してもよいし，A→B→Cの占有を併合主張してもよい。大判大正6・11・8民録23輯1772頁。
(7) 最（2小）判昭和53・3・6民集32巻2号135頁〔百選I 65事件・判プラI 272事件〕。
(8) 被相続人の占有は，特段の事情のない限り，相続人に相続される。最（1小）判昭和44・10・30民集23巻10号1881頁。
(9) 最（2小）判昭和37・5・18民集16巻5号1073頁〔判プラI 273事件〕。
(10) 最（2小）判平成1・12・22判時1344号129頁・判タ724号159頁。

7.5 占有の効力

占有権の章の「第2節　占有権の効力」の内容は，(1) 占有者が真の権利者から「**本権の訴え**」を提起された場合の**占有者と回復者の法律関係**と，(2) 占有者の占有の侵害者に対する「**占有の訴え**」の2つに分かれる。

7.5.1　本権の訴え──占有者と回復者の関係

占有権の章の189条2項と202条1項・2項には，「**本権の訴え**」という言葉が出てくる。「本権」とは，物の占有を権利内容としている権利（占有すべき権利。占有権原）のことをいう。一方，189条によれば，本権の訴えの相手方は「**占有者**」であるから，「本権の訴え」とは，**物権的返還請求権**に基づく自主占有・他主占有の回復訴訟を意味することになる。なお，本権の訴えにより占有を回復した者を，191条・196条は「**回復者**」と呼んでいる。現行民法の起草者は，本権の訴えが行使された場合の占有者と回復者の権利義務関係を，占有権の章の「第2節　占有権の効力」の前半部分に配置した。すなわち，⑴占有者の占有権原の適法推定（188条），⑵占有者の果実収取権ないし返還義務（189条～190条），⑶占有者の損害賠償責任（191条），⑷動産の占有者の即時取得とその特則（192条～194条），⑸家畜以外の動物の占有者の権利取得（195条），⑹占有者の必要費・有益費の償還請求権（196条）の6つである。

⑴　占有の本権適法推定　188条の占有の推定力に関しては，すでに公示の効力の個所（→前章6.4.1⑶）で説明した。判例の立場は，所有権に基づく返還請求訴訟で，証明責任を負わないはずの被告について占有の推定力を問題とするなど，いささか不明瞭であるが（登記の推定力についても同様），この点は，歴史的には非常に興味深い。

(a)　188条の本来の意味　というのも，ローマ法の本権の訴えにおいては，原告・被告の双方が，それぞれ自己の所有権について証明責任を負うとされていたからである。その後，19世紀フランスでは，被告については，自己の所有権に関する証明責任を負わないとされるようになるが，

その根拠につき，学説は，被告の占有から所有権が推定される，と説明していた。日本の現行民法188条は，この19世紀フランス法学説の理解を，ボワソナード旧民法経由で明文化したものである。

しかし，その後，本権の訴えにおいて被告＝占有者が証明責任を負わない理由は「証明責任は原告にあり」の一般原則の帰結にすぎない，との理解が一般化したことから，188条のような特別の規定を設置する必要はなくなった。したがって，188条は，規定の本来の趣旨からいえば，本権の訴えにおける証明責任の所在を確認した注意規定にすぎない。

(b) 188条の今日的解釈　ところが，明治末期以降隆盛を極めたドイツ法的解釈論により，188条についても，ドイツ民法の占有の推定力の規定と同様に解する見解が一世を風靡した。今日の学説は，登記の推定力に関しては事実上の推定説に立つが，占有の推定力に関しては，依然として188条を法律上の権利推定と解する見解が通説である。

(2) 占有者の果実返還義務　(a) 189条・(b) 190条は，占有者が回復者に返還すべき果実の範囲に関する規定である。果実には，天然果実・法定果実の両者を含むが[(1)]，金銭の運用利益は含まない[(2)]。

(a) 善意占有者の果実返還義務　703条によれば，不当利得の善意の受益者は，元物・果実とも，①現存する分について返還義務を負い，②すでに消費してしまった分については返還義務を免れるが，189条1項によれば，善意の占有者は，果実に関しては，②すでに消費した分のみならず，①現存する分についても返還義務が免除される。

(b) 悪意占有者の果実返還義務　これに対して，悪意の占有者は，①現存する果実に関する現物返還義務を負うほか，②すでに消費してしまった分・過失によって損傷した分・収取を怠った分について代価償還義務を負う（190条1項）。暴行・強迫または隠匿による占有者についても同様である（同条2項）。同条と，悪意の受益者に関する704条との相違個所の第

---

(1) 大判大正14・1・20民集4巻1頁。
(2) したがって，(a)善意占有者の返還義務の免除（189条1項）の適用はなく，703条の返還義務を負う。最（3小）判昭和38・12・24民集17巻12号1720頁〔百選Ⅱ72事件・判プラⅡ269事件〕。

■ 7.5　占有の効力

1は,「利息を付して」返還する必要がない点であり,第2は,損害賠償義務を定めた704条後段に対応する定めがない点である[3]。

善意の占有者が本権の訴えにおいて敗訴したときは,訴えの提起時から悪意の占有者とみなされる（189条2項）。また,悪意が擬制されるからといって直ちに不法行為者と評価されるわけではなく,加害行為時における故意・過失が認定されてはじめて不法行為責任を問いうる[4]。

❖ **不当利得法との関係**

なお,①703条・704条を不当利得に関する一般規定と解する従来の通説的見解（統一論）に立った場合には,189条・190条は占有者の果実の不当利得に関する特則と位置づけられる。これに対して,②近時有力説である不当利得の類型論に立った場合には,703条・704条は給付利得に関する規定,189条・190条は侵害利得に関する規定と理解することになるが,いずれの見解に立った場合にも,本権の訴えにおける占有者・回復者の法律関係については,もっぱら189条・190条が適用され,703条・704条の適用は排除される（判例も同旨。最（1小）判昭和42・11・9判時506号36頁）。

（3） 占有者の損害賠償義務　占有者の責めに帰すべき事由によって占有物が滅失・損傷した場合,占有者は,回復者に対して,以下の区別に従い,損害賠償義務を負う。

悪意の占有者		全部の賠償義務を負う	191条本文前段
善意の占有者	自主占有者	現存利益の限度で賠償義務を負う	191条本文後段
	他主占有者	全部の賠償義務を負う	191条ただし書

不法行為の「故意・過失」要件に対して,191条にいう「責めに帰すべき事由」は,①自主占有者については自己の財産に対するのと同一の注意義務,②他主占有者については善良な管理者の注意義務（善管注意義務）の

---

[3] もっとも,704条後段は,悪意の受益者が不法行為の要件を充足する場合には損害賠償責任を負うことを注意的に規定したものにすぎず,不法行為と別個の損害賠償責任を課したものではない（最（2小）判平成21・11・9民集63巻9号1987頁）。一方,占有者の損害賠償義務に関して,判例は709条の適用を肯定しているので（→後記(3)参照）,結論的に差異は生じない。
[4] 大判昭和18・6・19民集22巻491頁,最（1小）判昭和32・1・31民集11巻1号170頁。

違反を意味する[5]。

一方，効果面における不法行為との相違個所は，自主占有者の賠償範囲が，現存利益の限度に縮減されている点である（191条本文後段）。

なお，判例は，190条・191条が適用される場合（占有者・回復者の間の関係）についても709条の適用を肯定しているので[6]，回復者の側では，要件・効果に照らして有利なほうを選択することになろう。

（4）即時取得　動産の即時取得の規定に関しては，①時の経過を要件とする法律効果（＝時効）の個所に，時効期間ゼロの「即時時効」として配置する立法（フランス法）や，②物権変動の個所に，権利者からの取得とともに無権利者からの取得として配置する立法（ドイツ法）があるが，わが現行民法は，③占有を要件として発生する法律効果（占有権）の個所において，本権の訴えにおいて被告＝占有者が援用する権利喪失の抗弁であることに着眼した配置を行っている（192条〜194条）。

(a) 即時取得の要件　192条の要件は，条文の文言を単純に書き写した限りでは，**(i)**「動産」の占有を始めたこと，**(ii)**「取引行為」により占有を始めたこと，**(iii)**「平穏・公然・善意・無過失」に占有を始めたこと，**(iv)**「占有を始めた」ことである。

(i)「動産」要件　即時取得の対象は動産に限られるが，しかし，動産であっても192条が適用されないものがある。

(ア) **特別法上の公示制度のある動産**　特別法による登記・登録制度のある動産については，①既登記・既登録動産に関しては，192条の「動産」に含まれない[7]。ただし，②未登記・未登録あるいは登記・登録を抹消・閉鎖されている場合には，182条の「動産」に該当する[8]。

(イ) **従物・集合物の構成動産**　①不動産所有者に属さない従物たる動産（畳・建具など）が不動産とともに譲渡された場合には，即時取得の適用が

---

[5] ①「自己の財産に対するのと同様の注意義務」の語は，659条・940条に出てくる用語である。なお，827条には「自己のためにするのと同一の注意義務」という言葉も出てくる。
　②「善良な管理者の注意義務」の語は，298条・400条・644条に出てくる用語である。
[6] 大（民連）判大正7・5・18民録24輯976頁，大判昭和7・3・3民集11巻274頁。
[7] 最（2小）判昭和62・4・24判時1243号24頁〔判プラⅠ275事件〕。
[8] 登録を抹消された自動車につき最（2小）判昭和45・12・4民集24巻13号1987頁。

ある[9]。②工場財団に属する譲渡禁止動産を譲り受けて占有を開始した者にも，192条の適用がある[10]。

(ウ) **有価証券・金銭** 民法において無記名債権は動産とみなされるが (86条3項)，商法519条2項により「金銭その他の物又は有価証券の給付を目的とする有価証券の取得については，小切手法第21条の規定を準用する」ため，①有価証券については，民法192条〜194条の適用は排除される。しかし，②金銭については，封金である場合には即時取得の規定の適用があるが[11]，それ以外の場合には，小切手法21条の適用も排除され，金銭が盗取・騙取された場合の返還は，もっぱら債権的請求権（不当利得・不法行為）によるものとされる[12]。

(ii) **「取引行為」要件** 192条の「取引行為によって」の文言は，平成16年民法現代語化改正の際に明文化されたものである。

「取引」という言葉は，民法典では，142条，192条，398条ノ2，398条ノ3，526条，676条の6か条に登場するが，偶発的ではない権利義務関係の変動に向けられた意思的な行為という点で共通するものの，具体的な内容は条文によって異なる。192条の「取引行為」に関していえば，①事実行為は含まれない[13]。一方，②強制競売（民執法45条以下）により，債務者の所有に属さない動産を買い受けた買受人については，192条の適用があるとされる[14]。

(iii) **「平穏・公然・善意・無過失」要件** これらのうち，平穏，公然，善意については，192条の他の要件である「占有の開始」の主張・立証から無前提に推定されて（186条1項），192条の法律効果の発生要件ではなくなり（暫定真実），暴行・強迫，隠匿，悪意が，相手方が主張・立証すべき権利発生の障害要件となる。

---

(9) 大判昭和8・7・20法律評論22巻民法843頁。
(10) 最（2小）判昭和36・9・15民集15巻8号2172頁。
(11) 最（1小）判昭和41・12・1金判43号13頁。
(12) 最（2小）判昭和39・1・24判時365号26頁・判タ160号66頁〔百選Ⅰ77事件・判プラⅠ299事件〕。
(13) 立木の伐採につき，大判明治35・10・14刑録8輯9巻54頁〔附帯私訴〕，大判大正4・5・20民録21輯730頁，大判昭和7・5・18民集11巻1963頁〔判プラⅠ280事件〕。
(14) 最（3小）判昭和42・5・30民集21巻4号1011頁。

これに対して，無過失は186条1項から推定されないが，192条に関しては，188条により前主の占有から前主の権利が推定される結果，前占有者と取引行為をした現占有者の無過失が推定される[15]。なお，これと同じ論理は，取得時効（162条2項）では用いられず，占有者が無過失に関する証明責任を負うが[16]，この相違は，善意・無過失の対象が，162条2項と192条で異なる——162条2項においては自己（現占有者）の所有権に関する善意・無過失であるのに対して[17]，192条においては取引行為の相手方である前占有者の権利に関する善意・無過失である[18]——からである。

　なお，法人における192条の善意・無過失は，法人の代表者について決するが，代理人により取引をした場合には，代理人について決する[19]。

(iv)　「占有開始」要件　　192条の「動産の占有を始めた」要件に関しては，それが現実の引渡しによる占有開始に限られるか，それとも観念的引渡し——①簡易の引渡し・②占有改定・③指図による占有移転——の方法による占有開始の場合にも即時取得が認められるかが問題となる。

　判例は，古くから，同条の「占有開始」要件につき，一般外観上従来の占有状態に変更を生ずることを要求し，したがって，②占有改定の方法による占有開始は含まれないとしている[20]。だが，③指図による占有移転に関しては，否定説に立つ戦前の判例と，肯定説に立つ最高裁判例とが存在し[21]，学説の評価は，判例の立場は否定説から肯定説に変更されたとする見解と，最高裁判例の事案は一般外観上従来の占有状態に変更が生じたと認定できるケースであったとする見解に分かれる。なお，①簡易の引

---

(15) 最（1小）判昭和41・6・9民集20巻5号1011頁〔判プラⅠ277事件〕，前掲注(8)・最（2小）判昭和45・12・4，最（3小）判平成14・10・29民集56巻8号1964頁。
(16) 大判大正8・10・13民録25輯1863頁〔判プラⅠ271事件〕，最（1小）判昭和43・12・19裁判集民事93号707頁，最（1小）判昭和46・11・11判時654号52頁〔判プラⅠ194事件〕，最（1小）判昭和52・3・31判時855号57頁。
(17) 最（3小）判昭和43・12・24民集22巻13号3366頁〔判プラⅠ191事件〕。
(18) 最（3小）判昭和26・11・27民集5巻13号775頁〔判プラⅠ276事件〕。
(19) 最（3小）判昭和47・11・21民集26巻9号1657頁。
(20) 大判大正5・5・16民録22輯961頁，最（2小）判昭和32・12・27民集11巻14号2485頁，最（1小）判昭和35・2・11民集14巻2号168頁〔百選Ⅰ66事件・判プラⅠ278事件〕。
(21) 〔否定例〕大判昭和9・11・20民集13巻2302頁，〔肯定例〕最（3小）判昭和57・9・7民集36巻8号1527頁〔判プラⅠ279事件〕。

渡しに関する最高裁判例は存在しないが，肯定説に立つ下級審裁判例がある(22)。

(b) 即時取得の効果　時効取得に関する162条・163条が，所有権と所有権以外の財産権とを分けて規定しているのに対して，192条は，両者を区別せず「動産について行使する権利を取得する」旨を規定する。もっとも，そもそも動産について成立する物権は，占有権・所有権のほかは，担保物権のうち3種（留置権・先取特権・質権）だけである(23)。

(c) 盗品・遺失物に関する特則　192条は，本権を有する者Aの返還請求に対して，被告たる占有者Bによる権利喪失の抗弁として機能するが，これに対しては，以下のような再抗弁・再々抗弁が認められる。

(i) 盗品・遺失物の再抗弁　本権者Aが，盗難の被害者または遺失者であった場合には，盗難または遺失の時点から2年間は，占有者Bに対して回復請求ができる（193条）。

判例は，A会社所有の綿花がB汽船会社の保管中に盗難に遭ったため，Bが責任をとって盗まれた綿花をAから買い受け，2年間の経過前に占有者Cを発見して提起した本権の訴えにつき，占有者Cは完全な無権利者であって178条の「第三者」に当たらないとする(24)。一方，判例は，盗難・遺失の時より2年を経過したときは，193条の抗弁が否定される結果として，被害者・遺失者は権利を喪失し，占有者に192条による権利取得効果が発生するとしている(25)。要するに，判例は，193条を192条の効果発生の障害要件を定めた規定と解し，2年間が経過するまで占有者は権利を取得しないとするのであるが（被害者・遺失者帰属説），これに対して，学説には，占有者は192条により占有開始時において権利を取得し，193条は，権利喪失者のうち盗難の被害者および遺失者に限って，特別の（法定的な）返還請求権を認めた規定と解する見解もある（占有者帰属説）。

---

(22) 札幌地判平成14・2・21平成12年（ワ）第3102号，東京地判平成24・5・10平成22年（ワ）第31511号。
(23) なお，動産先取特権の即時取得につき319条（192条の準用規定）。一方，質権の即時取得の肯定例として，前掲注(8)・最（2小）判昭和45・12・4。
(24) 大判大正10・7・8民録27輯1373頁〔判プラⅠ281事件〕。
(25) 最（3小）判昭和38・2・5裁判集民事64号383頁。

(ii) 競売・公の市場での買受の再々抗弁 しかし，占有者が，盗品・遺失物を，(ア)競売もしくは公の市場において買い受けた場合，または，(イ)同種の物を販売する商人から買い受けた場合には，被害者・遺失者は，占有者が買い受けたときの代価を弁償するのでなければ，本権に基づく回復請求権を行使することができない（194条）。

判例は，同条を，① 193 条の盗品・遺失物の再抗弁に対して，代価弁償のない限り占有物の回復請求に応じない旨の延期的抗弁権を認めたものにすぎず，②動産が盗難の被害者・遺失者に返還された後における，占有者の代価弁償請求権まで認める規定ではないとする[26]。その結果，占有者が被害者・遺失者に動産を任意に返還した場合，占有者は，売主に対して担保責任・不当利得・不法行為等を追及するしかなくなるが，この結論に対して学説は批判的であり，①動産の返還に関する延期的抗弁権のみならず，②動産の返還後における代価弁償請求権を認めるべきとする。

このほか，194 条をめぐっては，占有者が同条に基づいて動産の返還を拒絶している間の，占有者の使用収益権の有無についても争いがある。193 条の 2 年間の期間内における権利の帰属につき，被害者・遺失者帰属説に立った場合には，占有者には盗品・遺失物の使用収益権はなく，したがって使用利益を不当利得として被害者・遺失者に返還すべきことになりそうだが，判例は，193 条の論理的帰結と切り離し，もっぱら 194 条の制度趣旨に照らして，占有者の使用収益権を肯定する[27]。

❖ **占有者が古物商・質屋営業者の場合**
なお，民法 193 条・194 条に関しては，占有者が①古物商・②質屋であった場合の特別規定があり，①「古物商が買い受け，又は交換した古物」あるい

---

[26] 大判昭和 4・12・11 民集 8 巻 923 頁。
[27] 最（3 小）判平成 12・6・27 民集 54 巻 5 号 1737 頁〔百選Ⅰ 67 事件・判プラⅠ 282 事件〕「被害者等の回復請求に対し占有者が民法 194 条に基づき盗品等の引渡しを拒む場合には，被害者等は，代価を弁償して盗品等を回復するか，盗品等の回復をあきらめるかを選択することができるのに対し，占有者は，被害者等が盗品等の回復をあきらめた場合には盗品等の所有者として占有取得後の使用利益を享受し得ると解されるのに，被害者等が代価の弁償を選択した場合には代価弁償以前の使用利益を喪失するというのでは，占有者の地位が不安定になること甚だしく，両者の保護の均衡を図った同条の趣旨に反する結果となるからである。また，弁償される代価には利息は含まれないと解されるところ，それとの均衡上占有者の使用収益を認めることが両者の公平に適うというべきである」。

は②「質屋が質物又は流質物として所持する物品」が盗品・遺失物であった場合，被害者・遺失者は，古物商・質屋に対し，無償・無条件での回復請求ができる（＝①古物商・②質屋に関しては，民法194条のような代価弁償請求権はない）。その一方で，占有者が①古物商・②質屋であった場合には，回復者の本権の訴えの行使期間は，1年間に縮減（半減）されている（①古物営業法20条，②質屋営業法22条）。

(5) 家畜以外の動物の占有による権利取得　195条も，192条と同様，本権の訴えにおける権利喪失の抗弁に関する規定であり，家畜以外の動物（＝野生動物）が，実は回復者の所有物であったことについて，占有者が善意で占有を開始した場合に，占有者の権利取得を理由に，回復請求を拒むことができる旨を定めた規定である。

一方，回復者は，占有離脱時から1か月以内の請求であれば，これを再抗弁として主張して，占有者の権利取得を阻止することができる。

192条が，ゲルマン法の動産の追及効の制限に由来するのに対して，195条は，野生動物は逃げてから一定期間経つと無主物に戻り，無主物先占が可能になるとするローマ法に由来するもので，沿革的にはまったく無関係である。195条が占有者の「善意」のみを要求し，192条のように「平穏・公然」「無過失」を要求していないのも，この条文が無主物先占（239条1項）の一種だからである。また，「家畜以外の動物」とは，占有者が占有を開始した場所に野生で存在している動物をいう。野生で存在していなければ，占有者は無主物と考えないからである。たとえば日本には野生の九官鳥はいないので，九官鳥は「家畜以外の動物」には該当せず，占有者は195条の権利喪失の抗弁を提出できない[28]。

(6) 占有者の費用償還請求権　196条は，占有者が占有物を回復者（本権者）に返還した場合の，必要費（1項）・有益費（2項）の償還請求権を定めた規定である。民法典において，種々の「費用」の負担や償還請求について規定した条文は多数存在するが，その中で「必要費」「有益費」の語が登場するのは，次頁の表の13種類の法律関係である[29]。

---

[28] 大判昭和7・2・16民集11巻138頁。

		必 要 費	有 益 費
①	占有者	・占有者の善意・悪意の別なく，必要費全額の償還請求権を有する（196条1項本文）。 ・善意占有者が果実を収取したとき（＝189条1項）……①通常の必要費＝善意占有者負担（果実と相殺），②特別の必要費＝償還請求権を有する（196条1項ただし書）。	・占有物の価格の増加が現存する場合に限り，回復者の選択に従い，①支出した金額か②増加額の償還請求権を有する（196条2項本文）。 ・悪意の占有者の場合，裁判所は，回復者の請求により，相当の期限を許与できる（196条2項ただし書）。
②	永小作権	・賃借権の規定の準用（273条）により608条準用。	
③	留置権	・必要費全額の償還請求権を有する（299条1項……196条1項本文に同じ）。 ・占有者に関する196条1項ただし書のような規定はない（果実は弁済に充当される。297条）。	・留置物の価格の増加が現存する場合に限り，所有者の選択に従い，①支出した金額か②増加額の償還請求権を有する（299条2項本文）。 ・裁判所は，所有者の請求により，相当の期限を許与できる（299条2項ただし書）。
④	質権	・留置権の規定の準用（350条）により299条準用。 ・不動産質権者は，管理の費用を支払い，その他不動産に関する負担を負う（357条。質物の使用収益権（356条）と相殺。なお，358条により，被担保債権の利息の請求もできない。ただし，①設定行為に別段の定めがあるとき，②担保不動産収益執行の開始があった場合には，357条は適用されない。359条）。	
⑤	抵当権	・抵当不動産の第三取得者が抵当不動産について必要費・有益費を支出したとき……196条の区別に従い，抵当不動産の代価から，他の債権者より先に償還を受けることができる（391条）。	
⑥	買戻し	・196条の規定に従う（583条2項本文）。 ・買戻特約付の共有持分売買（584条）の後に競売があった場合の売主の買受人に対する買戻権行使の際にも，583条の費用を支払う（585条1項）。	・裁判所は，売主の請求により，償還請求権に相当の期限を許与できる（583条2項ただし書）。

（次頁へつづく）

---

(29) なお，196条1項ただし書に登場する「通常の必要費」（通常費）とは，小修繕や租税の支払，といった日常的な保存に必要な費用をいう。①196条1項ただし書のほか，⑦使用貸借の借主（595条）と⑬遺贈義務者（993条）に登場する言葉である。一方，その反対概念である,日常の保存以外に支出した必要費（地震で被災した家屋の復旧費用など）は，「特別の必要費」（臨時費）と呼ばれる（ただし，この言葉は条文にはない）。

		必 要 費	有 益 費
⑦	使用貸借	・借主は，通常の必要費を負担する（595条1項）。 ・通常の必要費以外の費用（＝特別の必要費・有益費）については，583条2項を準用（595条2項）。 ・なお，契約の本旨に反する使用・収益によって生じた損害の賠償請求および借主が支出した費用の償還請求については，借用物の返還時から1年以内の行使制限がある（600条）。	
⑧	賃貸借	・直ちに償還請求ができる（608条1項）。	・賃貸借の終了時に，196条2項の規定に従い償還する（608条2項本文）。 ・裁判所は，賃貸人の請求により，償還請求権に相当の期限を許与できる（608条2項ただし書）。
		・契約の本旨に反する使用・収益の場合，600条準用（621条）。	
⑨	委任	・費用一般につき，受任者に前払請求権がある（649条）。 ・必要と認められる費用および支出の日以後の利息の償還請求（650条1項）。	
⑩	寄託	・委任の規定の準用（665条）により649条・650条準用。	
⑪	組合	・委任の規定の準用（671条）により649条・650条準用。	
⑫	事務管理	・委任の規定の準用（701条）により649条・650条準用。	・管理者には，有益費償還請求権がある（702条1項）。 ・本人の意思に反する事務管理の場合，本人が現に利益を受けている限度においてのみ償還請求権がある（702条3項）。
⑬	遺贈義務者	・留置権に関する299条を準用（993条1項）。	
		・果実を収取するために支出した通常の必要費は，果実の価格を超えない限度で償還請求権がある（933条2項）。	

7.5.2 占有の訴え——占有者と侵害者の関係

(1) 占有の訴えの意義　　観念的支配権（所有権・制限物権）が侵害された場合に物権的請求権を行使できるのと同様，現実的支配権である占有権が侵害された場合，占有者は侵害者に対して侵害の除去を請求する権利を有する。法文は，この権利に基づく訴訟を「占有の訴え」と呼び（197条・201条・202条），また，この訴訟を提起することのできる権利は「占有訴権」と呼ばれる（旧民法で使われていた用語である）。しかし，この用語法は，民法典制定当時においては，いまだドイツ法的な「請求権」概念が知られておらず，フランス法的な「訴権」体系が念頭に置かれていたことに基づくものであり（物権的返還請求権の行使についても「本権の訴え」と表現されている），今日においては，物権的請求権を裁判外で行使できるのと同様，占有訴権についても，裁判外でも行使することができる実体法上の請求権（占有請求権）として理解しなければならない。

　自主占有者ならびに他主占有者のいずれも，占有の訴えの原告適格を有する（＝占有請求権を行使できる）。この点につき，197条は，「占有者〔自主占有者〕は，次条から第202条までの規定に従い，占有の訴えを提起することができる。他人のために占有をする者〔占有代理人＝他主占有者〕も，同様とする」と規定している。

(2) 占有の訴えの種類　　占有の訴えには，以下の3種がある。

(a) 占有保持の訴え　　「占有者がその占有を妨害されたときは，占有保持の訴えにより，その妨害の停止及び損害の賠償を請求することができる」（198条）。

　(i) 要　件　　占有を「妨害」されることである。後記(c)占有回収の訴えの要件である占有の「侵奪」との違いは，物の所持を喪失しているか否かであるが，(a)占有保持の訴えと(c)占有回収の訴えでは，被告適格や行使期間に違いがあるので，「妨害」か「侵奪」かの認定は重要な意味をもつ。すなわち，Aの占有地にBが小屋を建てた場合，それが占有の「妨害」にとどまるならば，BがCに小屋を売却しても，Aは現在の妨害者であるCに(a)占有保持の訴えを行使できるが，Bの建築が土地の占有

■ 7.5　占有の効力　　**159**

の「侵奪」と評価された場合には，Aは侵奪者Bの特定承継人であるCに対して(c)占有回収の訴えを行使することができない（200条2項）。その一方で，(a)占有保持の訴えは，Bの小屋の建築工事完成後には行使できないのに対して（201条1項ただし書），(c)占有回収の訴えについては，工事完成後であっても行使の余地がある（201条3項）。

(ii) 相手方（被告適格）　占有保持の訴えの相手方は，現に占有を妨害している者であって，後記(c)占有回収の訴えにおけるような承継の問題（200条2項参照）は生じない。上記事例のBが建築した小屋をCに譲渡した場合には，土地占有者Aは，BではなくCに対して占有保持の訴えを行使する[30]。

(iii) 効　果　①「妨害の停止」および②「損害の賠償」の請求である。①「妨害の停止」の効果に関しては，物権的妨害排除請求権と同様，妨害者の主観的態様（故意・過失等）は要件ではない。また，その費用は，妨害者が負担する[31]。②「損害の賠償」の法的性質につき，通説・判例は不法行為に基づく責任と解しており，したがって，この効果発生のためには，妨害者の「故意・過失」要件の充足が別途必要となる[32]。ただし，この損害賠償請求権もまた，201条1項の期間制限に服する。

(iv) 期間制限　占有保持の訴えは，①妨害の存する間か，または，②妨害の消滅した後1年以内に提起しなければならない（201条1項本文）。

ただし，工事により占有物に損害を生じた場合に関しては，③妨害者が工事に着手した時から1年以内か，または，④工事の完成前に提起しなければならない（201条1項ただし書）。

(b) 占有保全の訴え　「占有者がその占有を妨害されるおそれがあるときは，占有保全の訴えにより，その妨害の予防又は損害賠償の担保を請求することができる」（199条）。

(i) 要　件　199条には「占有を妨害されるおそれ」とあるが，ここにいう「妨害」は，前記(a)占有保持の訴えにいう「妨害」よりも広く，

---

[30] 大決昭和5・8・6民集9巻772頁。
[31] 以上の点につき，大判大正5・7・22民録22輯1585頁。
[32] 前掲注[31]・大判大正5・7・22，大判昭和9・10・19民集13巻1940頁。

後記(c)占有回収の訴えの要件である占有侵奪の場合も含む。

　(ii)　相手方（被告適格)　　相手方は，前記(a)占有保持の訴えと同様，現に占有を妨害するおそれを生ぜしめている者であり，後記(c)占有回収の訴えのような承継の問題（200条2項参照）は生じない。

　(iii)　効　　果　　①「妨害の予防」または②「損害賠償の担保」の請求である。(a)占有保全の訴え・(c)占有回収の訴えの効果が，原状回復「及び」損害賠償であるのに対して，(b)占有保全の訴えの効果は，妨害の予防「又は」損害賠償の担保であり，そのどちらか一方しか請求できない。①「妨害の予防」とは，隣地から雨水が浸入しないよう排水路復旧施設を設置する[33]等である。②「損害賠償の担保」の請求に関しては，相手方の故意・過失は成立要件とならない。ただし，その後に現に妨害が発生した場合に，提供された担保から賠償を受けるためには，不法行為の要件を満たしている必要がある。

　(iv)　期間制限　　占有保全の訴えは，①妨害の危険の存する間は，提起することができる（201条2項前段）。

　なお，工事により占有物に損害を生ずるおそれがあるときは，前記(a)占有保持の訴えに関する201条1項ただし書の規定が準用され，②妨害者が工事に着手した時から1年以内か，または，③工事の完成前に提起すべきものとされる（201条2項後段）。

　(c)　占有回収の訴え　　「占有者がその占有を奪われたときは，占有回収の訴えにより，その物の返還及び損害の賠償を請求することができる」（200条1項)。

　(i)　要　　件　　占有者が「占有を奪われた」ことである（なお，200条2項では占有の「侵奪」という表現も用いられている)。「奪われた」「侵奪」されたとは，占有者の意思に基づかずに物の所持を他人が直接移転することをいい，したがって，錯誤や詐欺によって占有者が自発的に占有を移転した場合は含まれない[34]。同様に，家屋の居室の転貸借において，引渡し

---

(33) 大判大正10・1・24民録27輯221頁。
(34) 賃借人（占有代理人）が土地の譲受人であると称する者に欺罔されて土地を引き渡してしまった事案につき大判大正11・11・27民集1巻692頁。

の後に転借人が転貸人のために占有する意思（代理占有意思）を失い転貸人の入室を拒絶した場合にも占有回収の訴えは要件を満たさない[35]。また，違法な強制執行により居室を明け渡した場合も「侵奪」に当たらない[36]。

(ii) 相手方（被告適格） 　占有回収の訴えは，「占有を侵奪した者」およびその一般承継人に対してだけ提起することができ，占有侵奪者Ｂの特定承継人Ｃに対しては提起することができない（200条2項本文）。

ただし，特定承継人Ｃが侵奪の事実を知っていた場合には，例外的にこの者に対する追及が認められる（200条2項ただし書）[37]。

なお，特定承継人Ｃの占有代理人Ｄも，200条2項本文の「特定承継人」に含まれる[38]。したがって，悪意の特定承継人Ｃからの賃借人や受寄者Ｄは，自身が悪意でない限り，占有回収の訴えによる追及は受けない。しかし，この場合の悪意の特定承継人Ｃは，占有代理人Ｄを通じて依然占有を続けているから，占有回収の訴えの被告適格を有する[39]。

(iii) 効　　果　①「物の返還」および②「損害の賠償」の請求である。①「物の返還」には，物が裁判所の仮処分命令により金銭に換価された場合の換価金の返還も含む[40]。②「損害の賠償」に関しては，前記(a)占有保持の訴えと同じである。

---

(35) 最（1小）判昭和34・1・8民集13巻1号17頁。
(36) 最（2小）判昭和38・1・25民集17巻1号41頁「権限のある国家の執行機関によりその執行行為として物の占有を強制的に解かれたような場合には，右執行行為が著しく違法性を帯びてもはや社会的にも公認された執行と認めるに堪えない場合，換言すれば，外観上も前記私人の私力の行使と同視しうるような場合を除いては，執行法上の救済を求めまたは実体上の権利に基づく請求をなしうることは格別，占有回収の訴えによってその物の返還を請求することは許されない」。
(37) なお，「侵奪の事実を知っていた」といいうるためには，特定承継人が「少なくともなんらかの形での侵奪があったことについての認識を有していたことが必要であり，単に前主の占有取得がなんらかの犯罪行為ないし不法行為によるものであって，これによっては前主が正当な権利取得者とはなりえないものであることを知っていただけでは足りないことはもちろん，占有侵奪の事実があったかもしれないと考えていた場合でも，それが単に1つの可能性についての認識にとどまる限りは，未だ侵奪の事実を知っていたものということはできない」（最（1小）判昭和56・3・19民集35巻2号171頁）。
(38) 大判昭和19・2・18民集23巻64頁。
(39) 大判昭和5・5・3民集9巻437頁。
(40) 大判明治43・12・20民録16輯967頁，大判大正14・5・7民集4巻249頁。

(iv) **期間制限** 占有回収の訴えは、占有侵奪の時から1年以内に提起しなければならない（200条3項）。占有保持の訴え・占有保全の訴えにおけるような、工事による占有物の侵害に関する特別の制限はない。

(v) **交互侵奪** A所有の船舶をBが盗取した後、悪意のCが買い受け占有していたが、その後、Aが自力で占有を奪還した場合（交互侵奪）、第1次侵奪者Bの特定承継人Cは、第2次侵奪者たる所有者Aに対して占有回収の訴えを提起できるか。判例は肯定説に立つが[41]、従来の多数説は、Bの第1次侵奪から1年以内は、Aの占有回収の訴えが認められることから、訴訟不経済であるとして、否定説に立っていた。しかし、近時は、判例と同様、Cの占有の訴えを肯定する見解も有力である。

(3) 占有の訴えと本権の訴えの関係 202条1項は「占有の訴えは本権の訴えを妨げず、また、本権の訴えは占有の訴えを妨げない」旨を規定する。

(a) **202条の本来の意味** 同条項は、占有回収の訴えと本権の訴えでは訴訟物が別であり、したがって両訴訟に関して二重起訴の禁止（民訴法142条）の問題は生じないことを確認しただけの規定のように読めるが、立法者の意図は、本権の訴えのほかに、占有の訴えという簡易迅速な仮処分に類似の手続を選択することもできることを明確化する点にあった。これは、戦前の明治23年裁判所構成法の下では、本権の訴えが地方裁判所の管轄であったのに対して、占有の訴えは区裁判所（現在の簡易裁判所）の管轄だったことと関係する（裁判所構成法14条第2（ハ））。「占有の訴えについては、本権に関する理由に基づいて裁判をすることができない」とする202条2項の趣旨も、本権をめぐる争点が持ち込まれることで、区裁判所における簡易迅速な審理が遅延するのを防止する点にあった。

(b) **202条の今日的解釈** しかし、戦後の昭和22年現行裁判所法の下では、占有の訴えと本権の訴えとで管轄の違いはなくなり、また、立法者が占有の訴えに期待した仮処分に類似の機能は、もっぱら民事保全法の定める民事保全手続が担うようになった。

---

[41] 大判大正13・5・22民集3巻224頁〔判プラⅠ285事件〕。

その結果，今日においては，占有の訴えの迅速性確保のための規定である202条2項も緩和され，判例は，占有の訴えにおいて，防禦方法として本権の主張をすることは許されないが，本権に基づく**反訴（民訴法146条）を提起することは許される**として，占有の訴えと本権の訴えとの同一訴訟手続内での併合審理を認めている[42]。

7.6 占有の消滅

(1) 自己占有の消滅　　自己占有（直接占有）の消滅事由は，180条の規定する占有（占有権）の成立要件と真逆になる。すなわち，占有者が①**占有意思を放棄した場合**か，②**物の所持を喪失した場合**に，自己占有は消滅する（203条本文）。

(a) 自己占有の消滅の認定　　占有（占有権）の成立の側面での①占有意思・②物の所持の認定と同様，占有の消滅における①占有意思の放棄・②物の所持の喪失もまた客観化している。

すなわち，①占有意思の放棄の意思表示は，(i)**占有意思放棄権原**ならびに(ii)**占有意思放棄事情**から外形的・客観的に認定される。一方，②物の所持の喪失の判断も，占有（占有権）の成立の側面における物の所持の認定と同様の社会通念に基づく価値的・規範的評価となる[1]。

(b) 自己占有の存続擬制　　ただし，「占有者が占有の訴えを提起したとき」は，占有権は消滅しない（203条ただし書）。

(ア)　占有意思の存続擬制　　占有の訴えの提起は，占有（占有権）の消滅事由のうち，①占有意思の放棄の事実を覆す反対事実といえる。

(イ)　物の所持の存続擬制　　これに対して，②物の所持の喪失に関しては，「占有回収の訴を提起して勝訴し，現実にその物の占有を回復したときは，右現実に占有しなかった間も占有を失わず占有が継続していたものと擬制

---

[42] 最（1小）判昭和40・3・4民集19巻2号197頁〔百選Ⅰ68事件・判プラⅠ286事件〕。
[1] 最（2小）判昭和30・11・18裁判集民事20号443頁は，長期休業を続ける劇場内の売店に対して，営業継続か廃業かの返答を再三求めたにもかかわらず，2年8か月も放置した等の事情から，売店は営業場所に対して事実上の支配を及ぼすべき客観的要件を喪失していたとして，店舗を撤去した劇場に対する売店の占有回収の訴えを排斥している。

される」とされる[(2)]。すなわち，②物の所持の喪失に関しては，これを覆すためには，占有の訴えを提起しただけでは足りず，**勝訴し，かつ，その後に現実の占有を回復することが必要**となる。

（2） 代理占有の消滅　　代理占有（間接占有）の消滅事由は，以下の通りである（204 条 1 項 1 号～ 3 号）。

①	占有意思	本人	代理占有意思を放棄した場合	1 号
②		占有代理人	自主占有意思を本人に対して表示した場合	2 号
			第三者のための代理占有意思を本人に対して表示した場合	
③	物の所持		占有代理人が物の所持を喪失した場合	3 号

(a)　代理占有の消滅の認定　　上記のうち，①本人または②占有代理人の代理占有意思の消滅の認定もまた，代理意思の存在の認定と同様，(i) **権原**と (ii) **事情**から外形的・客観的に判断されることになる。なお，②のうち，占有代理人の代理占有意思の変更の表示は，185 条における所有の意思の表示と状況的には同一であり，その認定に関しても，本人に時効中断等の機会を与える必要上，同程度の厳格さが求められる。一方，③占有代理人の物の所持の喪失の認定についても，自己占有の場合の所持の喪失の認定と同様である。

(b)　代理占有権原の消滅と代理占有関係の消長　　204 条 2 項は「占有権は，代理権の消滅のみによっては，消滅しない」旨を規定する。

現行民法典の起草者は，本人 A と占有代理人 B との間の代理占有権原が消滅した場合（たとえば AB 間の賃貸借契約が解除されたような場合）に，本人 A の占有権が消滅するのは不都合と考えたようであるが，しかし，そもそも AB 間の代理占有関係は，(i) 占有権原の種類ならびに (ii) 占有事情から外形的・客観的に定まるものであって，占有権原の有効・無効は問題とならない（たとえば賃貸借契約が解除された場合に関しては，賃借人は依然として賃貸借契約に基づき契約終了時に目的物の返還義務を負う占有代理人で

[(2)]　最（3 小）判昭和 44・12・2 民集 23 巻 12 号 2333 頁。

あって，間接占有者たる地位を失っていない）。立法者は，本権に関する規律を，誤って占有権に関する規律に持ち込んだのであり，したがって，204条2項は，たかだか注意規定としての意味をもつものにすぎない。

7.7　準　占　有

(1)　準占有の要件　　占有が，「自己のためにする意思」をもって「物を所持する」場合であるのに対して（180条），準占有とは，「自己のためにする意思」をもって「財産権の行使をする」場合をいう（205条）。

　占有（占有権）の成立要件のうち，主観的要件である占有意思に関しては，所有者意思説→支配者意思説→自己のためにする意思説→不要説たる客観説と要件を緩和して保護範囲が広げられてきたが，客観的要件についても，「物」（＝有体物。85条）に対する事実的支配概念を，有体物以外の客体（無体物・権利）にまで拡張して，保護範囲を広げる趣旨である。

(2)　準占有の効果　　以下の2つに分かれる。

(a)　占有権の規定の準用　　準占有が認められる場合には，権利の性質に反しない限り，占有権の章の定める占有権の要件（第1節・第3節）ならびに占有権の効力（第2節）に関する規定が準用される（205条）。

(b)　準占有の効力　　占有権の章の「占有権の効力」の節の準用によって認められる「準占有権の効力」のほか，民法典には，準占有を要件とする条文として，①所有権以外の財産権の時効取得（163条），②地役権の時効取得（283条），③債権の準占有者への弁済（478条）の3か条がある。ただし，これらのうち，③478条の「準占有者」の内容については，今日では「債権者らしい外観」という意味で理解されており，205条の規定する「準占有」の定義（「自己のためにする意思をもって財産権の行使をする場合」）とは，かなり異なる。

第 8 章

所 有 権

8.1 所有権の意義

(1) 所有権の性質　所有権の意義ないし性質に関しては，以下の3つの側面(a)(b)(c)を分けて考える必要がある。

(a) 財産権の代表格としての性質　第1に，所有権は財産権の一種であって，かつその代表格であることから，財産権一般についていわれる性質は，そのまま所有権の性質でもある。そこで，財産権一般の性質について見てみると，所有権をはじめとする財産権は，所有権絶対の原則にいう絶対性（不可侵性）を有する。だが，ここにいう絶対性（不可侵性）は，今日では社会性なる概念に取って代わられている。

(b) 物権の代表格としての性質　第2に，所有権は物権の一種であって，かつその代表格であることから，物権についていわれる性質（直接支配性と排他性）は，そのまま所有権の性質でもある。また，所有権は，物権の中でも，観念的支配権の代表格として，占有権と対置される。

(c) 所有権に固有の性質　第3に，206条の定義によれば，所有権は，「法令の制限内において，自由にその所有物の使用，収益及び処分をする権利」である。ここにいう「使用，収益及び処分」のすべてをできる性質を所有権の全面性というが，それ以外にも，狭義の所有権は，以下のような性質を有する権利として，他の物権と区別される。

①	観念性	物に対する現実的な支配とは無関係に存立しうる性質。	・占有権（物に対する現実的支配権）との対比の説明概念。
②	全面性	目的物の利用（使用・収益・処分）のすべてを行うことができる性質。完全性・円満性ともいう。	・制限物権（ある特定の利用権限しか権利内容としていない）との対比の説明概念。
③	渾一性	所有権の権利内容（使用・収益・処分の全部を行える権利）の理解につき，諸権能が渾然一体となった1個の権利として理解され，個々の権能の束として分解的に理解されない性質。	・占有権（「占有の効力」として規定された諸権能の束にすぎない）との対比の説明概念。 ・所有権と制限物権の関係（所有権の性質・効力の類推適用，物権の混同の根拠）の説明概念。
④	永久性	所有権に期間制限を設けることはできず，また，時効消滅しない性質。恒久性ともいう。	・制限物権（多くは期間を限って成立し，また時効により消滅する）との対比の説明概念。
⑤	弾力性	所有権に制限が加えられた状態は，あたかもゴムボールが凹んだようなものであり，制限が消滅した後は，もとの全面的な利用権に自動的に復帰する性質。柔軟性ともいう。	・制限物権その他の制限が所有権に加えられている状態，および，制限物権その他の制限が消滅した場合の所有権の変化に関する説明概念。

(2) 所有権の客体　206条の文言にあるように，所有権の客体は「所有物」すなわち有体物である。有体性原則をとる日本法においては，無体物の上に狭義の所有権は成立しない。

❖ 有体物が，同時に無体物としての価値の側面も有している場合，無体物としての価値部分に所有権の効力は及ぶか

判例は，否定説に立つ。

(1) 顔真卿自書建中告身帖事件　財団法人X博物館は，著名な画家・書家A（中村不折）旧蔵の墨蹟類を所有しているが，Aは存命中その所有する「顔真卿自書建中告身帳」の撮影をBに許可し，Bの承継人Cから写真乾板を取得した美術出版社Yが書籍を刊行したところ，X博物館は，所有権侵害を理由に，出版物の販売の差止めと複製物部分の破棄を請求した。Xの請求は認められるか。

これは最（2小）判昭和59・1・20民集38巻1号1頁の事案であるが，判旨は，以下のように述べて，Xの請求を排斥した。「美術の著作物の原作品は，それ自体有体物であるが，同時に無体物である美術の著作物を体現しているものというべきところ，所有権は有体物をその客体とする権利であるか

ら，美術の著作物の原作品に対する所有権は，その有体物の面に対する排他的支配権能であるにとどまり，無体物である美術の著作物自体を直接排他的に支配する権能ではないと解するのが相当である。そして，美術の著作物に対する排他的支配権能は，著作物の保護期間内に限り，ひとり著作権者がこれを専有するのである。……したがって，著作権が消滅しても，そのことにより，所有権が，無体物としての面に対する排他的支配権能までも手中に収め，所有権の一内容として著作権と同様の保護を与えられることになると解することはできないのであって，著作権の消滅後に第三者が有体物としての美術の著作物の原作品に対する排他的支配権能をおかすことなく原作品の著作物の面を利用したとしても，右行為は，原作品の所有権を侵害するものではないというべきである。」

(2) ギャロップレーサー事件（競走馬パブリシティ権事件）　馬主Ｘらが所有する競走馬の馬名等を使用したゲームソフト「ギャロップレーサー」を製作・販売したＹ株式会社に対し，Ｘらは，パブリシティ権侵害を理由に，製作・販売の中止と損害賠償を請求した。Ｘらの請求は認められるか。

　これは最（2小）判平成16・2・13民集58巻2号311頁の事案であるが，判旨は，「競走馬等の物の所有権は，その物の有体物としての面に対する排他的支配権能であるにとどまり，その物の名称等の無体物としての面を直接排他的に支配する権能に及ぶものではないから，第三者が，競走馬の有体物としての面に対する所有者の排他的支配権能を侵すことなく，競走馬の名称等が有する顧客吸引力などの競走馬の無体物としての面における経済的価値を利用したとしても，その利用行為は，競走馬の所有権を侵害するものではないと解すべきである」として，上記(1)顔真卿自書建中告身帳事件判決を引用する。

(3) 所有権の範囲　客体が不動産（土地・建物）である場合には，所有権の及ぶ客体の範囲も問題となる。

　(a) 土地所有権の範囲　207条は，「土地の所有権は，法令の制限内において，その土地の上下に及ぶ」旨を規定する。269条の2は，「下」の部分を「地下」，「上」の部分を「空間」と呼んで，地下または空間を目的とする地上権を設定できる旨を規定しているが，これは，地下または空間もまた土地所有権の範囲に含まれることを前提としている。

　(i) 地　下　地下水（温泉を含む）については，土地の構成部分と

解されているが，それが公水である場合には，私的所有権の客体から除外されるとする見解もある。一方，鉱業法の適用鉱物（鉱業法3条）については，国によって許可された者だけが採掘および取得の権利（鉱業権・租鉱権）を有するので（鉱業法2条），土地所有権の客体から除外される。

❖ 大深度地下の利用および土地所有権の制限

さらに，「大深度地下の公共的使用に関する特別措置法」（平成12年法律第87号）は，大深度地下（「建築物の地下室及びびその建設の用に通常供されることがない地下の深さとして政令で定める深さ」か「当該地下の使用をしようとする地点において通常の建築物の基礎ぐいを支持することができる地盤として政令で定めるもののうち最も浅い部分の深さに政令で定める距離を加えた深さ」の，いずれか深い方以上の深さの地下をいう。同法2条1項。現在の実施例では40m）の一定の範囲の立体的な区域で同法の定める対象事業（4条）を施行する区域（「事業区域」という。同法2条3項）につき使用の認可のあった場合には，認可事業者に事業区域を使用する権利を付与する一方，「当該事業区域に係る土地に関するその他の権利は，認可事業者による事業区域の使用を妨げ，又は当該告示に係る施設若しくは工作物の耐力及び事業区域の位置からみて認可事業者による事業区域の使用に支障を及ぼす限度においてその行使を制限される」旨を規定している（同法25条）。

平成25年6月現在，同法を適用した事例は，平成19年6月認可の神戸市大容量送水道管整備事業のみであるが，目下，東京都外かく環状道路（関越道～東名高速間）が，平成19年1月に同法12条所定の事前の事業間調整を行い，平成23年1月に同法19条所定の基本設計および用地に関する説明会を開催している。

(ii) 空　間　　地表にいる野生動物は，無主物であるが，地表に存する水は，土地の構成部分である。一方，空中にある水（雨・雪・霧）や大気は，支配可能性が認められない場合には，そもそも所有権（物権）の客体とならず，また，支配可能性が認められる場合にも，地上を飛んでいる野鳥と同様，無主物であって，先占した者の所有となる（239条1項）。

(iii) 水平方向　　なお，土地所有権は，206条の定める上下（垂直方向）のほか，水平方向にも拡張し，あるいはこれに対応して制限されることがある。相隣関係による規律が，それである（→後記8.2参照）。

(b) 建物所有権の範囲　　建物に関しても，相隣関係による所有権の

制限ないし拡張がある。さらに，マンションの1室のような区分所有権の目的たる建物の部分（「専有部分」という。区分所有法2条6項）に関しては，その上下・左右の部屋との間の区隔部分のどこまでが専有部分の範囲か，あるいは専有部分の内部にある躯体部分が専有部分に含まれるかにつき，法令に規定がないため，解釈論上争いがある。

(4) 所有権の制限　　一方，206条・207条は，所有権の内容あるいは範囲が，「法令の制限」に服する旨を規定する。両条では，**(a)法令による制限**だけが挙げられているが，それ以外にも，所有権の制限には，**(b)第三者の権利による制限**と，**(c)一般条項・解釈による制限**がある。

(a) 法令による制限　　これには，①上記鉱業法や大深度地下の公共的使用に関する特別措置法のような公法上の制限と，②民法の相隣関係の規定のような私法上の制限とがあるが，以下のような論点がある。

(i) 命令・条例による制限の合憲性　　憲法29条2項は「財産権の内容は，公共の福祉に適合するやうに，法律でこれを定める」と規定する（明治憲法27条2項も同様）。物権の内容に関しても，他の規定では法律による制限が定められているのに（175条，177条，303条，349条），所有権の内容・範囲を定めた206条・207条だけが法令による制限になっている。民法206条・207条の規定は，憲法29条2項に違反しないのか。

❖ 奈良県ため池条例事件

　民法206条・207条それ自体の合憲性が争われた事案ではないが，所有権を制限する条例の合憲性が争われた事案として，最（大）判昭和38・6・26刑集17巻5号521頁〔憲法百選Ⅰ107事件〕がある。事案は，被告人Aらが所有するため池の堤とうを耕作していたところ，新たに制定された奈良県「ため池の保全に関する条例」違反を理由に処罰されたもので，多数意見は，「ため池の堤とうを使用する財産上の権利を有する者は，本条例1条の示す目的のため，その財産権の行使を殆んど全面的に禁止されることになるが，それは災害を未然に防止するという社会生活上の已むを得ない必要から来ることであって，ため池の堤とうを使用する財産上の権利を有する者は何人も，公共の福祉のため，当然これを受忍しなければならない責務を負うというべきである。すなわち，ため池の破損，決かいの原因となるため池の堤とうの使用行為は，憲法でも，民法でも適法な財産権の行使として保障されていないものであって，憲法，民法の保障する財産権の行使の埓外にあるものというべ

く，従って，これらの行為を条例をもって禁止，処罰しても憲法および法律に牴触またはこれを逸脱するものとはいえないし，また右条項に規定するような事項を，既に規定していると認むべき法令は存在していないのであるから，これを条例で定めたからといって，違憲または違法の点は認められない」とする。

すなわち，多数意見は，本件Ａらの堤とうの利用行為は，本件条例によって禁止されたものではなく，公共の福祉の原則によりそもそも財産権の行使の埒外に置かれていたものとするのであるが（憲法12条後段参照），しかし，この論理は，本件事案の特殊性を超えて，命令（政令・府省令）・条例による制限一般の合憲性を導くものではあり得ない。

(ii) 補償の要否　公法上の制限と私法上の制限とで異なる。

(ア)　**公法上の制限の補償**　憲法29条3項は「私有財産は，正当な補償の下に，これを公共のために用ひることができる」旨を規定するが，同条項に関する通説および判例の立場は，以下のようなものである。

	規制の対象となる行為が，財産権の範囲外である場合（前掲・奈良県ため池条例事件判決）		補償不要
①			
②	規制の対象となる行為が，財産権の範囲内である場合	規制の目的が，消極的目的（公共の安全・秩序の保持など）の場合	補償不要
		規制の目的が，積極的目的（産業・交通その他公益事業の発展，国土の総合利用・都市開発など）の場合	補償必要

(イ)　**私法上の制限の補償**　私法上の制限に関しては，憲法29条のような補償に関する一般的な規定は存在しない。民法の相隣関係の規定に関していえば，①相手方に対する償金請求が認められているもの（209条2項・212条・222条1項・232条），②償金の支払いが不要とされているもの（213条），③自己の費用負担とされているもの（215条・227条ただし書・231条1項），④相手方に行為・費用を負担させるもの（216条），⑤両当事者で費用を分担する旨が定められているもの（221条2項・223条・224条・225条・226条）など，まちまちであり，しかも，費用負担について別段の慣習があるときは，その慣習に従うとされている場合もある（217条・228条・236条）。

(b) 第三者の権利による制限　上記(a)法令による制限のほか，私人たる第三者の権利により所有権が制限される場合もある。第三者の権利には，物権（共有ならびに制限物権）の場合もあれば，債権（賃借権など）の場合もある。また，それらの発生原因には，法律行為の場合もあれば，非法律行為の場合もある。一方，所有権者に対する補償ないし対価的給付の有無に関しては，①有償——永小作権（270条），賃借権（601条），②無償——使用貸借（593条），③有償・無償のどちらの場合もあるもの——地上権（266条）・地役権に分かれる。

(c) 一般条項（所有権の社会性）による制限　19世紀のフランスやドイツでは，所有権（財産権）の絶対性（不可侵性）が極端に強調され，当事者の合意による制限（＝第三者の権利設定による制限）のほかは，制限内容を明示した個別具体的な法律（法令）が存在しない限り，所有権（財産権）は制限されないとの立場がとられたこともあった。

しかし，19世紀後半から，権利濫用法理により所有権（財産権）の私的な行使に制限が加えられるようになり，さらに，20世紀に入ると，所有権の社会性の思想に基づく所有権（財産権）の内容あるいは行使に対する一般的な制限法理が認められるようになった[1]。

わが国においても，現在の民法1条がいまだ存在していなかった戦前の時代より，権利濫用を理由に，①所有権の行使に対する被害者からの損害賠償請求を肯定し[2]，あるいは，②所有権の行使それ自体を否定する判例法理が形成され[3]，それが，戦後の日本国憲法12条ならびに民法旧1条ノ2（現行1条）の制定へと連なった。

8.2　相隣関係

(1) 相隣関係の意義　所有権の章の「第1節　所有権の限界」「第2

---

[1] ワイマール憲法153条3項「所有権は義務を伴う。その行使は同時に公共の福祉のために利用されるべきである（Eigentum verpflichtet. Sein Gebrauch soll zugleich Dienst sein für das Gemeine Beste.)」。
[2] 大判大正8・3・3民録25輯356頁〔判プラⅠ16事件……信玄公旗掛松事件〕。
[3] 大判昭和10・10・5民集14巻1965頁〔百選Ⅰ1事件……宇奈月温泉事件〕。

款　相隣関係」の諸規定は，所有権に加えられた法令の制限（206条・207条）の一種であって，隣接する不動産の所有権者相互において，不動産の利用の調整目的で，法律の規定により，相互の所有権の内容・範囲の拡張ないし制限を定めた関係をいう。

　(a)　不動産（土地・建物）の利用調整　わが民法典の相隣関係に関する規定は，そのほとんどが土地に関するものであるが，しかし，囲障設置権（225条）や2棟の建物を隔てる障壁（なお，平成16年民法現代語化前までは「牆壁」という漢字が用いられていた）の権利関係の規定（230条）のように，建物の相隣関係を定めた規定もある。

　(b)　所有権の内容・範囲の拡張と制限　相隣関係の条文には，所有者Aと相隣者Bとの間の法律関係を，①相隣者Bに対する権利の形で規定しているものと，②相隣者Bに対する義務の形で規定しているものとがある。しかし，これは，相隣者Bの側から見れば，彼が正反対の権利・義務を有することでもある。つまり，相隣関係の規定は，所有権の内容・範囲の拡張であると同時的に所有権の制限でもある[1]。

　(c)　相隣関係の主張と登記の要否　不要である。「民法209条ないし238条は，いずれも，相隣接する不動産相互間の利用の調整を目的とする規定であって，……このような趣旨に照らすと，袋地の所有者が囲繞地の所有者らに対して囲繞地通行権〔210条〕を主張する場合は，不動産取引の安全保護をはかるための公示制度とは関係がないと解するのが相当であり，したがって，実体上袋地の所有権を取得した者は，対抗要件を具備することなく，囲繞地所有者らに対し囲繞地通行権を主張しうるものというべきである」からである[2]。

　(d)　相隣関係規定の任意法規性　相隣関係の規定は，任意規定である。したがって，相隣者は，契約によって自由にその内容を変更することがで

---

[1]　なお，旧民法において，相隣関係は，制限物権である地役権（法定地役権）として規定されていた（旧民法財産編「第1部　物権」「第5章　地役」「第1節　法律ヲ以テ設定シタル地役」「第2節　人為ヲ以テ設定シタル地役」）。現行民法典の起草者は，約定地役権のみを地役権とし，法定地役権を所有権そのものの内在的限界に再構成したのである。
[2]　最（2小）判昭和47・4・14民集26巻3号483頁〔判プラⅠ288事件〕。

きる。なお，この場合の相隣者間の契約は，物権である地役権ないし一定の作為・不作為を要求する債権の設定契約である。

(e) 相隣関係規定の準用 相隣関係の条文によって示された隣接者どうしの相互調整の思想は，土地所有権だけではなく，他の不動産利用権についても成り立ち得る。そこで，民法は，地上権への準用規定を設置している（267条）。また，準用規定は存在しないが，学説は，地上権以外の用益物権（永小作権・地役権・入会権）についても準用を肯定する。一方，判例は，土地賃借権について準用を肯定している[3]。

(f) 相隣関係の種類 わが民法が規定する相隣関係規定は，①隣地使用・②水・③境界の3つの側面のみである。これに対して，ドイツ民法は，④騒音・振動・ばい煙・悪臭の侵入，日照・通風の妨害などの生活妨害（インミッション）の問題を調整するための規定も設置している。そして，この④の規定において用いられているのが，受忍限度論と呼ばれる相互調整の判断基準であった。わが国においては，明治40年代以降のドイツ法全盛時代に，④に関する条文を欠く日本民法典の欠陥が意識された結果，解釈論の領域において，④生活妨害に関するドイツ民法の条文ならびにその判断基準である受忍限度論が，積極的に参照されることとなった。

8.2.1 隣地使用に関する相隣関係

上記のうち，隣地使用に関する相隣関係の規定は，(1)境界付近で作業をするため隣地・隣家に立ち入らなければならない場合の法律関係と，(2)隣地を通らなければ公路に出られない場合の法律関係に分かれる。

(1) 隣地使用請求権・住家立入請求権 土地の所有者Aは，(i)「境界又はその付近において」，(ii)「障壁又は建物を築造し又は修繕するため」，(iii)「必要な範囲内で」，(iv) 隣地の所有者等（所有者のほか地上権者・土地

---

[3] 最（2小）判昭和36・3・24民集15巻3号542頁は，AがBから賃借し耕作していた農地を含む土地が分筆譲渡され，Aの賃借地が袋地になった事案につき，土地賃借権についても213条が準用され，Aは囲繞地通行権を有する結果，これを妨害する板垣を設置した囲繞地所有者Cに対して，妨害排除を請求できる。なお，同判決は，Aの土地賃借権に関しては213条の準用があるが，Aの占有権に関しては，213条の準用はないとしている。

賃借人に準用）Bに対して「隣地の使用を請求することができる」（隣地使用請求権。209条1項本文）。(i)「境界の付近」かどうか，(iii)「必要な範囲内」かどうかは，一般的・画一的に決まるわけではなく，具体的事例ごとに諸般の事情を考慮して総合的に判断される。一方，(ii)は例示にすぎず，今日では，電気・電話の引込線の架設工事や，水道管・下水道管・ガス管の埋設工事等にも適用される。

　これに対して，Aが隣家に立ち入る必要がある場合には，「隣人〔現にその住家に居住する者を指す＝家屋の所有者に限られない〕の承諾」を得る必要がある（住家立入請求権。209条1項ただし書）。隣人の承諾が得られない場合には，承諾の意思表示に代わる判決（代諾判決。414条2項ただし書）を得ることになる。

　一方，Aの土地の使用・住家への立入りによって，隣人Bが損害を受けた場合には，Bは償金請求権を有する（209条2項）。

（2）　隣地通行権　　「他の土地に囲まれて公道に通じない土地〔＝「袋地」という。旧民法財産編218条〜223条で使われていた用語である〕の所有者は，公道〔＝平成16年民法現代語化改正前までは「公路」という言葉が使われていた〕に至るため，その土地を囲んでいる他の土地〔＝平成16年改正前までは「囲繞地（いにょうち）」という言葉が使われていた〕を通行することができる」(210条1項)。「池沼，河川，水路若しくは海を通らなければ公道に至ることができないとき，又は崖があって土地と公道とに著しい高低差があるとき」〔＝「準袋地」という〕も同様である（同条2項）。

　同条にいう「公道」とは，公物（公共用物）としての道路に限らず，公衆が自由に通行できる私道をも含む。

（a）　袋地の認定　　210条にいう「他の土地」とは，他の所有者に属する土地という意味であって，同一人の所有に属している土地に囲まれている場合には，袋地にはならない。

　また，「公道に通じない」とは，通路がない（絶対的袋地）という意味ではなく，たとえ通路があったとしても，当該土地の用途に応じた利用を全うできない場合（相対的袋地）も含む。判例には，①石材搬出が不能な地勢の通路しか存在しない石材採取場を袋地と認定したものがあるが[4]，②

宅地の通路が建築基準法所定の幅員を欠いている事案に関しては，相隣関係の規定と建築基準法の規定は趣旨・目的等を異にしていることから，当然に袋地と認定されて通行権が認められるわけではないとされる[5]。一方，近時の判例の中には，③自動車通行を前提とする 210 条の通行権の成立の余地を認めたうえで，その判断基準を説示したものもある[6]。

(b) 通行の場所・方法　通行の場所・方法は，通行権者のために必要で，かつ囲繞地の損害が最も少ないものを選択しなければならない（211 条 1 項）。また，通行権者は，必要とあれば，自己の費用で通路を開設する権利も有する（同条 2 項）。

なお，上記(a)袋地の認定に関して相対的袋地説がとられる結果，(b)通行の場所・方法に関する判断は，(a)袋地の認定と一体的なものとなる。

(c) 償金請求権　他方，袋地・準袋地所有者に対して，通行地の所有者は，2 種類の償金請求権を有する（212 条）。

① 第 1 は，通路の開設のために生じた損害に対する償金で，これは一時に支払わなければならない（211 条ただし書の反対解釈）。

② 第 2 は，通路開設の有無にかかわらず，通行権者が通行するために継続的に生じている損害に対する償金で，これは 1 年単位で支払うことができる（211 条ただし書）。

(d) 共有地の分割によって袋地が生じた場合　以上の 210 条〜212 条の原則に対して，袋地・準袋地の生じた原因が以下の(i)(ii)の場合については，通行権の生ずる土地が限定される。

(i) 共有地の分割による場合　AB 共有の土地が共有物分割により A 所有の甲土地と B 所有の乙土地（袋地・準袋地）に分割された場合，袋地・準袋地所有者 B は，「他の分割者〔A〕の所有地〔甲土地〕」についてしか通行権を有さない（213 条 1 項前段）。しかも，この場合，袋地・準袋地所有者 B は通行地所有者 A に対して償金を払う必要がない（同項後段）。通

---

(4) 大判昭和 13・6・7 民集 17 巻 1331 頁。
(5) 最（1 小）判昭和 37・3・15 民集 16 巻 3 号 556 頁〔判プラ I 287 事件〕，最（3 小）判平成 11・7・13 判時 1687 号 75 頁・判タ 1010 号 235 頁。
(6) 最（1 小）判平成 18・3・16 民集 60 巻 3 号 735 頁〔百選 I 70 事件〕。

行地所有者 A は，共有物分割の当事者である以上，袋地・準袋地が生ずることを当然予期していたというべきだからである。

(ii) 1 筆の土地の一部の譲渡の場合　そして，この点は，土地所有者が「その土地の一部を譲渡した場合」も同様である (213 条 2 項)。

なお，同条項にいう「土地の一部」の譲渡には，①A が 1 筆の土地の一部を分筆せずに B に譲渡した場合だけではなく，②分筆したうえで B に譲渡した場合や，③数筆の土地の 1 筆を B に譲渡したために袋地が生じた場合も含む[7]。

では，④所有者が 1 筆の土地を数筆に分割したうえ数人に分譲した場合についても，213 条が適用されるか。判例は，213 条 2 項適用説に立って，各譲受人は他の譲受人の取得した土地についてしか通行権を有さないとするが[8]，学説には，同時全部譲渡の場合の各譲受人には譲渡人のような通行権を甘受すべき事情は存しないので，213 条 2 項は適用されず，210 条・211 条の原則に還って通行場所・方法が定められるべきとする見解もある。

(iii) 共有物分割・一部譲渡により生じた袋地の特定承継人　上記 (ii) ④と同様の問題状況は，(i) 共有物分割・(ii) 1 筆の土地の一部譲渡により袋地となった土地の特定承継人についても生ずる。判例は，特定承継が生じても 213 条の通行権は消滅せず，それ以外の土地を通行する権利は生じないとしている[9]。

8.2.2　水に関する相隣関係

(1) 水に関する相隣関係規定の今日的役割　水に関する法律関係については，相隣関係の規定 (214 条〜222 条) が適用される以前に，他の法規範が適用される場合が多い。すなわち，まず，①社会生活上重要とされる水については，公水 (公物たる水。河川法が適用される河川その他) とされ，民法の相隣関係をはじめとする私法規定の適用は排除されている。また，②

---

[7] 最 (1 小) 判昭和 44・11・13 判時 582 号 65 頁。なお，同条項にいう「譲渡」には，競売の場合も含む。最 (3 小) 判平成 5・12・17 判時 1480 号 69 頁・判タ 1480 号 69 頁。
[8] 最 (3 小) 判昭和 37・10・30 民集 16 巻 10 号 2182 頁〔判プラ I 289 事件〕。
[9] 最 (3 小) 判平成 2・11・20 民集 44 巻 8 号 1037 頁〔百選 I 69 事件・判プラ I 290 事件〕。

私水（私法法規が適用される水）に関しても，わが国では古来よりこれを規律する慣習法が存在するため，民法の相隣関係規定が適用されるのは，それら慣習法のない場合のみである。③さらに，相隣関係規定の中でも，215条・216条の規定中費用負担に関する部分，および，219条に関しては，事実たる慣習の側が優先する（217条，219条3項）。

(2) 水に関する相隣関係規定の内訳　水に関する相隣関係規定の内訳は，(a)自然流水に関するものと，(b)人工流水に関するもの，および，(c)両者に関連する施設利用に関する規定の3つに分かれる。

(a) 自然流水　土地所有者は，自然流水に関しては，隣地にそのまま流下させる権利がある。この点に関して，民法典は，以下の(i)(ii)の2つの権利義務を規定する。

(i) 承水義務　第1に，土地所有者は，水（表流水・地下水その他水の種類に限定はない）が隣地から自然に流れてくるのを妨げてはならない（214条。なお，本条に関しては高地・低地の別は問題にされていない）。土地所有者がこの義務に違反して土手などを作って自然水の流下を妨げた場合には，隣地所有者は妨害排除または損害賠償を請求できる[10]。

ただし，同条の定める土地所有者の義務は，受忍義務にとどまり，隣地所有者のために積極的に排水施設を作ってやるといった行為義務を負うものではない。これは，(ii)次条（215条）の問題となる。

(ii) 疎通工事権　第2に，高地所有者（215条では高地・低地が問題とされている）Aは，水流が天災その他避けることのできない事変によりB所有の低地において閉塞した場合には，水流の障害の除去（疎通）のため必要な工事を行う権利を有する（215条）。

疎通工事の費用は，原則として，高地所有者が負担する。すなわち，この権利は，低地所有者に対して疎通工事をするよう請求する権利（行為請求権）ではなくして，高地所有者の疎通工事権の行使につき低地所有者に受任義務を負わせるものにすぎない（忍容請求権）。費用の負担につき別段

---

[10] 土地所有者が従来低地だった土地を盛土した結果，隣地の自然水が停滞した場合も同様である。大判大正10・1・24民録27輯221頁。

の慣習がある場合にはこれに従うが（217条），しかし，低地所有者の側から，高地所有者に対して疎通工事を行うよう請求する権利はない。

また，同条にいう「水流」は，自然流水に限られる。人工排水に関しては，次条（216条）が規定しているからである。また，215条にいう「天災その他避けることのできない事変」とは，がけ崩れその他低地所有者Bに帰責性のない事由をいい，低地所有者Bの責めに帰すべき閉塞については，低地所有者Bが疎通義務を負う。

(b) 人工流水 以上の自然流水と異なり，流水に人為的な変更が加わっている場合には，土地所有者は，隣地を使用する権利を原則的に有さない一方，隣地所有者に対して一定の義務を負う。この点に関して，民法は(i)(ii)(iii)の3つのケースを規定している。しかし，この原則に対しては(iv)の例外がある。

(i) 工作物修繕等請求権 第1に，甲地上に存在する貯水・排水・引水のための工作物が破壊あるいは閉塞したために，乙地に損害を及ぼした場合あるいは及ぼすおそれがある場合には，乙地の所有者は，甲地の所有者に対して，修繕・障害の除去（疎通）工事を行わせ，あるいは必要な場合には予防工事を行わせる権利を有する（216条）。

215条の疎通工事権と異なり，216条は，高地・低地を問題にしていない。費用は，工作物のある土地の所有者の負担になるが（行為請求権），215条と同様，別段の慣習がある場合にはこれに従う（217条）。

(ii) 雨水注瀉禁止義務 第2に，土地の所有者は，雨水を直接隣地に注ぐ構造の屋根その他の工作物を設置してはならない（218条）。

土地所有者は，境界線付近に建物を建築する場合には，境界線から50センチメートル以上の距離を隔てる義務があるが（234条），この距離がある場合であっても，雨水が隣地に注がないようにしなければならない[11]。

(iii) 水流変更禁止義務 第3に，水流に人工的に変更を加える場合，隣地所有者に影響を及ぼすものであってはならない。すなわち，①境界線

---

[11] なお，雨水が直接隣地に注ぎ込まない場合でも，隣地の家屋の外壁および敷地内に飛散している場合に，雨樋の設置を命じた下級審裁判例がある。佐賀地判昭和32・7・29判時123号1頁。

を流れる溝・堀その他の水流の敷地が，一方の岸の所有者の所有に属する場合であっても，対岸の土地が他人の所有に属する場合には，その水路または幅員を変更してはならない（219条1項）。これに対して，②両岸の土地が同一所有者に属する場合には，水路・幅員を変更することができるが（219条2項本文），しかし，隣地に流れ込む場所については，もとの自然水流と同じ場所に復帰させなければならない（同項ただし書）。

ただし，以上と異なる慣習がある場合にはそれに従う（219条3項）。

(iv) **低地通水権**　しかし，以上の原則に対して，例外的に人工流水の隣地通過を許す場合がある。すなわち，高地の所有者は，浸水地を乾かすため，または家庭用・農工業用の余水を排出するため，公の水流・下水道に至るまで，低地に水を通過させる権利を有する（220条前段）。この権利は，囲繞地通行権と類似しており，通過の場所・方法も，低地のために損害が最も少ないものを選択しなければならない（220条後段）[12]。

(c) **施設利用**　以上の(a)自然流水・(b)人工流水のいずれの場合においても，土地所有者は，次の施設(i)(ii)の使用権あるいは設置権を有する。

(i) **通水用工作物の使用権**　第1に，土地所有者は，高地または低地の所有者が，契約あるいは疎通工事権（215条）に基づき，自己の土地上に設置した通水用工作物を，自分でも使用することができる（221条1項）。ただし，その場合には，利益を受ける割合に応じて，工作物の設置・保存の費用を分担しなければならない（221条2項）。

(ii) **堰の設置権・使用権**　第2に，水流地（水流の流れる敷地部分）を所有する者は，対岸が他人の所有に属するときであっても，対岸に付着させる形で，堰を設置する権利を有する（222条1項本文）。ただし，そのために対岸の所有者に損害が生じた場合には，償金を支払わなければならない（同項ただし書）。一方，対岸の土地の所有者も，設置された堰を利用することができる（同条2項本文）。ただし，その場合には，前条（221条）の通水用工作物におけると同様，利益を受ける割合に応じて，設置・保存の

---

[12] なお，判例には，本条（220条）および次条（221条）を類推して，高地・低地にかかわらず，また相隣地を越えて，宅地所有者が他人の設置した給排水設備を使用できるとした例がある。最（3小）判平成14・10・15民集56巻8号1791頁。

費用を分担しなければならない (222 条 3 項)。

8.2.3 境界に関する相隣関係

「境界」という言葉は，①所有権界，②筆界（登記簿上の境界），③用益権界（地役権界・賃借権界など），④占有界，⑤行政界（市町村境・県境・河川区域など）の意味で用いられる多義的な概念であるが，所有権の限界に関する規定である相隣関係で問題となるのは，もちろん①所有権の境である。

境界に関する民法の相隣関係の内訳は，(1)境界標に関する規定，(2)囲障に関する規定，(3)境界線上の工作物に関する規定，(4)竹木の越境に関する規定，(5)境界線付近の工作物に関する規定に分かれる。

(1) 境界標　土地の所有者は，隣地の所有者と共同の費用で，境界を表示する物（境界標）を設置する権利を有する（境界標設置権。223 条）。(a) 境界標の設置・保存の費用は，隣地所有者と折半し (224 条本文), (b) 測量の費用は，土地の広さに応じて分担する（同条ただし書）。

なお，①所有権界に争いがある場合には，所有権確認訴訟を提起し，②筆界に争いがある場合には，筆界確定訴訟[13]を提起するか，あるい平成 16 年不動産登記法が翌平成 17 年改正において導入した裁判外紛争解決手続（ADR：Alternative Dispute Resolution）である筆界特定（不登法 123 条以下）の申請をすることになる。

このうち，②筆界確定訴訟および筆界特定の制度は，公簿の記載の誤りを是正するためのものであるから，ADR である筆界特定制度はもちろん，「民事訴訟の手続により」なされる（不登法 147 条・148 条）筆界確定訴訟もまた，実質的には非訟手続であって（形式的形成訴訟），処分権主義・弁論主義の適用はなく，また，控訴された場合の不利益変更禁止の原則の適用もない。裁判所は，当事者の主張する筆界に拘束されることなく，自ら正当と考える筆界を確定することができる一方[14]，当事者は，公法上の境界である筆界を合意によって移動させることはできない[15]。なお，A 所

---

(13) かつては「境界確定訴訟」と呼ばれてきたが，筆界特定制度（下記）導入の際に「筆界確定訴訟」という名称が実定法上付与された（不登法 147 条・148 条）。
(14) 大判大正 12・6・2 民集 2 巻 345 頁。

有の甲土地の筆界を超えた部分を，隣接する乙土地の所有者Bが時効取得した場合，筆界はBが時効取得した自己所有地の内部に位置することになるが，時効取得部分の分筆登記のためには，筆界の確定が前提となるから，Aは筆界確定訴訟の当事者適格を失わない[16]。

(2) 囲障　2棟の建物が別々の所有者に属し，かつ，両建物の間に空地がある場合には，建物所有者は，もう一方の建物所有者と共同の費用で，空地部分に囲障（塀・垣根）を設置する権利を有する（囲障設置権。225条1項）。設置・保存の費用は，当事者で半分ずつ負担する（226条）。土地ではなく，建物の所有権に関する相隣関係規定であり，建物所有者が空地の所有者であることを要しない。

囲障の①材料・②高さについて，建物所有者間の協議が調わない場合には，①材料については板塀・竹垣その他これらに類する材料，②高さについては2メートルとする（225条2項）。ただし，当事者は，自己の費用を支出して，①良好な材料・②高い囲障を設置することができる（227条）。

なお，以上と異なる慣習があれば，その慣習に従う（228条）。

(3) 境界線上の工作物　境界線上にある境界標・囲障・障壁・溝・堀（など）は，古くから設けられていたものに関しては，所有関係の証明が困難な場合がある。そこで，これらのものについては，相隣者の共有と推定されている（229条）。

(a) 推定の性質　229条の文言には「共有」の推定とあるが，ここにいう共有は，次の2点において通常の共有（249条以下）と異なる。

(i) 分割請求の否定・持分譲渡の禁止　通常の共有においては，共有者に①共有物分割請求権と②持分処分権という2つの基本的権利が認められるが，①土地・建物の境界線上の工作物の共有に関しては，共有物分割請求権が認められない（257条）。一方，②相隣地・相隣建物と別個に境界線上の工作物の持分の譲渡できるかについては，民法には規定が存在しないが，建物の区分所有等に関する法律は，建物の共用部分の持分につき専

---

(15) 最（2小）判昭和31・12・28民集10巻12号1639頁，最（3小）判昭和42・12・26民集21巻10号1627頁〔判プラⅠ292事件〕。
(16) 最（3小）判平成7・3・7民集49巻3号919頁〔判プラⅠ293事件〕。

有部分と分離した処分を禁止している（区分所有法15条2項）。

(ii) 共有の障壁に関する特則　また，境界線上の工作物のうち，とくに共有の障壁（ヨーロッパの古い町並みでよく見られる例で，甲建物と乙建物が接着して建築されている場合の両建物の隔壁）に関しては，通常の共有では認められない，次のような権利が規定されている（226条の囲障設置権と同様，建物所有権に関する相隣関係の規定である）。

(ア) 共有障壁の増築権　共有障壁の各共有者は，その高さを増す権利を有する（231条1項本文）。通常の共有であれば，他の共有者の同意を得なければ共有物の変更を加えることができないが（251条），共有障壁に関しては，他の共有者の承諾がなくても，その増築ができるのである。ただし，障壁の強度が工事に耐えないときは，自己の費用で工作を加え，または障壁全体を改築しなければならない（231条1項ただし書）。増築部分については，工事を行った者の単独所有に属する（同条2項）。他方，隣人が損害を受けたときは，その償金を請求することができる（232条）。

(イ) 共有推定の排除　その結果，229条の共有の推定は，以下の場合には適用されなくなる。

① 障壁が1棟の建物の構成部分の場合　第1に，障壁が1棟の建物の構成部分であるときには，当該障壁は，建物所有権の客体の一部であるから，共有の推定は働かない（230条1項）。

② 高さの異なる2棟の建物を隔てる障壁の場合　第2に，高さの異なる2棟の建物を隔てる障壁に関しては，(i) 低い建物の高さまでの部分は共有推定を受けるが，(ii) それを超える部分については，高い建物の所有権の構成部分と解されるから，共有の推定は働かない（230条2項本文）。ただし，(ii) の部分が防火障壁である場合には，低い建物所有者にも利益があるから，共有推定を受ける（230条2項）[17]。

(4) 竹木の越境　竹木（およそすべての植物を指す）に関しては，境界から一定距離を保つべき義務が規定されていない（これに対して，建物・地下工作物については，境界線からの後退義務が規定されている。234条・237条）。その結果，竹木が相隣地に越境する可能性が生ずるが，その場合の処理は，(a)枝の越境と(b)根の越境とで異なる。

(a) 竹木の枝の切除請求権　隣地の竹木の枝が越境している場合には，竹木の所有者に対して，切除を請求する権利を有するにとどまり（233条1項），自分でこれを勝手に切る権利はない。

(b) 竹木の根の切取権　これに対して，隣地の竹木の根が越境している場合には，自分でこれを切り取ることができる（233条2項）。

(5) 境界線上の工作物　竹木と異なり，(a)建物・(b)地下工作物に関しては，境界線から一定の距離を保つべき義務がある。

(a) 建　　物　建物を築造する場合には，境界線から50センチメートル以上離して建てなければならない（234条1項）。これに違反して建築を行おうとする者Bに対して，隣地所有者Aは，建築の中止または変更を求めることができる（234条2項本文）。ただし，Bの建築着手の時から1年を経過するか，または建築が完成した後は，Aは損害賠償しか請求できない（同項ただし書。201条1項の占有保持の訴えの期間制限に同じ）。

しかし，これには以下の例外がある。

(i) 特約がある場合　第1に，相隣関係の規定は任意規定であるから，当事者間にこれと異なる合意があれば，それが優先する。

(ii) 慣習がある場合　第2に，234条・235条と異なる慣習が存在する場合には，慣習が優先する（236条）。

(iii) 建築基準法の規定がある場合　第3は，建築基準法が適用される場合である。同法には，(ア)民法の要求する以上の後退距離を要求している場合と，(イ)民法の規定以下の後退距離で足りるとしている場合とがある。(ア)の例としては，同法56条の2の日影規制など，(イ)の例としては，防火地域・準防火地域内においては外壁が耐火構造の建築物に関しては境界線に接して建築してもよいとする同法65条の規定などがあるが，(イ)のうち，民法234条1項と建築基準法65条の関係については争いがあり，①判例は，建築基準法65条所定の建物については民法234条1項の

---

(17) なお，わが現行民法典は，共同所有の種々の形態に関して，すべて「共有」という文言を用いているため，学説は，ドイツ法にならって①狭義の共有（249条以下の共有）・②合有・③総有の3つに分類するのが通常である。しかし，④境界線上の工作物の共同所有は，それらとも異なる特徴を有していることから，学説の中には，母法であるフランス法・旧民法にならって「互有（mitoyenneté）」という用語を用いるものもある。

適用が排斥されるとの見解（**特則説**）に立っているが[18]，②学説の中には，同条は民法234条の特則ではなく，(i) 当事者間で234条と異なる合意がなされ，あるいは (ii) 慣習が存在する場合に，なお防火という公益的な見地から制限を加えたものと説く見解（非特則説）もある。

　(iv)　目隠しの設置義務　　さらに，この後退距離を保持して建物を建てた場合でも，境界線から1メートル未満の距離において他人の宅地を見通すことのできる窓または縁側（ベランダを含む）を設ける者は，それに目隠しをつける義務がある（235条1項）。距離は，窓または縁側の最も隣地に近い点から垂直線で境界線に至るまでを測定する（同条2項）。

　前条（234条）と同様，これと異なる (i) 合意のほか，(ii) 慣習がある場合には，それに従う（236条）。

　(b)　地下工作物　　他方，地下工作物の距離保持義務は，工作物の種類によって，以下のように分かれる。

①	井戸・用水だめ・下水だめ・肥料だめ	境界線から2メートル以上		237条1項	
②	池・穴蔵・し尿だめ	境界線から1メートル以上			
③	導水管の埋設，溝・堀の掘削	境界線から1メートル未満の場合	深さの2分の1以上	237条2項	本文
		境界線から1メートル以上の場合	1メートル		ただし書

　なお，これらの地下工作物の工事の際には，隣地への土砂の崩壊，水もしくは汚液の漏出を防ぐために必要な注意義務を負う（238条）。

8.3　所有権の原始取得

　所有権の章の第2節（239条〜248条）の表題には「所有権の取得」とあるが，その内容は，すべて**所有権の原始取得**の原因である（これに対して，承継取得のうち，法律行為による承継取得に関しては，176条が適用され，非法律

---

[18]　最（3小）判平成1・9・19民集43巻8号955頁〔百選Ⅰ71事件・判プラⅠ291事件〕。

行為による承継取得に関しては，個々の条文による）。

一方，規定の内訳は，①客体（物）は存在しているが，所有権の帰属主体が不存在ないし不明の場合（無主物・遺失物・埋蔵物）と，②所有権の客体（物）の発生または変更が生じたために，その帰属主体を決定する必要がある場合（付合・混和・加工）の2種類に分かれる[1]。

8.3.1 無主物・遺失物・埋蔵物

(1) 無 主 物　239条1項・2項にいう「所有者のない」動産・不動産の表現は，平成16年民法現代語化改正前は「無主ノ」動産・不動産であった（無主物）。

無主物は，①いまだかつて人の所有に属したことのない物と，②かつて人の所有に属していたが，所有権の放棄によって人の所有に属さなくなった物に分かれる。①の典型例は，野生動物（195条の表現でいえば「家畜以外の動物」。狸（狢）など）である。一方，②に関しては，所有権の放棄の意思表示の認定が重要な意味をもつ。

❖ 無主物かどうかが争われた判例

次のような事例がある。

(1)　動産の事案　ゴルファーが誤ってゴルフ場の人工池に打ち込み放置したロストボールを，ゴルフ場側が早晩回収・再利用を予定していた場合，このロストボールは，「無主物先占によるか権利の承継的な取得によるかは別として，いずれにせよゴルフ場側の所有に帰していたのであって無主物ではなく，かつ，ゴルフ場の管理者においてこれを占有していたものというべき」とされる（最(3小)決昭和62・4・10刑集41巻3号221頁〔ロストボール事件〕）。

(2)　不動産の事案　かつて官有地であったが明治8年7月8日地租改正事務局議定「地所処分仮規則」に従い民有地に編入された未登記の土地（墳墓地）を時効取得した宗教法人Xが，登記申請の添付情報として確定判決を入手す

---

[1] なお，旧民法は，財産取得編の第1章に①に関する規定を置き（「第1章　先占」。2条〜6条），第2章に②に関する規定を配置していた（「第2章　添附」。7条〜23条）。
　　ちなみに，旧民法財産取得編（全15章）の，第3章以下の章は，次の通りである。「第3章　売買」「第4章　交換」「第5章　和解」「第6章　会社」「第7章　射倖契約」「第8章　消費貸借及ヒ無期年金隲借」「第9章　使用貸借」「第10章　寄託及ヒ保管」「第11章　代理」「第12章　雇傭及ヒ仕事請負ノ契約」「第13章　相続」「第14章　贈与及ヒ遺贈」「第15章　夫婦財産契約」。

る目的で，国Yに対して提起した所有権確認訴訟につき，「国Yは，本件土地が……民有地に編入されたことにより，Xが主張する取得時効の起算点よりも前にその所有権を失っていて，登記記録上も本件土地の表題部所有者でも所有権の登記名義人でもないというのであるから，本件土地の従前の所有者が不明であるとしても，民有地であることは変わらないのであって，Xが国Yに対してXが本件土地の所有権を有することの確認を求める利益があるとは認められない」とされている（最（2小）判平成23・6・3判時2123号41頁・判タ1354号94頁）。

無主物の所有権の帰属は，(a)動産と(b)不動産とで異なる。

(a) 動 産 所有者のない動産は，所有の意思ある占有（＝自主占有）を最初に開始した者が，所有権を取得する（239条1項。無主物先占）。

(i) 所有者のない（＝無主の）動産 動産に関しては，遺失物・埋蔵物との区別が問題となる。無主物・遺失物・埋蔵物の関係は，以下のようになるが，①と②の区別は難しい。

①	所有者の不存在が明らかな場合	無主物（239条）		
②	所有者が存在しているか不存在かが不明な場合	遺失物（240条）	地中等から発見された場合	埋蔵物（241条）
③	所有者が存在することは確かだが，誰かが分からない場合			
④	所有者が誰かが明らかな場合	（239条〜241条の適用なし）		

(ii) 所有の意思ある占有（＝自主占有） この要件に関しては，占有（占有権）の取得の場合と同様である。たとえば狩猟禁止期間開始前日の2月29日に狸（猯）2頭を岩窟に閉じ込め，狩猟禁止期間開始後の3月3日に猟犬を用いて咬殺した場合，2月29日段階で占有が認定されて所有権取得効果が発生するため，狩猟法違反にはならない[2]。

(b) 不 動 産 動産と異なり，所有者のない不動産は，国庫に帰属する（239条2項）。

(c) 相続人不存在の相続財産 相続人不存在の確定した相続財産（動

---

[2] 大判大正14・6・9刑集4巻378頁〔刑法百選Ⅰ43事件……たぬき・むじな事件〕。

産・不動産）につき，特別縁故者への分与（958条の3）後の残余財産も，国庫に帰属する（959条）。帰属時期は，特別縁故者からの財産分与の申立てがないまま985条の3第2項所定の期間が経過した時または分与の申立てがされその却下ないし一部分与の審判が確定した時ではなく，その後相続財産管理人において残余相続財産を国庫に引き継いだ時である[3]。

(2) 遺失物　　遺失物は，遺失物法（平成18年法律第73号）の定めるところに従い公告をした後，3か月以内にその所有者が判明しないときは，これを拾得した者がその所有権を取得する（240条）。

(a) 遺失物　　遺失物法の適用される物件には，①遺失物のほか，②埋蔵物，③準遺失物がある（これら遺失物法の適用される物件を総称して広義の遺失物という）。

このうち，①遺失物の語は，すでに民法193条・194条に登場している。一方，②埋蔵物に関しては，判例の定義がある。③準遺失物については，遺失物法に定義がある（2条1項かっこ書）。

なお，遺失物法2条1項かっこ書は，「逸走した家畜」だけを③準遺失物としており，したがって，家畜以外の動物については，遺失物法が適用されず，民法195条の規定に従い，買主の占有を離れたときから1か月後に善意占有者が権利を取得する。また，③準遺失物については，①遺失物に関する民法240条の規定が準用される（遺失物法3条）。

①	遺失物	占有者の意思によらずに所持を離れた物であって，盗品でない物		拾得
②	埋蔵物	「土地その他の物の中に外部からは容易に目撃できないような状態に置かれ，しかも現在何人の所有であるか判りにくい物」（最（2小）判昭和37・6・1裁判集民事61号21頁）		発見
③	準遺失物	遺失物法2条1項かっこ書	誤って占有した他人の物	拾得
			他人の置き去った物	発見
			逸走した家畜	拾得

---

[3]　最（2小）判昭和50・10・24民集29巻9号1483頁〔判プラⅢ153事件〕。

(b) 拾　　得　拾得とは，物件の占有を始めることをいうが（遺失物法2条2項），ただし，②埋蔵物および③準遺失物のうち他人の置き去った物にあっては，これを発見することをいう（同条項かっこ書）。

(c) 公　　告　遺失物の拾得者は，速やかに，拾得をした物件を，(i)遺失者に返還するか，または(ii)警察署長に提出しなければならない（遺失物法4条1項本文）。施設において物件（埋蔵物を除く）を拾得した場合には，当該施設の施設占有者に交付し（同条2項），施設占有者は，速やかに，拾得をした物件を，(i)遺失者に返還するか，または(ii)警察署長に提出しなければならない（遺失物法7条1項本文）。

　上記(ii)の提出を受けた警察署長は，①遺失者を知ることができないか，または，②遺失者の所在を知ることができないときは，物件の種類・特徴，物件の拾得の日時・場所を，警察署の掲示場に掲示して公告する（遺失物法7条・13条2項）。

(d) 報 労 金　遺失物の返還を受ける遺失者は，物件の価格の100分の5以上100分の20以下に相当する額の報労金を拾得者に支払わなければならない（遺失物法28条1項）。

(e) 拾得者の権利取得　公告の後3か月以内に所有者が判明しない場合には，拾得者が遺失物の所有権を取得する（民法240条）。遺失者が権利を放棄した場合には，その時点において，拾得者が遺失物の所有権を取得する（遺失物法32条1項本文）。

(f) 漂流物・沈没品　漂流物または沈没品については，水難救護法（明治32年法律第95号）第2章（24条～30条）に従う。拾得者の所有権取得は，公告後6か月後である（同法28条）。

(3) 埋 蔵 物　埋蔵物は，広義の遺失物の一種であり，狭義の遺失物と同様，遺失物法の定めるところに従い公告をした後，所有者が判明しない場合に，所有権取得効果が生ずる。

(a) 発　　見　ただし，埋蔵物に関しては，「拾得」の内容は，「占有」までは要求されず，「発見」（物の存在を認識すること）だけでよい（民法241条本文，遺失物法2条2項。準遺失物のうち他人の置き去った物と同様であり，無主物や狭義の遺失物と異なる）。

なお，発見者は，発掘調査の場合には調査主体となるが，それ以外の場合には，直接の発見者になる。

(b) 所有権取得効果の発生時期　また，所有権取得効果の発生時期も，狭義の遺失物の2倍——公告をした後 6 か月以内に所有者が判明しない場合とされている。

(c) 他人の所有する物の中から発見された埋蔵物　埋蔵物は，土地その他の物の中に存するが（埋蔵物を取り込んでいる物を包蔵物という。不動産（土地・建物）であることが多いが，動産の場合もある），包蔵物が他人の所有物であった場合には，発見者と包蔵物の所有者が等しい割合で埋蔵物の所有権を取得する（241 条ただし書）。

(d) 埋蔵文化財・鉱物　埋蔵物が，①文化財保護法（昭和 25 年法律第 214 号）の埋蔵文化財（「文化財」（同法 2 条 1 項）のうち「土地に埋蔵されている文化財」をいう。同法 92 条 1 項）で，所有者が判明しないものの所有権は，文化庁長官による発掘の場合には国庫に帰属し（同法 104 条 1 項前段），地方公共団体の教育委員会による発掘の場合には都道府県に帰属する（同法 105 条 1 項前段）。

埋蔵物が，②鉱業法（昭和 25 年法律第 289 号）の適用鉱物（同法 3 条）の場合には，鉱区において土地から分離された場合には，鉱業権・租鉱権を有する者の所有となり（鉱業権者・租鉱権者以外の者により採掘された場合も同様。同法 8 条 1 項），鉱区外において土地から分離された場合には，無主の動産となる（同法 8 条 2 項）。

8.3.2　添　　付

添付（添附）という言葉は，旧民法で使われていた用語で，①付合・②混和・③加工の総称である。

所有者の異なる複数の物が結合・混合し（①付合・②混和の場合），あるいは動産に所有者以外の者が工作を加えることによって（③加工の場合），別個の物（①付合については合成物，②混和については混和物，③加工については加工物という。247 条 1 項）となった場合，それら合成物等の所有権の帰属を定めた規定が，242 条〜 248 条の規定である。

①	付合	不動産←物 (242条)	不動産の所有者に帰属 (242条本文)。	権原による場合，付合しない（242条ただし書）。
		動産←動産 (243条・244条)	主たる動産の所有者に帰属 (243条・245条)。	主従の区別をすることができないとき，共有となる（244条・245条）。
②	混和	動産＋動産 (245条)		
③	加工	動産←工作 (246条)	材料の所有者に帰属 (246条1項本文)。	加工物の価格が材料の価格を超える場合等，加工者が所有権を取得（246条1項ただし書，2項）。

(1) 付 合 付合（平成16年民法現代語化改正前までは「附合」という漢字が使われていた）とは，所有者の異なる2個以上の物が結合して1物となることをいう（242条～244条）。所有権の客体が1個になる点において，2物である主物・従物（87条）と異なる。

(a) 不動産の付合 このうち，242条は，合成物が「不動産」（土地または建物）の場合に関する規定である。

合成物になる前の物も不動産であるが，ただし，改造のため取り壊された建物の残存部分を，依然として不動産と認定した判例がある[4]。

(i) 付合物の種類 他方，同条にいう「従として付合した物」（付合物）が，①動産に限られるか，②不動産の場合も含むかについては，争いがある。判例は，所有者の異なる建物が合体した場合に関して，後記(b)動産の付合に関する244条を類推適用しており（→後述(b)(iii)），少なくとも建物と建物の付合に関しては，242条の適用を考えていない。

(ii) 付合の認定基準 また，242条は，動産の付合に関する243条と異なり，どのような場合に「従として付合した」といえるかについても明定していない。この点に関しては，①243条の定める物理的基準（「損傷し

---

[4] 最（1小）判昭和34・2・5民集13巻1号51頁……2階建アパートの床下の一画の区分所有権者Aが，これを賃貸の目的で改造するために取り壊し，柱および基礎工事等を残すだけの工作物としたうえで，造作等一切をBの負担で取り付ける約束でBに賃貸し，Bが建物として完成させた場合についても，完成建物の所有権は242条本文によりAに帰属するとした事案。

なければ分離することができなくなったとき」）と同一と解する見解，②分離によって社会経済的価値が損なわれる場合と解する見解，③取引社会の通念上の独立性を失った場合と解する見解がある。

(iii) 付合の時期　なお，付合の時期に関して，若干特殊であるのが，公有水面を埋め立てるために投入された土砂であり，土砂は，投入の段階で公有水面の地盤に付合して国の所有となることはなく，埋立権者が埋立工事の竣功認可を受けることにより，不動産たる埋立地の土地所有権が発生した時点で，242条本文により埋立地に付合するとされ，その時点までは，独立した動産としての存在を失わないとされている[5]。

(iv) 付合の例外　242条本文は「不動産の所有者は，その不動産に従として付合した物の所有権を取得する」と規定するが，同条は，「不動産の附合物あるときは不動産の所有権は当然その附合物の上にも及ぶことを規定したものであり，この場合たとえ附合物が取引上当該不動産と別個の所有権の対象となり得べきものであっても，附合物に対する所有権が，当該不動産の所有権の外に独立して存することを認める趣旨ではない」[6]。したがって，A所有の建物につきBが行った増築部分が，区分所有権の客体となり得る場合であっても，増築部分は従前の建物の構成部分（1物）となり，そこには依然としてAの建物の所有権1個しか成立しない。

ただし，Bが権原によって物を附属させた場合には，附属物は不動産に付合せず（242条ただし書），A所有の不動産と，B所有の附属物の2物となる。本条の場合の「権原」とは，不動産の利用権のうち，権利内容の中に，不動産に物を附属させることのできる権能を含んでいる権利——具体的には，地上権・永小作権・使用借権・賃借権等をいうが，しかし，これらの権原を有する場合，常に附属物の所有権が留保されるわけではなく，判例・学説は，不動産と附属物の結合の程度を，①「強い付合」と②「弱い付合」あるいは①「構成部分（同体的構成部分）」と②「非構成部分（非同体的構成部分）」の2種類に分け，①「強い付合」が生じて附属物が不動産

---

[5] 最（1小）判昭和57・6・17民集36巻5号824頁。
[6] 最（3小）判昭和28・1・23民集7巻1号78頁。

の「構成部分（同体的構成部分）」となる場合には，242条ただし書は適用されず[7]，②附属物が不動産の「非構成部分（非同体的構成部分）」にとどまる「弱い付合」の場合にだけ，附属物の所有権を留保できるとする[8]。

判例によれば，242条ただし書により留保された附属物の所有権を第三者に対抗するためには，対抗要件が必要である。A所有の山林の賃借人Bが，権原（賃借権）に基づいて立木を所有している場合に，Aが山林をCに二重に賃貸した事案につき，Bは立木につき明認方法がなければ留保された立木所有権をCに対抗できない[9]。さらに，A所有の山林の譲受人Bが移転登記を経由しないまま立木を植栽した事案に関しても，242条ただし書を類推適用したうえ（Bの土地所有権が242条ただし書の権原に当たるとする），立木の明認方法の消滅を理由に，山林の二重譲受人Cに立木所有権を対抗できないとされている[10]。

(b) 動産の付合　動産の付合の要件・効果は，以下の点において，不動産の付合と異なる。

(i) 付合の認定基準　243条は，動産の付合の認定基準を，物理的基準（「損傷しなければ分離することができなくなったとき」）に求める。

(ii) 付合の効果　また，動産の付合における合成物の所有権は，①主従の区別をすることができるときは，主たる動産の所有者に帰属するが（243条），②主従の区別をすることができないときは，各動産の価格の割合に応じた共有となる（244条）。

(iii) 建物の合体　判例は，「互いに主従の関係にない甲，乙2棟の建物が，その間の隔壁を除去する等の工事により1棟の丙建物となった場合においても，これをもって，甲建物あるいは乙建物を目的として設定され

---

(7) 建物の増築事例につき，最（2小）判昭和38・5・31民集17巻4号588頁〔判プラⅠ225事件〕，最（1小）判昭和43・6・13民集22巻6号1183頁，最（3小）判昭和44・7・25民集23巻8号1627頁〔百選Ⅰ73事件・判プラⅠ296事件〕。

(8) 最（3小）判昭和38・10・29民集17巻9号1236頁。なお，植え付けたばかりの農作物については争いがあるが，判例は，権原があれば所有権を認めるかのような説示をしている。最（3小）判昭和31・6・19民集10巻6号678頁〔判プラⅠ294事件〕。

(9) 最（3小）判昭和37・5・29判時303号27頁。最（2小）判昭和41・10・21裁判集民事84号661頁も同様。

(10) 最（3小）判昭和35・3・1民集14巻3号307頁〔判プラⅠ295事件〕。

ていた抵当権が消滅することはなく，右抵当権は，丙建物のうちの甲建物又は乙建物の価格の割合に応じた持分を目的とするものとして存続する」とする[11]。これは，不動産と不動産の付合の問題のうち，建物と建物の付合に関しては，共有の効果の認められない不動産の付合の規定（242条）を適用せず，動産の付合の規定（244条）を類推適用して合成物を共有としたうえで，247条2項後段「物の所有者が合成物等の共有者となったときは，その物について存する他の権利は以後その持分について存する」を適用して，抵当権が合成物の持分上に存続するとしたものである。

(2) 混　和　　混和とは，所有者を異にする複数の物が混じり合って識別することができなくなった場合をいう。

245条の文言は，単に「所有者を異にする物」とだけ規定するが，事柄の性質上，動産と動産の混和しか考えられない。

混和物の所有権の帰属に関しては，動産の付合に関する①243条・②244条が準用され（245条），①主従の区別をすることができるときは，主たる動産の所有者に帰属するが，②主従の区別をすることができないときは，各動産の価格の割合に応じた共有となる。

混和の態様には，固体が混合した場合と，液体・気体が融和した場合とがあり得るが，判例に現れた事案には，A所有の甲山林の伐採木と，B所有の乙山林の伐採木が混合して識別することができなくなった事案などがある[12]。

(3) 加　工　　加工とは，他人の所有する動産（材料）に工作を加えることをいう。

(a) 加工により新たな物が生ずることを要するか　　①現行民法典の起草者は，加工物が，材料と別個の新たな所有権の客体であることを要求しなかった。②その後の判例・通説は，材料と異なる新たな物が生じた場合にだけ加工の規定（246条）を適用する見解に立ったが，最近では，①説も有力である。②説に立った場合には，加工物が材料と同一物と判断される

---

(11) 最（3小）判平成6・1・25民集48巻1号18頁〔判プラⅠ298事件〕.
(12) 最（2小）判昭和39・4・17裁判集民事73号179頁.

場合には，当然に材料の所有者が所有権を有するのに対して，①説に立った場合には，加工物が材料と同一物である場合にも，材料の所有者の所有権を消滅させて，加工者に所有権を原始取得させる余地が生ずる。

(b) 材料・加工物は動産に限られるか　246条は，(i) 材料に関しては「動産」と規定する一方，(ii) 工作を加えた物に関しては，単に「加工物」と述べるのみである。学説の中には，(i) 不動産に工作を加えた場合にも246条を類推適用し，あるいは (ii) 動産に工作を加えて不動産にした場合にも246条を適用する（＝「加工物」には不動産も含まれるとする）見解がある。判例は，(ii) に関しては，建物の建築工事請負人Aが，いまだ独立の不動産に至らない建物の未完成部分[13]を放置していたので，Bが材料を供したうえで独立の不動産である建物に仕上げた事案につき，動産の付合に関する243条ではなく，加工に関する246条2項を適用して，Bの所有権取得を認める[14]。しかし，(i) については，下級審裁判例は，246条適用否定説に立つ[15]。

(c) 加工の効果　加工物の所有権は，原則として，材料の所有者に帰属する（246条1項本文）。しかし，(i)「工作によって生じた価格が材料の価格を著しく超えるとき」（246条1項ただし書），または，(ii)「加工者が材料の一部を供したときは，その価格に工作によって生じた価格を加えたものが他人の材料の価格を超えるとき」（246条2項）には，加工物の所有権は，加工者が取得する。

(4) 所有権の原始取得以外の添付の効果　以上の所有権の原始取得効果以外の添付（付合・混和・加工）の効果として，(a) 247条および(b) 248条は，以下の効果を規定する。

(a) 添付前に存在した権利の消長　添付（付合・混和・加工）の原始取得効果については，(i) 従前の物の所有権が消滅しない場合と(ii) 消滅する場合とがあるが，そのうち(ii) 消滅する場合の合成物・混和物・加工物の

---

[13] 「建前」「出来形」などと呼ばれる。242条ただし書により土地に付合しない独立の動産として請負人Aに所有権が帰属する。
[14] 最（1小）判昭和54・1・25民集33巻1号26頁〔百選Ⅰ72事件・判プラⅠ297事件〕。
[15] 東京地判昭和34・2・17下民集10巻2号296頁など。

帰属主体に関しては，①消滅物の所有者Ａの単独所有になる場合，②消滅物が複数ある場合の所有者Ａ・Ｂの共有になる場合，③消滅物の所有者に合成物等の所有権が帰属しない場合がある。これらのうち，①②の場合に関して，消滅物について存在していた権利（先取特権・質権など）がどうなるかを規定したのが，247条である。

(i) 所有権が消滅しない物について存在していた権利　添付により所有権が消滅しない物（甲）について存していた権利は，そのまま合成物・混和物・加工物（甲）について存続する（不動産の付合（242条本文）ならびに加工において材料と加工物が同一物と評価される場合に生ずる。抵当権の客体に付加して一体となっている物（付加一体物）につき370条）。

(ii) 所有権が消滅する物について存在していた権利　これに対して，所有権が消滅する物（甲）について存していた権利は，いったん消滅する（247条1項）。しかし——．

①所有権の消滅する物（甲）の所有者Ａが，合成物・混和物・加工物（乙）の単独所有者となった場合（動産の付合・混和で消滅物の主従の区別をすることができる場合（243条・245条）ならびに加工において加工物が材料と異なる所有権の客体となる場合に材料（甲）の所有者に加工物（乙）の所有権が帰属する場合）には，Ａ所有の消滅物（甲）について存していた権利は，Ａ所有の合成物等（乙）について存続する（247条2項）。

②合成物等（乙）が，消滅物（甲1・甲2）の所有者Ａ・Ｂの共有となった場合（動産の付合ならびに混和において，主従の区別をすることができない場合に生ずる。244条・245条），消滅物について存在していた権利は，合成物等に関するＡ・Ｂの持分について存続する（247条2項）。

なお，このような権利の客体の変更（甲から乙への振り替わり）の法的性質につき，遺贈の目的物について動産の付合・混和が生じた場合に関する999条（2項）の見出し書は，「遺贈の物上代位」と表現している。

③以上に対して，消滅物（甲）の所有者Ａが，合成物等（乙）の単独所有者・共有者にならない場合には，消滅物（甲）について存在していた権利は，消滅する（247条2項の適用はなく，同条1項が適用される）。消滅した権利の権利者は，次述（248条）の償金請求権を自ら行使するか，もしくは，

消滅物の所有者の償金請求権に物上代位することになる。

(b) 添付により損失を受けた者の償金請求権　添付の規定（242条〜247条）の適用によって損失を受けた者は，不当利得の規定（703条・704条）に従い，受益者に対して償金を請求することができる（248条）。

(i) 本条の制度趣旨　添付は法定の原始取得原因であるから，受益者には「法律上の原因」があるようにも思われる。しかし，「一定の事実の発生に伴って当事者の意思にかかわりなく法律の規定によって財産権の得喪変更が生じる場合……における利益が不当利得となるや否やは当該の規定の趣旨によって定まることであり，一般に法律の規定によって生ずる利得が必ず法律上の原因があると言えるものではない」[16]。そこで，添付という法定取得原因については，不当利得の「法律上の原因なく」の要件（703条参照）を満たす旨を規定したのが，本条の制度趣旨である。

(ii) 本条の適用範囲　本条は，添付が不当利得の要件のうち「法律上の原因なく」要件を満たす旨を規定したにすぎないから，不当利得の他の要件──利益・損失・利益と損失との間の因果関係──を満たしていない場合には，本条の償金請求権は発生しない。

判例に現れた事案は，①損失者が消滅物の所有者あるいは加工者で，②受益者が合成物・混和物・加工物の所有者の場合であるが，消滅物に所有権以外の権利を有していた者（247条1項により権利を喪失する先取特権者・質権者等）も①損失者に含まれるかについては，学説上争いがある。

8.4　共同所有

8.4.1　共同所有の意義

(1) 単独所有・共同所有　1つの物を1人の者が所有している場合を単独所有（単有）といい，これに対して，1つの物を複数の者が共同で所

---

[16]　大阪高判昭和63・11・29判タ695号219頁……最（3小）判平成5・10・19民集47巻8号5061頁〔百選Ⅱ65事件・判プラⅡ243事件〕原審。

有する場合を共同所有（広義の共有）という。

(2) 共同所有の法的性質　共同所有の法的性質に関しては，①単一説（分量説）と②複数説（独立所有権説）が対立する。

①単一説は，共同所有における所有権の個数を，単独所有の場合と同様１個と考え，この１個の所有権が複数人に帰属していると理解する。同説に立った場合，共有者各人の有する持分は，共有者全員で有する１個の所有権の量的一部にすぎないことになる。

②複数説は，各共有者の有する持分の側を，それぞれ独立した１個の所有権と理解する（同説はこれを「持分権」と呼ぶが，民法典には「持分」という言葉は登場するが「持分権」という言葉はない）。その結果，同説に立った場合には，共有における所有権は共有者の人数分あることとなり，反面，①単一説における数人で有する１個の所有権なるものは，各人の有する独立的な所有権（持分権）の単なる束にすぎないことになる。

現行民法典の起草者は，①単一説に立っていたが[1]，現在の多数説は②複数説である。なお，民法学説の中には，①単一説・②複数説のどちらの見解をとっても結果的な差異は生じないと述べるものもあるが，しかし，訴訟法の領域では，いずれの見解に立つかによって，訴訟物の内容・個数，共同訴訟の要否等に関して重要な相違が生ずる（→ 8.4.4「共同所有の主張」参照）。

(3) 共同所有と所有権絶対の原則　共同所有の場合における各人の使用・収益・処分権は，他の共同所有者との関係で相互に制約されたものにならざるを得ない。しかしながら，これは，近代市民法の基本原則である所有権絶対の原則に対する制限と理解されるから，近代市民法は，単独所有を原則とし，共同所有を例外とする立場をとっている。これは，具体的には，各共同所有者に (a) 持分処分権と (b) 分割請求権という２つの権利を認めることを意味する。

(a) 持分処分の自由・持分（持分権）の独立性　近代市民法は，第１に，

---

[1] 同様に，不動産登記法も①単一説を前提に立法されており，共有持分の移転を「権利の一部を移転する登記」「移転する権利の一部」「権利の……一部を目的とする場合」と表現している（旧不登法39条ノ2，現行不登令3条11号ホ・20条5号）。

各人の持分に関して，単独所有の場合と同様，他者から制約を受けないで自由に処分（譲渡・担保設定等）することができるとすることによって，所有権絶対の原則を貫徹させようとしている。

(b) 共有物分割の自由・共有の暫定性（暫時性）　また，近代市民法は，制限物権について存続期間を設けるなどして，所有権に加えられる制限を，原則的に有期のものとしているが，共同所有関係に関しても，近代市民法は，共有物をいつでも分割して単独所有にできるとし，また，たとえ当事者が不分割の契約を結んだとしても，その有効期間を一定期間（5年以内）に制限することで，制限の加えられていない単独所有の状態に早期復帰するよう定めている（256条1項・2項）。

(4) 共同所有の諸形態　わが民法典において，近代市民法の原則形態であるところの，自由な(a)持分処分権および(b)分割請求権を認めるタイプの共同所有は，所有権の章の「第3節　共有」（249条以下）に規定されている（狭義の共有）。

ところで，現行民法典は，すべての共同所有に関して「共有」という単一の用語を使用しているのであるが，その中には，上記249条以下の規定する共有（狭義の共有）に認められるような(a)持分処分権と(b)分割請求権が否定あるいは制限されているものがある。

> ❖ 広義の共有（共同所有）の内訳
>
> 現行民法典において「共有」という用語が使われている条文は，全部で34か条ある。相隣関係に関する229条・231条，動産の付合（および混和）に関する244条・247条，所有権の章の「第3節　共有」の規定する共有（＝狭義の共有。249条〜262条）および準共有（264条），地役権に関する282条・284条・292条，入会権の共有・準共有（263条・294条），根抵当権に関する398条の13・398条の14，買戻しに関する584条・585条，組合財産に関する668条，夫婦財産に関する758条・759条・762条，共同相続財産に関する898条，遺贈の目的物たる動産の付合・混和に関する999条。

たとえば組合財産の「共有」（668条）に関しては，条文をもって(a)持分処分が制限され（676条1項），(b)分割請求も禁止されている（同条2項）。その理由は，組合における共同所有者（＝組合員）間には，**団体的結合関係**

が存在するからである(組合の成立は「共同の事業を営むことを約する」(667条1項)ことを要件とする)。

では,どのような内容・程度の団体的結合関係があれば,(a)持分処分権・(b)分割請求権が認められなくなるのか。この点に関して,わが国の学説は,ドイツで作られた共同所有の3類型——共有(狭義)・合有・総有——を参照している。

		共有(狭義)	合　　有	総　　有
意義		共同所有者相互間に団体的結合のない場合の共同所有形態	一定の共同目的のために組織された団体の共同所有形態	個人より団体そのものの維持・存続が重視される場合の共同所有形態
内容	持分の存否	ある	あるが潜在的	ない
	持分処分権・分割請求権	いつでも行使できる	団体の構成員である限り制限される	そもそも持分がない以上,ない
	各人の使用・収益権の根拠	①各人の持分の内容(物権的な使用・収益権)	①各人の持分の内容の場合と,②団体に対する債権的権利にすぎない場合がある	②団体に対する債権的権利の場合と,③単なる自由使用の場合がある
	共同所有物の管理権	各人に帰属(ただし251条以下の制限に服する)	団体に帰属(251条以下とは異なる処理が行われる)	団体に帰属(251条以下とは異なる処理が行われる)
具体例		249条以下の「共有」	共同受託者の信託財産の「合有」(信託法79条),組合財産(668条)	入会団体(263条・294条),権利能力なき社団の財産関係

8.4.2 共同所有の発生

(1) 共同所有の発生原因　　共同所有は,その発生原因の違いによって,共有・合有・総有のどれになるのかが変わってくる。

(2) 財産行為による共同所有関係の発生　　上記のうち,共同所有の発生原因が財産行為(財産法の領域における法律行為)であった場合(以下の表の①・②・③の場合),発生した共同所有関係が共有(狭義)・合有・総有

の3つのどれにあたるかは，以下のような当事者意思の解釈・認定作業によって決まる。すなわち——，

民法上の発生原因	法律行為	財産法	①	共同出資による財産取得，単独所有者の持分譲渡等	共有になる。
			②	①の財産取得が組合契約（667条）に基づく場合	合有になる（判例）。
			③	①の財産取得が社団設立行為に基づく場合	権利能力なき社団については総有になる（判例）。
		親族法	④	共同所有にする旨の夫婦財産契約（755条）	契約の内容に従い，共有・合有・総有になる。
		相続法	⑤	数人の受贈者への遺贈（包括遺贈につき，990条・898条）	遺贈の内容に従い，共有・合有・総有になる。
	非法律行為	財産法	⑥	共有（合有・総有）物から生じた果実（88条・89条）	共有（合有・総有）ないし準共有（合有・総有）になる。
			⑦	境界線上の工作物（229条）	共有（互有）の推定。
			⑧	共同の時効取得（162条）・即時取得（192条）・所有権の原始取得（239条以下）	共有になる（当事者間の団体的結合が強ければ，合有・総有になることもある）。
			⑨	埋蔵物発見者と包蔵物所有者（241条ただし書），主従を区別できない動産の付合・混和（244条・245条）	共有になる（当事者間の団体的結合が強ければ，合有・総有になることもある）。
		親族法	⑩	夫婦間の帰属不分明財産（762条2項）	共有の推定。
		相続法	⑪	共同相続財産（898条）	共有になる（判例）。
特別法上の発生原因			⑫	①建物区分所有における共用部分（区分所有法11条），②その他	①共用部分は共有になる。
慣習（法）上の発生原因			⑬	①共有入会権（263条），②地役入会権（294条）	①総有または②準総有になる（判例）。

(a) 組合契約・社団設立行為を認定できない場合　当事者間に②組合契約・③社団設立行為のような特段の約定を認定できない場合には，①狭義の共有の規定（249条以下）が適用される[2]。

(b) 組合契約の場合　当事者間に② 667条にいう「共同の事業を営む」旨の合意がある場合には，組合の規定が適用されるが，判例は，組合財産の「共有」（668条）を合有と解する[3]。ただし，ここにいう合有の意味につき，判例は，「共有持分について民法の〔組合に関する規定の〕定めるような制限……のあることがすなわち民法の組合財産合有の内容だと見るべきである。そうだとすれば，組合財産については，民法667条以下において特別の規定のなされていない限り，民法249条以下の共有の規定が適用されることになる」としている[4]。

なお，日本法において，「合有」の文言を明定しているのは，信託法79条（「受託者が2人以上ある信託においては，信託財産は，その合有とする」）1か条のみであるが，同条の「合有」の意味に関しても，上記判例と同様に解されることとなろう。

(c) 社団設立行為の場合　また，③当事者が社団設立の意図をもって自己の財産を拠出した場合のうち，(i) 社団が法人格を備えている場合には，法人の規定が適用され，社団財産・寄附財産は当該社団法人に直接帰属する。これに対して，(ii) 権利能力なき社団に関しては，その財産は構成員の総有となる[5]。なお，(iii) 権利能力なき財団に関しては，財団そのものに財産が帰属するとされている[6]。

(3) 共同相続による共同所有関係の発生　「相続人が数人あるときは，相続財産は，その共有に属する」（898条）。この「共有」（前掲の表⑪）に関しては，持分割合の決定方法（900条以下），相続財産の管理（917条），

---

[2] 最（1小）判昭和26・4・19民集5巻5号256頁……漁業者が網干場に使用する目的で土地を共同購入した事案につき，共同事業を営む約束の形跡がない以上，その共同所有関係は②組合的共有（合有）ではなく①通常の共有であるとした事例。

[3] 最（1小）判昭和32・10・31民集11巻10号1796頁……漁業者が漁業経営に必要な資材を共同購入した事案につき，組合類似の法律関係を認定したうえ，財産が合有である旨を判示した判例。その他，組合の成立と合有を示説する判例として，最（1小）判昭和43・6・27判時525号52頁，最（1小）判昭和62・12・17金法1189号27頁。

[4] 最（3小）判昭和33・7・22民集12巻12号1805頁〔判プラⅡ 256事件〕。

分割手続（906 条以下）その他が，通常の共有の場合と大きく異なるため，かつてはドイツ法にならって「合有」と解する見解も存在した。

しかし，判例は，898 条にいう「共有」は「民法 249 条以下に規定する『共有』と性質を異にするものではない」とし[7]，共同相続人間における共同相続財産の分割方法は，遺産分割手続（906 条以下）によるが[8]，共同相続人の 1 人が共有持分を第三者に譲渡した場合の分割方法は，通常の共有物分割手続（256 条以下）によるものとしている[9]。

8.4.3 共同所有の内容

(1) 共同所有の法律関係　共同所有をめぐる法律関係は，①各人の有する持分に関する法律関係と，②共同所有物の管理ないし利用（共同所有物をどのように維持・改良し，あるいは使用・収益・処分するか）に関する法律関係の，2 つに分けることができる。

といっても，合有における各人の持分は潜在的なものであり，また，総有においてはそもそも各人に持分が認められないから，①の法律関係が問題となるのは，狭義の共有の場合だけである。

これに対して，②の法律関係は，共有・合有・総有のすべてについて問題となる。ただ，合有に関しては，組合契約および法律の規定（670 条以

---

[5] 最（1 小）判昭和 32・11・14 民集 11 巻 12 号 1943 頁〔判プラ I 42 事件〕，最（1 小）判昭和 39・10・15 民集 18 巻 8 号 1671 頁〔百選 I 9 事件・判プラ I 40 事件〕，最（2 小）判昭和 47・6・2 民集 26 巻 5 号 957 頁〔判プラ I 44 事件〕，最（3 小）判昭和 48・10・9 民集 27 巻 9 号 1129 頁〔百選 I 10 事件・判プラ I 43 事件〕，最（1 小）判昭和 49・9・30 民集 28 巻 6 号 1382 頁，最（3 小）判平成 6・5・31 民集 48 巻 4 号 1065 頁〔百選 I 78 事件・判プラ I 322 事件〕，最（2 小）判平成 18・3・17 民集 60 巻 3 号 773 頁〔判プラ I 57 事件〕，最（1 小）判平成 20・4・14 民集 62 巻 5 号 909 頁〔判プラ I 318 事件〕，最（3 小）判平成 22・6・29 民集 64 巻 4 号 1235 頁，最（2 小）決平成 23・2・9 民集 65 巻 2 号 665 頁など。

[6] 最（1 小）判昭和 44・6・26 民集 23 巻 7 号 1175 頁〔判プラ I 46 事件〕，最（3 小）判昭和 44・11・4 民集 23 巻 11 号 1951 頁〔判プラ I 47 事件〕。

[7] 最（3 小）判昭和 30・5・31 民集 9 巻 6 号 793 頁〔判プラ III 136 事件〕，最（3 小）判平成 6・3・8 民集 48 巻 3 号 835 頁〔国際私法百選 1 事件〕。

[8] 最（3 小）判昭和 62・9・4 家月 40 巻 1 号 161 頁〔判プラ III 138 事件〕。

[9] 最（2 小）判昭和 50・11・7 民集 29 巻 10 号 1525 頁〔判プラ III 137 事件〕，最（1 小）判昭和 53・7・13 判時 908 号 41 頁〔家族法百選 69 事件・判プラ III 134 事件〕。

下）に従い，また，権利能力なき社団の総有の内容は定款に従い，入会団体の総有の内容は慣習に従う。したがって，合有・総有に関して，②に関する狭義の共有の規定が適用されるのは，それら当事者間の契約または定款の定め・法律の規定・慣習が存在しない部分，ということになる。

(2) 持分に関する法律関係　　まず，各共有者の有している持分の(a)割合と(b)内容は，以下のようになっている。

(a) 持分の割合　　各共有者の持分の割合は，次のように決まる。

①	共有が法律行為によって成立した場合	その法律行為において示された当事者意思による。
②	共有が法律の規定に基づいて成立した場合	その法律の規定の定める持分割合による（241条ただし書・244条・245条・900条〜904条など）。
③	上記①のケースで当事者意思が明らかでない場合，および，上記②のケースで法律に持分割合を定めた特段の規定がない場合	持分の割合は相等しいものと推定される（250条）。

(b) 持分の内容　　各共有者の有する持分は，単一説によれば1個の所有権の一部，複数説によればそれ自体が1個の所有権（持分権）と理解されるから，各共有者は，この持分（持分権）の限りにおいて，単独所有の場合と同様の(i)使用・(ii)収益・(iii)処分の権能を有する。

(i) 使　用　　各共有者は，共有物の全部について，持分に応じた使用をすることができる（249条）。

使用の仕方に関して，249条の定める原則形態は，共有物の「全部」に関する「持分に応じた」使用というものである。

たとえばABCが別荘を共同購入した場合，Aは別荘の3分の1の部屋しか使用できないのではなく，1か月に10日ずつ順番に使用するといった形で，別荘の「全部」を使用することができる。要は，目的物の物理的・空間的な部分ではなくて，使用頻度・回数・期間等が持分割合に対応していることが重要なのである。

もちろん，この原則に対しては，共有者間で特約を結ぶことによって，別荘の各部屋をABCの各自が独占的に使用することを決めてもよいし，

あるいは割り当てられた部屋の広さが持分割合に対応していなくても差し支えない。もとよりそれは当事者の私的自治の問題だからである[10]。

なお、このような共有者間での目的物の使用方法に関する取り決めは、共有物の管理のうちの 252 条本文の行為に該当するため、各共有者の有する持分の価格の過半数で決定される。

(ii) 収　　益　249 条には「使用」とだけあるが、各共有者は収益も行うことができる。それゆえ、上記 A は、自分が使用できる 10 日間を、貸別荘として他人に賃貸して収益を上げてもよい。

なお、持分（持分権）は各共有者に固有の権利であるから、**(i)** 使用・**(ii)** 収益から生じた利益は、各共有者に排他的・独占的に帰属する。

(iii) 処　　分　各共有者は、自己の持分（持分権）を、通常の所有権の場合と同様、自由に処分──譲渡・担保設定・放棄等──することができる（なお、持分の放棄につき 255 条）。

こうした自由な処分可能性に対して、共有者間の特約で持分の処分禁止を定めたとしても、通常の単独所有権における譲渡禁止特約と同様、債権的効力（他の共有者に対する債務不履行責任）しか生ぜず、それに反してなされた譲渡それ自体は有効となる。

(3) 共同所有物の管理に関する法律関係　持分の自由な使用・収益・処分に対して、共同所有物の管理に関しては、それが共同所有者全員の利害に直接関係することから、種々の制約が加えられている。

民法典は、所有権の章の「第 3 節　共有」（狭義の共有）に関して、**(a)** 共有物の管理の方法（251 条・252 条）、**(b)** 管理の際に生じた費用等の負担（253 条）、**(c)** 管理の費用等につき他の共有者に対して債権を有する共有者の保護（254 条・259 条）の 3 種の規定を設置している。

(a)　共有物の管理の方法　252 条・253 条に登場する共有物の「管理」という言葉は、「処分」の反対概念であって、**保存行為・利用行為・改良行為・変更行為**の 4 つの行為の総称である。

---

[10] 最（1 小）判平成 10・2・26 民集 52 巻 1 号 255 頁〔判プラ I 309 事件〕……内縁の夫婦間で、一方が死亡した後は他方が共有不動産を単独使用する旨の合意が推認された事案。

管理行為	保存行為	財産の現状を維持する（経済的価値の低下を防ぐ）行為
	利用行為	財産を自身で使用しまたは第三者に使用させ収益を得る行為
	改良行為	財産の経済的価値を向上させる行為
	変更行為	財産の性質・現状を大規模に改変する行為
処分行為		財産の性質・現状を事実的・法律的に変化させる行為

　しかし，第1に，民法典は，このうちの変更行為については実質的には処分行為と同様と考え，処分権原を有しない者については保存行為・利用（使用・収益）行為・改良行為しか認めない[11]。第2に，民法典は，保存・利用・改良行為の中でも保存行為についてだけ特別な取扱いをする場合がある[12]。

❖ 管理（保存・利用・改良・変更），処分と類似の概念
　以下のものがある。
(1) 使用・収益・処分　4種の管理行為（保存・利用・改良・変更）のうち，「利用」すなわち「使用」「収益」概念だけは，やや異質で，むしろ206条の所有権の定義等における「使用」「収益」「処分」の用語と同様，管理者自身の利益が念頭に置かれている。ただし，次のような用例もある。留置権者は，留置物の使用・賃貸〔＝収益の一種〕・担保設定〔＝処分の一種〕ができないが，「その物の保存に必要な使用をすること」はできる（298条2項本文・ただし書）。この用例の場合の「使用」は，他人（債務者）のために行われ，かつ，「保存に必要な使用」と，それ以外の使用に分かれることになる。
(2) 必要費・有益費　また，管理行為には，費用がかかる場合とかからない場合とがある。占有者の費用償還請求権に関する196条1項は必要費を「その物の保存のために支出した金額その他」といい（なお，質物の保存の費用につき346条），同条2項は有益費を「占有者が占有物の改良のために支出した金額その他」と規定している。

---

(11) 不在者の財産管理人につき28条，権原の定めのない代理人につき103条，制限行為能力者・処分権限を有しない者の賃貸借の期間につき602条・13条1項9号……これは，現行民法典の起草者が，短期賃貸借までが利用行為であって，長期賃貸借に関しては変更行為ないし処分行為に等しいと考えたからである。一方，13条1項1号～9号の法律行為を被保佐人が単独でできない理由もまた，変更行為または処分行為の範疇に属することを意味する。なお，921条1号は相続人の法定単純承認に該当しない「処分」として「保存行為及び第602条に定める期間を超えない賃貸をすること」を挙げている。
(12) 債権者代位権につき423条2項ただし書，賃貸借につき606条2項・607条，遺言執行者が数人ある場合の単独執行につき1017条。

共有物の管理の方法に関する民法典の規定は，管理行為の種類により，次の3通りに分かれる。

①	保存行為	各共有者が単独で行うことができる（252条ただし書）。
②	保存行為・変更行為以外の管理行為＝利用（使用・収益）行為・改良行為	持分の価格に従い過半数で決する（252条本文）。
③	変更行為	共有者全員の同意を要する（251条）。
④	処分行為	共有者全員の同意を要する。

(i) 保存行為の例 共有物の修繕などが典型例である。判例は，第三者に対する物権的な返還請求・妨害排除請求・登記請求を保存行為とするが，これらについては争いがある。その他，被相続人名義の預金口座の取引経過の開示請求も保存行為とされる[13]。

(ii) 利用行為・改良行為の例 共有物の使用・収益の方法に関する共有者間の特約などがこれに当たる。判例に現れた事案には，①土地賃貸借契約の締結，②建物使用貸借契約の解除，③土地賃貸借の解除などがある[14]。

(iii) 変更行為の例 判例に現れた事案としては，①共有立木の伐採行為，②共有農地を造成して宅地にする行為などがある[15]。

(b) 共有物の管理から生じた費用の負担 管理のために負担した費用の問題は，通常は必要費・有益費の問題となるが，共有物の管理に関する費用・負担につき，共有者間での規律を定めたのが253条である。

---

[13] 最（1小）判平成21・1・22民集62巻1号228頁。
[14] ①につき最（1小）判昭和39・1・23裁判集民事71号275頁，②につき最（2小）判昭和29・3・12民集8巻3号696頁〔判プラⅠ312事件〕，③につき最（3小）判昭和39・2・25民集18巻2号329頁〔判プラⅠ313事件〕。
[15] ①につき大判大正8・9・27民録25輯1664頁，②につき最（3小）判平成10・3・24判時1641号80頁・判タ974号92頁〔判プラⅠ311事件〕。なお，処分行為の事案についても付言しておくと，「共有物の変更が共有者全員の同意を必要とすることは民法251条の定めるところであり，共有物〔の処分〕もまた同様に解すべきものであるから，本件共有不動産自体についての抵当権を設定するためには共有者全員の同意を要し，共有者全員の同意がなくてなされた抵当権設定契約は，本件共有不動産自体についての抵当権設定の効力を生ずるものではない。しかし，……同意をしない共有者を除き，右抵当権設定契約をなした共有者の各共有持分について各抵当権を設定したものと解する余地も存する」とした判例がある（最（1小）判昭和42・2・23金法472号35頁）。

(i) **管理費用その他の負担の分担**　各共有者は，その持分に応じ，①管理の費用（必要費・有益費）を支払い，②その他共有物から生ずる負担（公租公課等を指す）を負う（253条1項）。これは，第1次的には，管理費用・負担を立て替え払いした共有者Aが，他の共有者Bに対して，持分割合に応じた償還請求をなしうる，ということを意味する。

(ii) **持分取得権**　さらに，もし共有者Bが1年内に負担義務を履行しない場合には，他の共有者Aは，相当の償金を支払って，Bの持分を取得することができる（253条2項）。

(c) **共有物について債権を有する共有者の保護**　通常の共有においては，(i)持分処分と(ii)共有物分割の自由性が認められているので，共有者の1人Aが他の共有者Bに対して共有物について債権を有している場合に，(i)持分の処分や(ii)共有物の分割が行われると，Aの債権が害される危険がある。そこで，民法典は，これらの場合にAを保護する条文を設置している。

(i) **持分処分の場合**　共有者の1人Aが共有物について他の共有者Bに対して有する債権は，債務者Bのみならず，その特定承継人（たとえばBの持分の譲受人）Cに対しても行使できる（254条）。

なお，同条にいう「共有物について……有する債権」の中には，上記(b) 253条1項の管理費用・その他共有物に関する負担を立替払いした債権のほか，共有者間で共有物分割をする旨を契約した場合の債権も含まれ，しかも，この債権については，分割契約に関する登記がなくても特定承継人に主張できる，というのが判例の立場である[16]。これに対して，共有物購入のための借入金等の負担割合に関する共有者間の約定から生じた債権は，本条の債権に含まれない[17]。

(ii) **共有物分割の場合**　共有者の1人Aが他の共有者Bに対して共有に関する債権を有するときは，Aは，共有物の分割に際して，債務者である共有者Bに帰属すべき共有物の部分をもって，債務を弁済させることができる（259条1項）。また，この弁済を受けるため，債務者である共

---

(16) 最（1小）判昭和34・11・26民集13巻12号1550頁。
(17) 大判大正8・12・11民録25輯2274頁。

有者Bに帰属すべき共有物の部分を売却する必要がある場合には，債権者である共有者Aはその売却を請求できる（同条2項）。

8.4.4　共同所有の主張

(1)　対内的請求・対外的請求　　共同所有をめぐる紛争を，紛争当事者の側面から捉えてみると，(i) 紛争の相手方が他の共同所有者である場合と，(ii) 共同所有者以外の第三者である場合とに分かれる。

(2)　債権的請求・物権的請求　　一方，共同所有者間に共同所有物の管理・利用方法について何らかの約定が存在していれば，その約定の遵守を求めればよい（債権的請求権）。共有者以外の第三者との間に債権債務関係が存する場合も同様である。しかし，対内関係・対外関係において，そのような約定が存在していない場合には，もっぱら所有権を主張することになる（所有権に基づく請求権（物権的請求権））。

(3)　持分に基づく請求・共同所有権に基づく請求　　だが，上記のうち，所有権に基づく請求権については，共同所有の場合，(a)各人の有している持分に基づく請求と，(b)共同所有者全員で有している共同所有権に基づく請求の2つが考えられる。

(a)　持分に基づく請求　　このうち，持分に基づく請求は，──それが(i) 対内的請求であれ (ii) 対外的請求であれ──，各共有者が単独で行うことができ，共有者全員の共同を必要としない。

　ただし，その場合の判決の効力（既判力など）の及ぶ人的範囲は，訴訟当事者間に限られ，訴訟に参加していない他の共有者には及ばない。もちろん，この場合に，共有者全員を原告あるいは被告として訴訟を行ってもよいが，そのようにして行われた共同訴訟は通常共同訴訟になり，共同訴訟人の1人が行った訴訟行為は他の共同訴訟人に影響を及ぼさない（共同訴訟人独立の原則。民訴法39条）。また，請求の内容も，各人の有している持分の範囲に限られ，それを超えて，共有物全体に及ぶことはない。

(b)　共同所有権に基づく請求　　これに対して，ある物が共同所有者全員の共同所有物であることに基づく請求に関しては，共同所有の法的性質に関する(i)単一説と(ii)複数説とで法律構成が異なる。

(i) 単　一　説　　単一説に立った場合，共同所有権に基づく請求は，各人の持分に基づく請求とは訴訟物を異にする，共同所有者全員が共同して有する 1 個の所有権に基づく請求と理解される。この権利に関しては，共同所有者各人は，自己の持分について有していたような単独での管理処分権を有していないので，この権利に基づく訴訟は，必要的共同訴訟（共同訴訟人独立の原則が排除され，訴訟行為の効力が全員に及ぶ訴訟。民訴法 40 条）あるいは固有必要的共同訴訟（訴えの提起に関して，全員が共同して訴えまたは訴えられなければならない訴訟）となる。

　ただし，共同所有者の 1 人に管理処分権を付与する旨の①当事者間の約定あるいは②特段の法律の規定が存在する場合には，この者は単独で共同所有権に関する訴訟を追行することができる（訴訟代理（①任意代理・②法定代理）・訴訟担当（①任意的訴訟担当・②法定訴訟担当））。このうち①任意的訴訟担当の例は業務執行組合員[18]や選定当事者（民訴法 30 条），②法定訴訟担当の例は遺言執行者などであるが，共有物の保存行為に関する 252 条ただし書や，不可分債権・債務に関する 428 条・430 条なども，法定訴訟担当の根拠規定となりうる。

　(ii) 複　数　説　　これに対して，複数説に立った場合には，各共同所有者は，自己の持分（持分権）を超えて，他の共同所有者の持分（持分権）をも加えた形での主張を，単独で行うことができない。また，共同所有権に基づく請求なるものも，ただ単に各人の持分（持分権）に基づく請求が合したものにすぎない。このことから，訴訟法学説の中には，共同所有権に関する訴訟を通常共同訴訟と解し，あるいはそもそも訴えの利益がないので却下すべきとする見解もある。

(4) 判　例　　判例の立場は，必ずしも明瞭ではないが[19]，判例の多くは，(i) 単数説に立って，持分（持分権）に基づく請求・共同所有権

---

(18) 最（大）判昭和 45・11・11 民集 24 巻 12 号 1854 頁。民訴法 29 条参照。
(19) 判例は，各人の持分に対して「持分権」という複数説の用語を用いる一方，共同所有権に関しては「共有権」という用語を用いているが，そもそも「共有権」という言葉は，平成 16 年民法現代語化改正前の 999 条 2 項（戦前の規定では 1101 条 2 項）で用いられていた語で，それは持分を指す単語であったため，平成 16 年改正で「持分」の用語に改められた経緯がある。

（共有権）に基づく請求を区別し，かつ，内部的主張・外部的主張の違い，ならびに，請求の内容・種類の違いによって，単独請求の可否についての法律構成ないし結論を変えている。以下，請求ごとに説明する。

(a) 所有権（共同所有権）確認訴訟　判例は，所有権（共同所有権）の確認請求が，(i)共有者どうしの内部的な紛争事例か，(ii)共有者以外の第三者との間の外部的な紛争事例かで，処理を異にする。

(i)　内部関係　判例は，共有者どうしの内部関係における共有関係の確認請求を，持分（持分権）に基づく請求と解し，各共有者の単独請求を肯定する（なお，各自の持分（持分権）に基づく請求であるため，判決効は訴訟当事者間にしか及ばない）[20]。

ただし，共同相続人間における遺産確認の訴えは，固有必要的共同訴訟になるとされる[21]。

(ii)　外部関係　これに対して，共有者以外の第三者との間の外部的な確認請求に関して，判例は，(ア)共同所有権（共有権）に基づく請求と(イ)持分（持分権）に基づく請求の双方を肯定する。

(ア)　共同所有権（共有権）に基づく請求　判例は，共同所有権（共有権）の対外的な確認請求については，252条ただし書の保存行為に該当しないとして単独請求を否定し，必要的共同訴訟ないし固有必要的共同訴訟になるとする[22]。ただし，借地権者（土地賃借権者）が設定者の共同相続人に対して提起した借地権確認訴訟に関しては，共同相続人の包括承継した賃貸借契約上の債務は不可分債務となるので，固有必要的共同訴訟にはならないとされている[23]。

(イ)　持分（持分権）に基づく請求　その一方で，判例は，各共有者の有

---

[20] 大判大正3・2・16民録20輯75頁，大判大正6・2・28民録23輯322頁，大判大正11・2・20民集1巻56頁，大判大正13・5・19民集3巻211頁。
[21] 最（3小）判平成1・3・28民集43巻3号167頁，最（3小）判平成6・1・25民集48巻1号41頁。なお，共同相続人間で，定額郵便貯金債権が遺産に属することの確認を求める訴えは，確認の利益がある。最（2小）判平成22・10・8民集64巻7号1719頁。
[22] 大判大正5・6・13民録22輯1200頁〔判プラⅠ306事件〕，大判大正8・5・31民録25輯946頁，大判大正10・7・18民録27輯1392頁，最（1小）判昭和46・10・7民集25巻7号885頁。
[23] 最（2小）判昭和45・5・22民集24巻5号415頁。

する持分（持分権）は共有物の全部に及ぶことから（249条），対外関係においても，単独で，係争物が自己の持分（持分権）に属することの確認を請求できるとする[24]。

(b) 筆界確定訴訟 だが，これに対して，筆界確定訴訟（不登法147条・148条。筆界特定制度を導入した平成17年不動産登記法改正前までは実定法上の根拠がなく，講学上「境界確定訴訟」と呼ばれていた）については，上記**(a)**所有権（共同所有権）確認訴訟の**(ii)**対外的主張と異なり，②各人の持分（持分権）に基づく単独請求は認められず，もっぱら①共同所有権（共有権）に基づく固有必要的共同訴訟になる（筆界確定訴訟は252条ただし書の保存行為にも当たらない）とする[25]。

なお，共有者の中に訴訟の提起に同調しない者がある場合には，この者も被告として訴えを提起することができる[26]。

(c) 返還請求 占有者に対する返還請求に関しても，**(i)**占有者が他の共同所有者であった場合（内部関係における紛争）と，**(ii)**共同所有者以外の第三者であった場合（対外関係における紛争）で，処理が異なる。

(i) 内部関係 ABCの共有物をCが独占的に使用している場合，他の共有者ABは，当然には共有物の占有回復を求めることはできないとされている[27]。Cもまた共有者の1人として「共有物の全部」についての使用権を有しており（249条），Cが同条に基づく占有権原の抗弁を提出することで，物権的返還請求権あるいは占有回収の訴えの要件が欠落してしまうからである。

そして，この理は，共有者の1人Cから共有物の占有使用を承認された第三者Dとの関係（これは下記**(ii)**対外関係である）にも妥当し，AあるいはBは，Dに対しても，当然には返還請求権を行使できない[28]。

---

[24] 時効中断につき，前掲注(22)・大判大正8・5・31，隣接地所有者との境界紛争事例につき，最（1小）判昭和40・5・20民集19巻4号859頁〔判プラI 302事件〕。
[25] 最（1小）判昭和46・12・9民集25巻9号1457頁〔判プラI 307事件〕。
[26] 最（3小）判平成11・11・9民集53巻8号1421頁。
[27] 共同相続人の1人に対する共有建物の明渡請求につき最（1小）判昭和41・5・19民集20巻5号947頁〔百選I 74事件・判プラI 310事件〕。

なお，共有物の占有使用は，変更行為に当たらない共有物の管理に関する事項（252条本文）に該当するので，他の共有者 AB としては，持分の価格が過半数であるならば，占有使用に関する協議を行ったうえ（その際には，違反した場合の返還義務についても取り決める），C に対して管理に関する約定違反を理由とする債権的な返還請求権を行使すればよい（C の持分の価格が過半数である場合には，結局は C の独占的使用が通るので，AB は持分処分か共有物分割により共有関係から離脱するほかない）。

　(ii) 外部関係　以上に対して，共有者以外の第三者が占有権原の抗弁を提出できなかった場合（第三者の占有が無権原占有であった場合）につき，判例は，各共有者は単独で返還請求権を行使できるとする。

　問題は，この場合の法律構成であるが，判例には，①共同所有権（共有権）権に基づく請求であることを前提に，第三者に対する返還請求は保存行為に当たるとするもののほか[29]，②共有者の第三者に対する引渡請求権が債権的請求権である場合には，不可分債権債務であることを，単独請求の根拠に求めている[30]。

　(d) 妨害排除請求　妨害排除に関する判例の立場も明瞭ではない。

　(i) 内部関係　共有者間の紛争に関して，判例は，古くから単独での妨害排除請求・差止請求を認めているが[31]，その法律構成につき，持分（持分権）に基づく請求である旨を明示した判例が現れたのは，比較的最近のことである[32]。

　(ii) 外部関係　共有者以外の第三者との紛争では，水利権の準共有者が第三者に対して (a) 水利権確認ならびに (d) 妨害排除を請求した事案につき，(a) 水利権確認と同様，(d) 妨害排除請求に関しても，必要的共同訴

---

(28) C が D に土地の一部を売却した事案につき最（1小）判昭和 57・6・17 判時 1054 号 85 頁・判タ 479 号 90 頁〔判プラ I 304 事件〕，使用貸借した事案につき最（2小）判昭和 63・5・20 家月 40 巻 9 号 57 頁〔判プラ I 305 事件〕。
(29) 大判大正 10・6・13 民録 27 輯 1155 頁。ただし，同判決が引用する大判大正 7・4・19 民録 24 輯 731 頁は，保存行為について言及していない。
(30) 第三者が売渡担保の設定者の事案につき大判大正 10・3・18 民録 27 輯 547 頁，第三者が使用貸借の借主の事案につき最（2小）判昭和 42・8・25 民集 21 巻 7 号 1740 頁。
(31) 前掲注(15)・大判大正 8・9・27，前掲注(20)・大判大正 11・2・20。
(32) 前掲注(15)・最（3小）判平成 10・3・24〔判プラ I 311 事件〕。

訟になる（第三者に対する妨害排除請求に関しても252条ただし書の保存行為に当たらない）とする判例がある一方[33]，(d) 妨害排除に関して単独請求を肯定した判例もある[34]。

(e) **登記請求**　登記請求に関する判例の処理は，まず，(i)債権的登記請求権と(ii)物権的登記請求権とで分かれる。

(i)　**債権的登記請求権**　判例は，①不動産を数人が共同で買い受けた場合，各共同買主は，252条ただし書の保存行為として，単独で売主に対して所有権移転登記を請求できるとする[35]。また，要役地の共有者の1人が，承役地所有者に対して，地役権設定登記手続を求める訴えの提起も保存行為に当たるとされる[36]。

これと反対に，②目的物の譲受人から譲渡人たる共有者（または譲渡人の共同相続人）に対して債権的登記請求権が行使された事案について，判例は，債務者たる共有者の移転登記義務が不可分債務であることを理由に，共有者の1人のみを被告とする請求を認める[37]。

(ii)　**物権的登記請求権**　物権的登記請求権は，占有以外の方法での物権侵害の除去を求める請求である点において，上記(d)妨害排除請求権の一種であるが，しかし，登記請求に固有の問題として，各共有者の持分（持分権）に基づく請求における「侵害」要件の認定の困難性がある。というのは，(c)物権的返還請求権や(d)妨害排除請求権に関しては，各共有者が「共有物の全部」（249条）について有している使用権の侵害を理由に，共有物全部についての返還あるいは妨害排除を肯定できたのに対して，たとえばABC共有（持分割合各3分の1）の不動産につき，共有者の1人Cあ

---

[33] 前掲注(22)・大判大正10・7・18。大判昭和5・11・20大審院裁判例4巻民113頁も同旨。
[34] 最（3小）判昭和45・12・15裁判集民事101号733頁。ただし，その法律構成が，持分（持分権）に基づく請求構成か，共同所有権（共有権）に基づく請求＝保存行為構成かにつき，判旨の表現は判然としない（「不動産の共有者は，各自その持分に基づき，保存行為として，不動産全部についての妨害排除を請求しうるものであって，必ずしも共有者全員が共同してこれをしなければならないものではない」とする）。
[35] 大判大正11・7・10民集1巻386頁。
[36] 最（3小）判平成7・7・18民集49巻7号2684頁。
[37] 最（2小）判昭和36・12・15民集15巻11号2865頁，最（1小）判昭和39・7・16裁判集民事74号659頁，最（3小）判昭和39・7・28裁判集民事74号755頁，最（2小）判昭和60・11・29裁判集民事146号197頁。

るいは第三者Ｄの単独名義の登記が経由されている場合，Ａの持分（持分権）の侵害状態は，自己の持分割合さえ更正されれば（Ａ：3分の1・Ｃ（Ｄ）：3分の2）解消するのであって，登記全体の抹消を求めることは，自身の権利の侵害要件を満たしていないばかりか，他の共有者（Ｂ，ＢＣ）の財産処分の自由に対する侵害行為になるからである。

(ア)　内部関係（共有者登記型）　　ＡＢＣ共有の不動産にＣの単独名義の登記が経由されている場合，判例は，Ａの持分（持分権）に基づく単独請求を認めるが[38]，請求内容に関しては，Ａの持分の限りでの更正登記しか認めない[39]。

　この点は，共有者の1人Ｃから第三者Ｄへの所有権移転登記が経由された場合についても同様である[40]。

(イ)　外部関係（無権利者登記型）　　他方，まったくの無権利者が登記を経由している事案に関して，判例は，共有者の1人による単独請求を肯定し，かつ，請求内容に関しては，登記の全部抹消を認める。その法律構成につき，従来の判例は，①共同所有権（共有権）に基づく請求＋保存行為構成に立っていた[41]。

　ところが，平成15年に最高裁は，共同相続人ＡＢＣＤの1人Ｄが，相続分に従った共同相続登記を経由した後，自己の持分をＥに譲渡したが，Ｄ→Ｅの持分譲渡が無効であった場合に，共有者の一部ＡＢによるＤ→Ｅの持分移転登記の抹消登記請求を肯定するに至る[42]。しかし，本

---

(38) 前掲注(20)・大判大正6・2・28。
(39) 最（1小）判昭和44・5・29判時560号44頁，最（大）判昭和53・12・20民集32巻9号1674頁〔家族法百選61事件・判プラⅢ103事件〕，最（3小）判昭和59・4・24判時1120号38頁・判タ531号141頁，最（2小）判平成8・1・26民集50巻1号132頁〔判プラⅢ183事件〕，最（3小）判平成16・4・20家月56巻10号48頁〔判プラⅢ125事件〕。
(40) 大判大正10・10・27民録27輯2040頁，最（1小）判昭和37・5・24裁判集民事60号767頁，最（2小）判昭和38・2・22民集17巻1号235頁〔百選Ⅰ54事件・家族法百選73事件・判プラⅠ234事件〕，最（1小）判昭和39・1・30裁判集民事71号499頁，最（3小）判平成11・3・9家月51巻9号55頁。
(41) 大判大正12・4・16民集2巻243頁，大判昭和15・5・14民集19巻840頁，最（1小）判昭和31・5・10民集10巻5号487頁〔判プラⅠ300事件〕，最（2小）判昭和35・12・19裁判集民事47号723頁。
(42) 最（2小）判平成15・7・11民集57巻7号787頁〔百選Ⅰ75事件・判プラⅠ301事件〕。

件事案において，ABの持分は正しく登記されており，一般論の限りでいえば，D→Eの無効な持分移転登記によって，ABの持分が侵害されているとはいいがたい。本件は，例外的に他の共有者（AB）の持分が侵害されていると認定できるような非常に特異な事案であるが（Dは被相続人を殺害した罪で起訴されたが，有罪判決が確定したのは，本件控訴審判決後であったため，本件上告審においてはDを相続欠格者（891条1号）として処理できなかった特殊事情がある）。しかし，学説の多くは，本判決の一般論的な説示により，およそ無権利者が登記を経由している場合全般に関して，判例の立場は，①共同所有権（共有権）に基づく請求＋保存行為構成から，②持分（持分権）に基づく妨害排除請求権として登記の全部抹消を肯定する立場に変更されたと評価している。

(f) 不当利得返還請求・損害賠償請求　共有物の不法占有者に対して共有者が有する不当利得返還請求権や不法行為に基づく損害賠償請求権は，金銭債権であることから，各共有者に分割帰属し（427条），各共有者は，自己の持分（持分権）の限りでしか請求できない[43]。その結果，共有者が全員で損害賠償請求訴訟を提起した場合の判決は，たとえば共有者ABの持分割合がA：4分の3，B：4分の1で，共有物の損害額が40万円の場合，「被告は原告Aに30万円，原告Bに10万円を支払え」となる[44]。

なお，共有者ABCの1人Cが共有物を単独占有している場合，ABはCに対して返還請求権を行使できないが（→前記(c)(i)参照）。しかし，ABは，Cに対して，それぞれの持分の割合に応じた不当利得返還請求ないし損害賠償請求を行うことはできる[45]。

これに対して，Cの単独占有が共有者間の合意に基づく場合には，不当利得返還請求権が認められないことは，いうまでもない[46]。

(5) 合有・総有の場合　合有や総有については，少なくとも物権的な意味における持分（持分権）に基づく請求は不可能である。

---

[43] 最（1小）判昭和41・3・3判時443号32頁・判タ190号115頁。
[44] 最（3小）判昭和51・9・7判時831号35頁〔判プラⅠ303事件〕。
[45] 最（2小）判平成12・4・7判時1713号50頁〔判プラⅠ308事件〕。
[46] 前掲注(10)・最（1小）判平成10・2・26〔判プラⅠ309事件〕。

(a) 合有の場合　かつて判例は，合有については狭義の共有に関する249条以下の規定の適用を全面的に排除していたため，共同所有権（共有権）に基づく請求に関しても，252条ただし書は適用されず，保存行為に関しても固有必要的共同訴訟になるとしていた[47]。

しかし，この立場はその後改められ，組合の構成員の1人が単独名義の建物所有権保存登記を備えたため，他の組合員が所有権確認ならびに抹消登記手続を請求した事案につき，組合財産の合有についても，特別の規定がない限り，249条以下の狭義の共有の規定が適用されるとして，保存行為に関する252条ただし書に基づく単独請求を認めた[48]。

(b) 総有の場合　入会権に関して，判例は，①入会団体が入会財産に対して有する管理処分権能のほかに，②各構成員が入会財産に対して有する（債権的あるいは事実上の）使用収益権能に基づく請求を肯定する。

(i) 内部関係　入会団体の内部において，入会団体に対して構成員たる地位の確認を求める訴訟は，②各構成員が有している（債権的あるいは事実上の）使用収益権能に関するものであるから，各構成員が単独で訴えを提起できる[49]。

(ii) 外部関係　これに対して，入会団体の構成員以外の者に対する主張は，次の2通りに分かれる。

(ア) 入会権の存在確認訴訟　第三者に対して入会権の確認を求める訴訟は，①入会団体の管理処分権に関するものであるから，固有必要的共同訴訟となる[50]。ただし，入会団体が権利能力なき社団の要件を満たす場合には，入会財産の処分権を授権された代表者が原告適格を有する[51]。

(イ) 使用収益権の確認・使用収益権に基づく抹消登記請求　なお，判例は，地役入会地に地上権設定仮登記を経由した第三者に対して，入会団体の構成員は，①各自の有する債権的な使用収益権あるいは事実上の使用収益

---

(47) 大判昭和17・7・7民録21輯740頁……合有の信託財産上の抵当権の抹消登記請求の事案。
(48) 前掲注(4)・最（3小）判昭和33・7・22〔判プラⅡ256事件〕。
(49) 最（3小）判昭和58・2・8判時1092号62頁・判タ538号112頁〔判プラⅠ320事件〕。
(50) 最（2小）判昭和41・11・25民集20巻9号1921頁〔判プラⅠ319事件〕。
(51) 前掲注(5)・最（3小）判平成6・5・31〔百選Ⅰ78事件・判プラⅠ322事件〕。

利益（法益）の確認訴訟および②各自の有する使用収益権能に基づく妨害排除請求権としての抹消登記請求訴訟を，単独で提起できるとする。これは，狭義の共有における持分（持分権）に基づく請求に対応するもので，②抹消登記請求については，共有持分に基づく主張の場合と同様，当該登記が構成員個人の使用収益権能を侵害している場合にのみ認められることとなる[52]。

8.4.5　共同所有の消滅

共同所有の消滅原因も，基本的には単独所有の場合と変わるところはない（たとえば共有建物が焼失すれば，共有関係も消滅する）。

ただし，共同所有に特有の消滅原因も，いくつか存在する。以下では，(1)共有者の1人が持分を放棄し，あるいは相続人なくして死亡した場合と，(2)分割による共有関係の解消の2つについて説明する。

(1) 持分の放棄・相続人の不存在　255条は，以下の2つのケースにつき，民法典の原則に対する例外を規定する。

(a) 持分の放棄　単独所有の場合，所有権者が目的物の所有権を放棄した場合には，目的物が動産の場合には無主物先占の対象となり（239条1項），不動産の場合には国庫に帰属する（同条2項）。

しかし，共有持分については，上記条文に対する例外として，共有者の1人がその持分を放棄したときには，その持分は他の共有者に帰属する[53]。

(b) 持分の相続人の不存在　単独所有の場合，所有権者が死亡し，相続人が不存在の場合，相続債権者・受遺者に対する清算（957条・958条の2），特別縁故者に対する財産分与（958条の3）を経て，それでも処分されなかった相続財産は，国庫に帰属する（959条）。したがって，共有者の1人が相続人なくして死亡した場合にも，本来ならば，その持分は最終的に

---

[52] 最（1小）判昭和57・7・1民集36巻6号891頁〔判プラⅠ321事件〕。なお，同判決において，抹消登記請求は，侵害要件を欠くとの理由で，結論的に否定されている。
[53] なお，この場合には，放棄者から他の共有者への持分移転登記をすべきであり，放棄者の持分取得登記の抹消登記手続を求めることがはできない。最（1小）判昭和44・3・27民集23巻3号619頁。

は国庫に帰属するはずである。

しかし，255条は，上記原則に対する例外として，相続人不存在の場合の共有持分については，他の共有者に帰属する旨を規定する。

なお，特別縁故者がいる場合に関して，判例は，958条の3が255条に優先し，持分は共有者ではなく特別縁故者に帰属するとしている[54]。

(2) 共有物の分割　一方，狭義の共有に関する共有物分割の規定（256条～262条）は，合有と解されている組合財産の分割・清算に関する規定（676条，678条～688条）や，かつて合有と解されていた共同相続財産の分割に関する規定（遺産分割。906条～914条）に対する原則規定としての地位に立つ。

(a) 共有物分割の自由と制限　共有は，個人の財産権に対する拘束であるから，近代市民法は，拘束からの解放手段として，持分処分の自由とともに，共有物分割の自由を認めており，現行民法典も，各共有者は「いつでも」共有物の分割を請求できる旨を規定する（256条1項本文）[55]。

しかし，この原則に対しては，(i)法律行為あるいは(ii)法律の規定によって，分割が制限される場合がある。

(i) 共有物分割禁止契約・遺言による遺産分割の禁止・分割禁止の審判

法律行為による分割禁止のうち，①共有者間の分割禁止の契約に関しては，5年を超えない期間内のものだけが有効である（256条1項ただし書）。契約は更新することができるが（同条2項本文），しかし，更新された期間に関しても，更新の時から5年を超えることができない（同条2項ただし書）。また，②遺言による遺産分割の禁止も認められているが，その期間についても，相続開始の時から5年を超えてはならない（908条）。さらに，③遺産分割の審判に際して，特別の事由があるときは，家庭裁判所は，「期間を定めて」分割禁止の審判をすることができるが（907条3項），その場合

---

(54) 最（2小）判平成1・11・24民集43巻10号1220頁〔家族法百選56事件・判プラⅢ152事件〕。
(55) なお，共有物の分割とは，共有者相互間において，共有物の各部分につき，持分の交換または売買を行うものであり，したがって，1個の不動産を分割して各自の単独所有にする場合には，まず分筆登記をしてから，権利の一部移転の登記手続をすることになる。最（2小）判昭和42・8・25民集21巻7号1729頁。

の期間についても，通説は5年以内と解すべきとする。

なお，以上の分割禁止の定めは，持分の承継人も拘束するが（特定承継人につき254条），ただし，不動産に関しては，登記（不登法59条6号・65条）がなければ，承継人に対抗することができない。

(ii) 法律の規定による分割の禁止・制限　①257条は「前条〔256条〕の規定は，第229条に規定する共有物については，適用しない」旨を定めているため，229条の共有推定の働く境界線上の工作物については，256条1項本文の定める共有物分割の自由そのものが否定されている。その他，民法典の定める分割の禁止・制限には，②組合財産の清算前の分割を禁止した676条2項などがある。

❖ **森林法違憲大法廷判決**

　一方，特別法による分割の禁止・制限の例としては，かつて森林法（昭和26年法律第249号）に，持分2分の1以下の共有者の分割請求を禁止する規定が存在していた（旧186条（共有林の分割請求の制限）「森林の共有者は，民法第256条第1項（共有物の分割請求）の規定にかかわらず，その共有に係る分割を請求することができない。但し，各共有者の持分の価額に従いその過半数をもって分割の請求をすることを妨げない」）。しかし，最高裁は，大法廷判決をもって，この規定が憲法29条2項に違反する旨を判示し（最（大）判昭和62・4・22民集41巻3号408頁〔判プラⅠ314事件〕……法令違憲判決としては史上5番目，財産権に関する法令違憲判決としては最初の判例），同判決の1か月後の法改正（昭和62年5月27日法律第48号）により，旧186条は削除された。

(b) 共有物分割の手続　共同所有の原則形態である狭義の共有に関して，分割の手続は，①まず共有者間での協議によってこれを行い（協議分割），協議が調わない場合にはじめて，②裁判所に分割の方法を決めてもらう訴訟（共有物分割の訴え）を提起し，この裁判に従った分割（裁判分割）がなされることになる（258条1項）。

❖ **遺産分割の手続**

　これに対して，共有物分割に対する特別規定たる地位に立つ遺産分割に関しては，①遺言による遺産分割方法の指定がある場合にはこれに従い（908条），指定がなければ，②当事者の協議により（協議分割。907条1項），協議が調わなけ

れば，③各共同相続人の請求により家庭裁判所の審判で定める（審判分割。907条 2 項）。さらに，当事者は，④家事調停の手続によることもできる（調停分割。家事事件手続法 244 条，別表第 2・12）。

なお，共有物分割に関する 258 条 1 項の「協議が調わないとき」というのは，実際に全員で協議をしたが不調に終わった場合だけではなく，共有者の一部の者に協議に応ずる意思がないため協議を行うことができなかった場合も含む[56]。また，共有物分割は，処分行為の範疇に属するから，①協議分割には全員が参加しなければならない。これと同様，②共有物分割の訴えも，固有必要的共同訴訟となる[57]。

(c) 共有物分割の方法 他方，分割の方法に関して，共有物分割の特則たる地位に立つ遺産分割では，以下のような方法が認められている。

①	現物分割	共有物それ自体を物理的に分割する方法。
②	代金分割（換価分割）	共有物を未分割のまま競売または任意売却の方法で代金に換価し，換価代金を分割する方法。
③	価格賠償（代償分割）	共有者の 1 人が共有物全体を取得し，他の共有者にその持分の価格を支払う方法。債務者負担分割ともいう。
④	共有取得による分割	共有物の全部または一部を，共有者の全員または一部の者の共有とする分割方法。

これに対して，共有物分割における分割方法は，以下の通りである。

(i) 協議分割における分割方法 協議分割の場合には，共有者全員が合意すれば，どのような分割方法を選んでもかまわない。また，分割の結果が持分割合に対応していなくてもよい[58]。

(ii) 裁判分割における分割方法 だが，裁判分割に関しては，258 条 2 項が，①現物分割を原則とし，それが不可能であるか，あるいは，それによって著しく価格を損するおそれがある場合には，②競売による代金分割による旨を定めている。なお，共有物分割の訴えは，民事訴訟手続によ

---

(56) 最（2 小）判昭和 46・6・18 民集 25 巻 4 号 550 頁。
(57) 大判明治 41・9・25 民録 14 輯 931 頁，大判大正 12・12・17 民集 2 巻 684 頁。
(58) 大決昭和 10・9・14 民集 14 巻 1617 頁。

るが，①現物分割・②代金分割のいずれの方法によるかは，もっぱら裁判所の裁量に委ねられており，当事者が一定の分割方法を主張したとしても，裁判所はこれに拘束されない(59)。すなわち，筆界確定訴訟などと同様の形式的形成訴訟である。しかし，258条2項が，裁判分割の方法として①現物分割と②代金分割の2つしか認めていないのは，遺産分割審判と比較して，極端に自由度が低い。そこで，判例は，258条2項につき柔軟な解釈をとることによって，多様な分割方法を認めるに至っている。

❖ 裁判分割の方法を拡張する判例法理
これには，以下のものがある。

(1) 現物分割の方法の多様化　まず，①現物分割の方法に関して，森林法違憲大法廷判決（最(大)判昭和 62・4・22 民集 41 巻 3 号 408 頁〔判プラ I 314 事件〕）は，次の3つの方法も認められるとした。すなわち——，

(i) 「持分の価格以上の現物を取得する共有者に当該超過分の対価を支払わせ，過不足の調整をする」方法（＝③価格賠償（一部価格賠償）を①現物分割の一態様として位置づける）

(ii) 「数か所に分かれて存在する……不動産を一括して分割の対象とし，分割後のそれぞれの部分を各共有者の単独所有とする」方法（一括分割。ただし，一括分割の方法は，すでに最(2小)判昭和 45・11・6 民集 24 巻 12 号 1803 頁〔判プラ I 315 事件〕が認めており，森林法違憲大法廷判決の意義は，一部分割の場合にも上記(i)③価格賠償（一部価格賠償）による過不足分の調整が認められるとした点にある）

(iii) 「共有者が多数である場合，その中のただ1人でも分割請求をするときは，直ちにその全部の共有関係が解消されるものと解すべきではなく，当該請求者に対してのみ持分の限度で現物を分割し，その余は他の者の共有として残す」方法（一部分割）

(2) 一部分割＝排除型の承認　そして，森林法違憲大法廷判決の掲示した3つの現物分割の方法のうち，(iii)一部分割に関しては，「分割請求をする原告が多数である場合においては，被告の持分の限度で現物を分割し，その余は原告らの共有として残す方法」（一部分割＝排除型）も認められた（最(2小)判平成 4・1・24 家月 44 巻 7 号 51 頁〔判プラ I 316 事件〕）。

(3) 全面的価格賠償の承認　また，森林法違憲大法廷判決は，③価格賠償の方法を，あくまでも①現物分割の内部における過不足の調整のために用いて

---

(59) 大(民連)判大正 3・3・10 民録 20 輯 147 頁。

いたが（→上記(1)(i)一部価格賠償），その後の判例は，この立場をさらに進めて，「当該共有物を共有者のうち特定の者に取得させるのが相当であると認められ，かつ，その価格が適正に評価され，当該共有物を取得する者に支払能力があって，他の共有者にはその持分の価格を取得させるとしても共有者間の実質的公平を害しないと認められる特段の事情が存するときは，共有物を共有者のうちの1人の単独所有又は数人の共有とし，これらの者から他の共有者に対して持分の価格を賠償させる方法，すなわち全面的価格賠償の方法による分割をすることも許される」としている（最（1小）判平成8・10・31民集50巻9号2563頁〔百選Ⅰ76事件・判プラⅠ317事件〕）。

(d) **共有物分割への参加** 共有物について権利を有する者（地上権者・質権者・賃借人など）や各共有者の債権者は，自己の費用をもって，協議分割ないし裁判分割に参加することができる（260条1項）。

参加請求にもかかわらず，参加を待たないで分割が行われた場合には，その分割を参加請求者に対抗できない（同条2項）。もっとも，共有者は上記権利者に対して共有物分割の通知をする義務はなく，参加請求がない場合の共有物分割の効力は，上記権利者に対抗できる。

(e) **共有物分割の効果** 共有物分割の主たる効果は，共有関係が終了し，分割された目的物の部分（①現物分割の場合）あるいはこれに代わる代金（②代金分割の場合）・価格（③価格賠償の場合）が，各共有者に単独に帰属すること（あるいは共有物の全部または一部が，共有者の全員または一部の者に共有的に帰属すること）である。

しかし，これに付随して，さらに以下のような効果が認められる。

(i) **共有者の担保責任** 各共有者は，他の共有者が分割によって得た物について，持分に応じた担保責任を負う（261条）。

同条は，分割が各共有者間における持分の売買ないし交換と同様の性質を有することから設置された規定である。したがって，各共有者は，買主と同様，①代金減額，②損害賠償，③解除（＝分割のやり直し）の権利を有することになるが，③解除に関しては，裁判分割の場合には，裁判の結果が覆されるのは好ましくないから，認められない（通説）。

なお，本条の特別規定として，遺産分割に際しての共同相続人間の担保

責任の規定（911条〜914条）がある。

(ii) 証書の保存義務　各共有者は，共有物分割の後に，他の共有者の取得した部分につき，権利関係の証明の必要が生ずることもある。だが，共有関係の終了後は，各人を結ぶ法律関係はもはや存在しない。そこで，民法典は，①共有物に関する証書を保存すべき者を定め（262条1項〜3項），②証書の保存者に対し，他の分割者の請求があるときは，保存している証書を使用させなければならない旨を規定している（同条4項）。

❖ **共有物分割前に存在した権利の消長**

共有物分割によって，第三者が持分について有していた権利（たとえば土地の共有者ABCのうちAが自己の持分上にDのために抵当権を設定していたような場合）は，どうなるか。

(1) 現物分割の場合　ABC共有の土地が甲乙丙の3筆に現物分割された場合，Aの共有持分上に存したDの抵当権は，①Aの取得した甲土地上に存続することになるのか，それとも，②Dとの関係では，ABCが得た土地のそれぞれについて依然としてAの持分が存続し，この合計3つとなったAの持分のおのおのの上に，Dの抵当権が共同抵当の形で存続するのか。判例（大判昭和17・4・2民集21巻447頁）・通説は，②説に立つ。

(2) 価格賠償の場合　共有者の1人Aが他の共有者BCに持分の価格を賠償して持分の全部を取得した場合，Aの持分は混同によって消滅するのが原則である（179条1項本文）。Aの持分がDの抵当権の目的となっている場合，①179条1項ただし書を類推して，Aの持分は消滅せず，依然として持分上にDの抵当権が存続すると解すべきか，それとも，②添付の場合のように，混同によるDの権利の消滅を認めたうえで（247条1項参照），Aの単独所有となった物全体につきDの権利を及ぼすか（247条2項・999条2項参照）。この事案に関する判例は存在しないが，通説は①説に立つ。

(3) 代金分割の場合　ABC共有の土地を競売・任意売却によりEが単独取得した場合，Aの持分上に抵当権を有していたDは，Aの取得した売却代金に物上代位できる（372条・304条）。しかし，上記(2)の場合に関して，持分が第三者の権利の目的である場合には混同により消滅しないとするならば，単独取得者が共有者の1人Aであろうが第三者Eであろうが（あるいは他の共有者Bであろうが），結論は変わらないことになる。この事案に関しても判例は存在しないが，通説は，(2)の場合と同様，Aの持分は混同により消滅せず，持分上のDの抵当権も存続するとしている。

8.4.6 準共有

(1) 準共有の意義　「数人で所有権以外の財産権を有する場合」を準共有といい，共有の規定が準用される (264条本文)。

(2) 財産権　準共有が認められる権利は「財産権」であるから，家族法上の権利につき，狭義の共有の規定の準用はない。

①親族法上の権利に関していえば，親権 (818条3項) や，成年後見人・後見監督人，保佐人・保佐監督人，補助人・補助監督人が数人ある場合の権限 (859条の2・876条の3，876条の5，876条の8・876条の10) は，準共有ではない。

②相続法上の権利のうち，所有権以外の共同相続財産 (898条・899条参照) は準共有となるが，遺言執行者が数人ある場合の任務の執行については，共有物の管理と異なる内容の規定がある (1017条)。

(3) 法令に特別の定めがあるとき　さらに，客体が財産権の場合であっても，「法令に特別の定めがあるとき」には，狭義の共有の規定は準用されない (264条ただし書)。

法令の特別の定めには，民法の規定では，①地役権に関する282条・284条・292条，②多数当事者の債権債務関係に関する427条～445条，③解除権の不可分性に関する544条，④所有権以外の組合財産 (670条～676条準用)，民法以外の規定では，①株式・社債の共有に関する会社法106条・686条，②区分所有者の敷地利用権が借地権である場合の255条の適用排除 (区分所有法24条) などがある。

(4) 準共有が認められる権利　判例において準共有とされた権利には，地役入会権[60]，予約完結権[61]，抵当権[62]，借地権[63]などがある。

---

[60] 前掲注(20)・大判大正11・2・20。しかし，所有権以外の組合財産の準合有と同様，地役入会権の準総有に関しても，共有の規定の準用が排除される部分がある。
[61] 大判大正12・7・27民集2巻572頁。
[62] 前掲注(41)・大判昭和15・5・14。
[63] 最 (2小) 判平成9・4・25判時1608号91頁・判タ946号169頁。

8.4.7　建物の区分所有

(1)　建物の一部を独占的に利用する方法　1個の建物は，1個の所有権の客体である（一物一権主義）。では，各共有者が，1個の建物の一定部分を独占的に利用することを望んだ場合には，どうするか。

この点に関しては，次の2つの方法(a)(b)がある。

(a)　共有物の管理に関する事項として約定する方法　その1は，252条本文の「共有物の管理に関する事項」として，共有者間で各人の独占的な利用権を設定する方法である。ただ，この場合に各共有者の有する独占的利用権は，全共有者の持分価格の過半数で消滅させることができる。また，この権利は，他の共有者に対して有する債権的な権利にすぎず，他の共有者の特定承継人に対してしか主張することができない（254条）。

(b)　建物を区分して独立の所有権の客体とする方法　だが，民法典は，その制定当初から，もう一つの法律構成を認めていた。それは，一物一権主義の例外として，1個の建物の一部に，建物とは独立別個の単独所有権を認める方法である（旧208条）[64]。

しかしながら，戦後，大型・高層の区分所有建物が増えるにつれ，そこから生ずる複雑な法律関係を，民法典の1か条のみで処理することが困難になったので，昭和37年法律第69号「建物の区分所有等に関する法律」が制定され，民法208条は廃止された（現在空条になっている）。

(2)　専有部分・共用部分・建物の敷地　区分所有法の法律関係は(a)専有部分・(b)共用部分，(c)建物の敷地の3つに分かれる。

(a)　専有部分　1棟の建物の一部に建物と独立別個の所有権が成立しうるのは，「構造上区分された数個の部分で〔＝①構造上の独立性〕独立して住居，店舗，事務所又は倉庫その他建物としての用途に供することができる〔＝②利用上の独立性〕」場合に限られる（区分所有法1条）。①②の要件を満たさない建物部分につき独占的な利用を欲する場合には，「共有物

---

(64)【民法旧208条】　数人ニテ一棟ノ建物ヲ区分シ各其一部ヲ所有スルトキハ建物及ヒ其附属物ノ共用部分ハ其共有ニ属スルモノト推定ス
　　②　共用部分ノ修繕費其他ノ負担ハ各自ノ所有部分ノ価格ニ応シテ之ヲ分ツ

■ 8.4　共同所有

の管理に関する事項」(252条本文)として共有者者間で債権的な利用権を設定するほかない。

　一方，①②の要件を満たして独立の所有権の客体となった建物部分を目的とする所有権を「区分所有権」といい（区分所有法2条1項），区分所有権を有する者を「区分所有者」といい（同条2項），区分所有権の目的たる建物の部分を「専有部分」という（同条3項）。

(b) 共用部分　これに対して，「〔①〕専有部分以外の建物の部分，〔②〕専有部分に属しない建物の附属物及び〔③〕第4条第2項の規定により共用部分とされた附属の建物」を「共用部分」という（区分所有法2条4項）。

　(i) 法定共用部分　これらのうち①・②は，構造上専有部分となり得ない部分で，①「建物の部分」とは廊下・階段室など（同法4条参照），②「建物の附属物」とは電気の配線，ガス・水道の配管，貯水槽などである。①・②を指して法定共用部分という。

　(ii) 規約共用部分　これに対して，③は，構造上は専有部分となることができるが，しかし，規約（→(3)(b)）によって共用部分とされたもので（管理人室・集会室など），規約共用部分という。

　これらの共用部分は，原則として区分所有者全員の共有に属するが（同法11条1項本文），ただし，一部の区分所有者のみの共用に供されるべきことが明らかな共用部分（「一部共用部分」という。同法3条参照）は，それらの区分所有者のみの共有に属する（同法11条1項ただし書）。

(c) 建物の敷地　区分所有法は，①「建物が所在する土地」のほか，②「建物及び建物が所在する土地と一体として管理又は使用をする庭，通路その他の土地」も，規約により建物の敷地とすることができるとしており（同法2条5項，5条），①・②を併せて「建物の敷地」という。

　また，各区分所有者が「専有部分を所有するための建物の敷地に関する権利」を「敷地利用権」という（同法2条6項）。

　❖ **関係法令における用語の違い**
　　なお，建物の区分所有に関する用語は，法令によって若干異なる点に注意しなければならない。
　(1) 1個の建物・1棟の建物　民法典は，動産・不動産の単位については

「個」を用いる一方（動産につき243条，不動産につき392条・398条の16・398条の17第2項・398条の18・398条の21第2項・398条の22第2項），建物に関しては「棟」という単位を用いているが（225条1項・230条），これに対して，区分所有法は，「個」を専有部分の単位として用い（区分所有法1条・4条・22条2項），専有部分の属する建物の単位として「棟」を用いる（1条・65条・67条2項・69条1項）。不動産登記法も，戸建ての建物ならびに区分所有法にいう専有部分については「個」を用い（2条5号・21号・23号，14条3項，45条，49条），区分建物（＝専有部分のこと。次述(2)）が属する建物の単位として「棟」を用いる（2条22号，44条1項1号・5号・7号・8号，48条，49条2項，51条5項・6項，52条1項，58条1項1号・2号）。

(2) **専有部分・区分建物・区分所有建物** また，不動産登記法は，区分所有法にいう「専有部分」を指して「区分建物」と呼ぶが（不登法2条22号），その一方で，「阪神・淡路大震災の被災者等に係る国税関係法律の臨時特例に関する法律」38条，「被災区分所有建物の再建等に関する特別措置法」2条1項は，専有部分が属する1棟の建物を指して「区分所有建物」という用語を用いているので，いささか紛らわしい。これらの法律にいう「区分所有建物」は，不動産登記法では「区分建物が属する1棟の建物」と表現され（不登法44条1項1号・7号・8号），区分所有法では，ただ単に「建物」とだけ表現される。

(3) **敷地利用権・敷地権** また，不動産登記法は，区分所有法にいう敷地利用権のうち，専有部分との分離処分が禁止されている敷地利用権で，かつ，登記された権利を指して「敷地権」と呼び（44条1項9号），区分建物（＝専有部分）のうち，敷地権の登記がある区分建物を指して「敷地権付き区分建物」と呼ぶ（55条1項）。なお，「敷地権」という用語は，不動産登記法以外では用いられない。

(3) 区分所有における団体的拘束 区分所有者が建物ないし建物の敷地に対して有している単独所有権ならびに共同所有権は，組合の構成員（あるいは夫婦・共同相続人）や入会団体・権利能力なき社団の構成員ともまた異なる形での，団体的拘束に服する。

(a) **専有部分** 各区分所有者の有する区分所有権は，それ自体が1個の独立した所有権であるが，しかし，以下のような制限に服する。

(i) **共同の利益に反する行為の禁止義務** 区分所有者は，建物の管理・使用に関して区分所有者の共同の利益に反する行為（建物の保存に有害な行為その他）をしてはならない（区分所有法6条1項）。この義務に違反した場

合または違反のおそれのある場合には，他の区分所有者の全員または管理組合法人に，①違反行為の停止（57条），②専有部分の使用禁止（58条），③区分所有権の競売（59条）の請求権が認められている。

　(ii)　他の区分所有者の専有部分等の使用請求権　区分所有者は，その専有部分または共用部分の保存・改良のため必要な範囲内において，他の区分所有者の専有部分または自己の所有に属しない共用部分の使用を請求することができる（区分所有法6条2項）。民法の相隣関係における隣地使用請求権（209条）と同趣旨の規定である。

(b)　共用部分　他方，共用部分に関しても，民法の共有の規定が排除され（区分所有法12条「共用部分が区分所有者の全員又はその一部の共有に属する場合には，その共用部分の共有については，次条から第19条までに定めるところによる」），13条〜19条は民法の共有と異なる以下のような取扱いを規定している。すなわち──，

	民　　法	区分所有法
①	「各共有者は，共有物の全部について，その持分に応じた使用をすることができる」（249条）。	共用部分については「その用法に従って使用することができる」にすぎない（13条）。
②	共有持分の割合については，均等推定が働く（250条）。	共用部分の持分割合は「専有部分の床面積の割合による」（14条1項）。
③	民法上の共有は，持分処分の自由を本質的要素とする。	共用部分の持分については専有部分との分離処分が禁止されている（15条）。
④	・変更行為は，全員の同意が必要である（251条）。 ・変更行為・保存行為以外の管理行為は，過半数で決する（252条本文）。 ・保存行為は，各共有者が単独でできる（252条ただし書）。	・共用部分の変更行為は，4分の3以上の特別多数による（17条1項）。 ・変更行為・保存行為以外の管理行為は，過半数で決する（18条1項本文）。 ・保存行為は，各区分所有者が単独でできる（18条1項ただし書）。
⑤	「各共有者は，その持分に応じ，管理の費用を支払い，その他共有物に関する負担を負う」（253条1項）。	共用部分の負担を負うことと並んで，「共用部分から生ずる利益を収取する」権利も有する（19条）。
⑥	共有者には，共有持分の放棄が認められている（255条）。	13条〜19条に共用部分の持分の放棄を認める規定はない。
⑦	民法上の共有は，共有物分割の自由を本質的要素とする（256条）。	13条〜19条に共用部分の分割を認める規定はない。

(c) 建物の敷地　敷地利用権の持分についても，民法の共有（準共有）とは異なる制約が課されており，①区分所有者は，規約に別段の定めがない限り，敷地利用権の持分を専有部分と分離して処分することができず（区分所有法22条。**分離処分の禁止**），また，②共有者の1人の持分放棄・相続人不存在の場合に，他の共有者に持分を帰属させる民法255条（264条）の規定は，敷地利用権には適用されない（区分所有法24条）。

(4) 建物等の管理　建物の区分所有の場合の管理の方法も，民法の定める共有物の管理と大きく異なる。

(a) 管理組合　区分所有法は，管理の方法として，区分所有者が，全員で，建物・建物の敷地・附属施設の管理を行うための団体を構成することを予定している点である（区分所有法3条前段）。この団体を，**管理組合**という。なお，一部共用部分に関しては，これを共有する区分所有者だけで，**一部管理組合**を組織することもできる（3条後段）。

(b) 規　約　区分所有者の権利義務に関しては，区分所有法が定める強行規定のほかは，区分所有者全員で構成される団体（＝管理組合）における自律的な規則（**規約**）により定めることができる。

規約で定めることのできる事項（**規約事項**）は，さらに，以下のものに分かれる。

一般的規約事項		「建物又はその敷地若しくは附属施設の管理又は使用に関する区分所有者相互間の事項」は，規約で定めることができる（30条1項）。
個別的規約事項	絶対的規約事項	規約によらなければ定めることのできない事項（4条2項，5条1項，11条2項，14条4項，17条1項ただし書，25条1項，27条1項，29条1項ただし書，34条3項ただし書，35条1項ただし書・4項，37条2項，38条，39条1項，49条5項ただし書，52条1項ただし書，61条4項，62条4項ただし書）。
	相対的規約事項	規約以外の方法（総会決議など）でも定めることができる事項（7条1項，26条4項，33条1項ただし書，42条5項，45条4項，49条4項）。

規約は，原則として区分所有者および議決権の4分の3以上の多数による集会の決議によって，設定・変更・廃止することができる（31条）。

(c) 集　会　集会は，管理組合の最高意思決定機関であり，その手

続に関して，区分所有法は34条以下に詳細な規定を置いている。

(d) 管理者 区分所有者は，規約に別段の定めがない限り，集会の決議によって，管理者を選任することができる（区分所有法25条）。管理者は，共用部分等の保存・集会の決議の実行・規約所定の行為を行う権限を有するほか（26条），共用部分の管理所有（27条）や，区分所有者の義務違反行為に対する訴訟の提起（57条3項）を行う権限を有する。

(e) 管理組合法人 管理組合・一部管理組合は，4分の3以上の多数決決議で，法人となることができる（区分所有法47条）。これを管理組合法人という。管理組合法人には，理事（49条）ならびに監事（50条）を置かなければならない。

管理組合法人の事務は，①原則として集会の決議によって行うが（52条1項本文），②集会の決議につき特別の定数が定められている事項事項および共同の利益に反する行為の停止請求訴訟（57条2項）を除き，理事その他の役員が決する旨の規約を設けることができ（52条1項ただし書），さらに，③保存行為に関しては，理事が決することができる（同条2項）。

(5) 復旧・建替え 区分所有法は，復旧と建替えの2つについて，独立の節を設けて規定している（第1章「第8節 復旧及び建替え」。61条〜64条）。

(a) 復旧 建物の一部が滅失した場合の復旧の手続・法律関係は，滅失の程度によって異なる。

(i) 小規模滅失の場合 建物の価格の2分の1以下に相当する部分が滅失した場合，各区分所有者は，滅失した共用部分および自己の専有部分を単独で復旧することができ（区分所有法61条1項本文），共用部分を復旧した場合には，他の区分所有者に対して，持分の割合に応じて復旧費用の償還の請求することができる（61条2項）。

(ii) 大規模滅失の場合 これに対して，建物の価格の2分の1を越える部分が滅失した場合は，各区分所有者は，単独で復旧することができず，集会における区分所有者および議決権の各4分の3以上の特別多数による復旧する旨の決議がなければならない（区分所有法61条5項）。

この場合に，復旧に賛成しない区分所有者は，復旧に賛成した区分所有

者に対して，建物およびその敷地に関する権利を時価で買い取ることを請求することができる（61条7項）。

(b) 建替え　建替えを行うためには，現在の建物をいったん取り壊さなければならないが，それは建替えに反対している者の所有権の客体を消滅させることでもある。そこで，区分所有法は，一定の条件が満たされた場合に限って，集会における区分所有者および議決権の各5分の4以上の特別多数による建替え決議を認めている（区分所有法62条1項）。

なお，建替え決議の賛成者，建替えに参加する旨を回答した区分所有者，または，これらの者全員の合意により指定されたいわゆる買受指定者は，建替えに参加しない区分所有者に対して，その区分所有権および敷地利用権を時価で売り渡すよう請求できる（63条4項）。

第9章

用益物権

9.1 用益物権の意義

(1) 制限物権　フランス・ドイツ・日本といったローマ法系の物権法は，現実的支配権である占有権の体系と，観念的支配権である所有権および制限物権の体系の，2本立ての構造をとる。

　このうち，観念的支配権の体系の内部における所有権と制限物権の関係は，所有権が目的物に関するすべての権能（使用・収益・処分権能）を権利内容とするのに対して（206条），制限物権は所有権の権能の一部を切り取ったものと構成されることから（所有権の全面性との対比），所有権に認められる性質・効力は，そのまま制限物権にも拡張・類推適用されることとなり，また，制限物権は，絶対不可侵な所有権（所有権の絶対性）に対する制約と理解されることから，期間制限が設けられ（所有権の永久性との対比），制限物権の消滅した後，所有権は全面的な支配権に自動的に復帰する（所有権の弾力性）。

(2) 他物権　制限物権は，多くの場合，他人の所有物の上に成立するから，他物権 (*jus in re alienu*) とも呼ばれるが，しかし，以下の2つの場合には，自己物の上に制限物権が成立する。

(a) 物権の混同の例外　第1に，所有権と制限物権が同一人に帰属した場合の混同（179条1項本文）の例外として，物または制限物権が第三者の権利の目的となっている場合には，混同が生じない結果（179条1項ただし書），所有者は，自己物の上に制限物権を有することとなる。

235

(b) 自己借地権　　第2に，借地借家法15条1項は，「借地権〔=「建物の所有を目的とする地上権又は土地の賃借権」。借地借家法2条1号〕を設定する場合においては，他の者と共に有することとなるときに限り，借地権設定者が自らその借地権を有することを妨げない」旨を規定している（**自己借地権**）。土地所有者Aが借地権付きマンションを分譲する際，最初の買主Bが現れた段階で，A所有地上にABを準共有者とする借地権の設定を可能にするため設けられた規定である。

なお，同条2項は，「借地権が借地権設定者に帰した場合であっても，他の者と共にその借地権を有するときは，その借地権は，消滅しない」旨を規定している（**後発的自己借地権**）。借地権付分譲マンションの居室を土地所有者が買い戻す場合を想定した規定であるが，しかし，この結論は，従来から上記(a)混同の例外として認められてきたものである。

(3) 用益物権　　所有権の権利内容のうち，目的物の**使用・収益**を権利内容とする制限物権を**用益物権**といい，目的物の処分権能のうち担保価値部分の支配権である担保物権と対置される。

民法上の用益物権は，**地上権・永小作権・地役権・入会権**の4種であり，いずれも**土地**を客体とする物権である。

これらのうち，地上権と永小作権は，**占有**を権利内容とする権利（**占有すべき権利。占有権原**。189条2項・202条にいう「**本権**」）であるのに対して，地役権は，承役地の占有を権利内容としていない。入会権は，共有入会権（263条）については占有を権利内容とするが，地役入会権（294条）は占有を権利内容としないものを含む。

9.2　地　上　権

(1) 地上権の意義　　地上権とは，「他人の土地において工作物又は竹木を所有するため，その土地を使用する」用益物権である（265条）。

(a) 工作物の所有　　「工作物」には，建物のほか，鉄塔・道路・水路・ゴルフ場・スキー場その他の地上工作物，トンネル・地下鉄のような地下工作物，高圧電線のような空間工作物があるが（なお，地下または空間を目

的とする地上権につき 269 条の 2)，これらのうち，建物の所有を目的とする地上権については，建物の所有を目的とする土地の賃借権とともに，「借地権」として借地借家法の規律に服する（借地借家法 2 条 1 号）。

			地上権（民法）	賃借権（民法）	借地権（借地借家法）
①	土地使用の目的		工作物・竹木の所有目的（265 条）	限定なし（601 条）	建物の所有目的（2 条 1 号）
②	権利の性格		土地に対する直接支配権（物権）	賃貸人に対する請求権（債権）	（地上権か賃借権かで異なる）
③	処分可能性	相続	可能	可能	（左に同じ）
		譲渡・転貸	自由	賃貸人の承諾が必要（612 条）	承諾に代わる裁判所の許可
		抵当権設定	可（369 条 2 項）	不可	（地上権は可）
④	対抗要件		地上権の登記（登記請求権あり）	賃借権の登記（605 条。登記請求権なし）	地上建物の登記等（10 条）
⑤	存続期間	定めあり	最長期・最短期の制限なし（268 条）	20 年以下（604 条）	30 年以上（3 条ただし書）
		定めなし	20 年〜50 年の範囲で決定（268 条 2 項）	いつでも解約申入れができる（617 条）	30 年（3 条本文）
⑥	更新制度		なし	あり	法定更新（5 条）等の制度あり
⑦	対価		無償または有償（有償の場合につき 265 条）	有償（賃料の支払。601 条）	借地権設定者・借地権者に地代等増減請求権あり（11 条）
⑧	義務内容	借り手側	回復不能な損害を生ずる変更不可	用方に従った使用・収益義務	借地条件の変更手続あり（17 条以下）
		貸し手側	土地所有者の修繕義務なし	賃貸人の修繕義務あり（606 条・607 条）	（上に同じ）
⑨	消滅・終了原因		限定的	広く解約を認める	「正当の事由」（6 条）
⑩	投下資本の回収		地上権者の収去権・土地所有者の売渡請求権（269 条）	費用償還請求権（608 条）・附属物の収去権（616 条・598 条）	借地人の建物買取請求権（13 条）

(b) 竹木の所有　「竹木」（＝植物と同義）の種類には制限はない。そのため，当該権利が地上権か永小作権かが争われることがあるが[(1)]，竹木の植栽が「耕作」と認定される場合には，地上権ではなく永小作権（270条参照）と認定される（もちろん，この場合に，債権である賃貸借（賃貸借の目的に限定はない。601条参照）が認定される余地もある）。なお，地上権については地代の支払が要件となっていないが（266条参照），永小作権は小作料の支払が要件となっているので（270条），無償での耕作に関しては，もっぱら債権である使用貸借が認定されることとなる。

(c) 工作物・竹木の「所有」　265条には，工作物・竹木を「所有するため」とあるが，判例・通説は，工作物・竹木が土地の「構成部分（同体的構成部分）」ないし「強い付合」の関係にあるときは，権原（ここでは地上権）による付合の例外を定めた242条ただし書の適用はないとしているので，「所有するため」要件を欠くようにも思われる。しかし，判例・通説は，「構成部分（同体的構成部分）」ないし「強い付合」の状態にある工作物・竹木に関しても，地上権の成立を認める。

(2) 地上権の発生　地上権の発生原因には，以下のものがある。

法律行為 （設定行為）	契約	地上権設定契約
	単独行為	遺言（946条）
	合同行為	社団設立の際の出資行為としての地上権設定など
非法律行為	時効取得（163条）	
	法定地上権（388条，立木法5条，民執法81条，国税徴収法127条）	
	法定借地権（立木法6条・7条，仮登記担保法10条）	

これらの発生原因のうち，法律行為（設定行為）および時効取得の場合に関しては，設定された権利が，地上権・永小作権・賃借権・使用借権のいずれであるかが明確ではないことがある。

(a) 推定地上権　明治33年（3月27日）法律第72号（地上権ニ関スル法律）1条は「本法施行前他人ノ土地ニ於テ工作物又ハ竹木ヲ所有スル為

---

(1) 大判明治33・12・10民録6輯11巻51頁，大判明治36・7・6民録9輯861頁など。

其ノ土地ヲ使用スル者ハ地上権者ト推定ス」と規定しているので，同法の施行[2]以前から存在している工作物・竹木所有目的での土地利用権は，地上権と推定される（その結果，相続により現在まで継続する）。

(b) **推定を受けない土地利用権**　上記法律の施行以降の土地利用権の性質決定に関しては，法律行為の解釈に関する一般理論に従う[3]。

(3) 地上権の存続期間　建物所有を目的とする地上権すなわち借地権たる地上権の存続期間は，借地借家法3条本文・ただし書に従い，最短期30年，契約でこれより長い期間を定めたときは，その期間となる。

建物以外の工作物ならびに竹木の所有を目的とする地上権（借地権以外の地上権）については，民法268条に従い，以下のようになる。

(a) **設定行為で存続期間を定めた場合**　永小作権・賃借権には，存続期間の最長期の期間制限があるが——永小作権については20年以上50年以下（278条），賃借権については20年以下（604条）——，地上権（および地役権・入会権）に関しては，期間制限がない。では，存続期間を永久と定める地上権（永代地上権）を設定することができるか。これを肯定した明治期の判例もあるが[4]，その後の判例には，①反対証明なき限り存続期間の定めのない地上権と解すべきとしたものと[5]，②地上権設定の目的に従った使用を終えた時点を終期（135条2項参照。不確定期限）とする存続期間の定めのある地上権と認定したものがある[6]。

(b) **存続期間の定めがない場合**　①設定行為で存続期間を定めなかった場合，および，②非法律行為による地上権の成立の場合の処理は，以下

---

(2) 旧・法例1条→現・法の適用に関する通則法2条により，「公布の日から起算して〔＝民法の初日不算入原則（140条）の例外規定である〕20日を経過した日」である明治33年4月16日になる。
(3) ただし，「建物所有を目的とする地上権は，その設定登記または地上建物の登記を経ることによって第三者に対する対抗力を取得し，土地所有者の承諾を要せず譲渡することができ，かつ，相続の対象となるものであり，ことに無償の地上権は土地所有権にとって著しい負担となるものであるから，このような強力な権利が黙示に設定されたとするためには，当事者がそのような意思を具体的に有するものと推認するにつき，首肯するに足りる理由が示されなければならない」。最（3小）判昭和47・7・18家月25巻4号36頁。
(4) 大判明治36・11・16民録9輯1244頁。
(5) 大判昭和15・6・26民集19巻1033頁。
(6) 大判昭和16・8・14民集20巻1074頁。

のようになる。

　(i) 慣習が存在する場合　存続期間に関する別段の慣習が存在する場合には，慣習に従う（268条1項）。

　(ii) 慣習が存在しない場合　「裁判所は，当事者の請求により，20年以上50年以下の範囲内において〔＝永小作権の存続期間を設定行為で定める場合（278条1項）に同じ〕，工作物・竹木の種類および状況その他地上権の設定当時の事情を考慮して，存続期間を定める」（268条2項）。

　(c) 更　　新　永小作権には更新に関する規定があり（278条2項），賃借権には更新推定の規定があるが（619条），これに対して，地上権については，更新に関する規定が設置されていない。ただし，建物所有を目的とする地上権（借地権たる地上権）に関しては，借地借家法の更新に関する規定（4条～9条）が適用される。

(4) 地上権の内容　地上権に関しては，永小作権や賃借権と比較して，権利義務の内容を規定した条文が少ない。

　(a) 地上権者の土地使用権　地上権者は，工作物または竹木所有の目的の範囲内で，土地を使用する権利を有する（265条）。

　(b) 地上権者の地代支払義務　土地使用の対価（地上権の場合には地代，永小作権の場合には小作料，賃借権の場合には賃料という）の支払は，地上権の要素ではなく，設定行為の定めまたは裁判所の決定（388条，立木法5条）がある場合に限って，地上権者に地代支払義務が生ずる。

　地代支払の態様には，(i) 設定時に一括して支払う場合と，(i) 定期で支払う場合とがある。(i) は実質的には地上権の売買であるのに対して，(ii) は永小作権の小作料・賃借権の賃料と同様なので，①永小作権に関する274条・275条・276条の3か条を準用する一方（266条1項）[7]，②それ以外の点については，性質に反しない限り，賃貸借に関する規定を準用する旨を規定している（266条2項。具体的には611条・614条の準用）。ただし，建物所有を目的とする地上権（借地権たる地上権）については，借地

---

[7] なお，土地所有者の地代の受領拒絶の意思が明確である場合には，受領遅滞を解消する措置を講じた後でなければ，266条1項・276条に基づく地上権消滅請求の意思表示をすることができないとした判例がある。最（2小）判昭和56・3・20民集35巻2号219頁。

永小作権（民法）	賃借権（民法）	地上権（民法）	借地権（借地借家法）
小作料の減免請求権なし（274条）	賃料減額請求権あり（609条）	永小作権に関する274条準用（266条1項）	地代等増減請求権あり（11条）
3年以上の無収益，5年以上小作料より少ない収益を得た場合に放棄可能（275条）	2年以上賃料より少ない収益を得た場合に解除可能（610条）	永小作権に関する275条準用（266条1項）	借地契約の更新後の建物滅失の場合のみ解約に関する規定がある（8条）
2年以上の小作料滞納の場合，土地所有者に永小作権の消滅請求権を認める（276条）	（信頼関係破壊法理により解除を制限）	永小作権に関する275条準用（266条1項）	（信頼関係破壊法理により解除を制限）
・永小作人の義務については，特別の規定・設定行為の定めなき限り，賃貸借の規定準用（273条） ・ただし，慣習がある場合には，慣習に従う（277条）	・賃借物の一部滅失による賃料減額請求権（611条） ・賃料の支払時期（614条）	地代については，上記以外は，賃貸借の規定を準用（266条2項）	地代等増減請求権（11条）

借家法の適用を受ける。

(c) 相隣関係の規定の準用　相隣関係の規定は，隣接する（i）地上権者間または（ii）地上権者と土地所有者間について準用される（267条本文。なお，同様の規定は，永小作権には存在しない）。

ただし，境界線上の工作物（境界標・囲障・障壁・溝・堀）の共有推定に関する229条の規定は，地上権設定の後に工作物が設置された場合にだけ準用される。地上権設定前の工作物は，土地所有者の共有物と推定されるべきだからである。

(d) 土地の変更行為の制限　永小作権に関しては，「永小作人は，土地に対して，回復することのできない損害〔＝平成16年民法現代語化改正前は「永久ノ損害」という表現が用いられていた〕を生ずべき変更を加えることができない」旨の規定があるが（271条），地上権には，このような規定が

ない。

　しかし，判例・通説は，同条を地上権に類推適用して，地上権者も回復不能な損害をもたらす変更行為はできないとしている[8]。

(e)　地上権の譲渡・土地の賃貸　また，永小作権に関しては，永小作権の譲渡，永小作人による土地の賃貸を認める規定が存在するが（272条），地上権には規定がない。一方，賃借権に関しては，自由な譲渡・転貸は認められていない（612条）。だが，地上権（および永小作権）の上に抵当権を設定することは認められている（369条2項）。判例・通説は，地上権の自由譲渡性ならびに賃貸の自由を認める[9]。

　なお，地上権者が，土地上に所有している工作物・竹木を譲渡した場合には，特段の意思表示のない限り，地上権も移転する[10]。

(f)　物権的請求権・占有訴権　地上権も物権であるから，侵害者に対して物権的請求権を行使できる。また，地上権（および永小作権・共有入会権）は占有を権利内容とする権利（占有権原。占有すべき権利）であるから，地役権と異なり，物権的返還請求権・占有回収の訴えを行使できる。

(g)　土地所有者の義務　土地所有者（地上権設定者のみならず，地上権の設定された土地の第三取得者も含む）は，地上権者の土地の使用を妨害してはならない消極的義務を負うが[11]，しかし，特約のない限り，土地を地上権者の使用に適する状態に置く積極的義務を負わない[12]。この点は，永小作権も同様であるが，これに対して，債権である賃貸借に関しては，賃貸人は，賃借人の使用・収益に必要な修繕義務を負う（606条1項）。

(5)　地上権の対抗　地上権の変動（設定・移転・消滅）は，不動産物

---

(8)　大判昭和15・11・19大審院判決全集8輯1号3頁など。
(9)　大判明治32・1・22民録5輯1巻31頁，大判明治36・12・23民録9輯1472頁，大判明治37・6・24民録10輯880頁など。
(10)　大判明治33・3・9民録6輯3巻48頁，大判明治37・12・13民録10輯1600頁，大判明治39・2・6民録12輯174頁，大判大正10・11・28民録27輯2070頁。その法律構成につき，最（2小）判平成8・1・26民集50巻1号155頁〔判プラⅡ182事件〕は，「建物のために借地権が存在する場合には，建物の買受人はその借地権を建物に従たる権利として当然に取得する関係に立つ」とする（ただし，借地権が土地賃借権の事案）。
(11)　大判大正6・9・6民録23輯1250頁など。
(12)　大判明治37・11・2民録10輯1389頁など。

権に関する一般原則（177条）に従い，登記をしなければ第三者に対抗することができない。賃借権の登記（605条）と異なり，物権である地上権に関しては，地上権者は土地所有者に対して登記請求権を有する。ただし，建物所有を目的とする地上権（借地権たる地上権）に関しては，土地所有者の協力を仰がずとも，自己の所有物である地上建物に関する登記が，借地権の対抗要件となる（借地借家法10条）。

(6) 地上権の消滅　地上権の消滅原因は，以下の通りである。なお，放棄（②・⑥）に関しては，地上権が抵当権の目的となっている場合には，地上権を放棄しても，これをもって抵当権者に対抗することができない（永小作権の放棄についても同様。398条）。

①	物権一般の消滅原因	混同（179条）その他	
②	定期の地代を支払う場合に固有の消滅原因	地上権者による地上権の放棄（266条1項→275条準用）	
③		土地所有者による地上権消滅請求（266条1項→276条準用）	
④	すべての地上権に共通の消滅原因	存続期間の定めのある場合	存続期間の満了
⑤		存続期間の定めのない場合 ／ 別段の慣習のある場合	慣習に従う（268条1項）
⑥		存続期間の定めのない場合 ／ 別段の慣習のない場合	地上権者による地上権の放棄（268条1項）

(7) 工作物・竹木の収去権・売渡請求権　地上権が消滅した場合，土地上に地上権者が所有していた工作物・竹木は，242条ただし書の権原を失って土地に付合することになる。しかし，269条は，この場合に，①地上権者による工作物・竹木の収去権（1項本文）と，②土地所有者による工作物・竹木の売渡請求権（1項ただし書）を規定する。なお，①・②とも，別段の慣習がある場合には，慣習に従う（269条2項）。

　269条は，永小作権に準用される（279条）。使用貸借・賃貸借においては，①借主による附属物の収去権はあるが（598条・616条），②貸主からの売渡請求権はない。なお，③借地権に関しては，借地権者の側から土地所有者に対する建物買取請求権が認められている（借地借家法13条）。

	①借り手の収去権	②貸し手の売渡請求権	③借り手の買取請求権
地上権	○（269条1項本文）	○（269条1項ただし書）	×
永小作権	○（279条→269条準用）	○（279条→269条準用）	×
使用借権	○（598条）	×	×
賃借権	○（616条→598条準用）	×	×
借地権	—	—	○（借地借家法13条）

(8) 区分地上権　　地上権は，地下または空間に工作物を所有する目的で，上下の範囲を定めて設定することもできる（269条の2）。

この場合の地上権（区分地上権）は，地下または空間の一定の範囲にしか及ばないのが原則であるが（269条2前段），しかし，区分地上権の行使のために土地の使用に制限を加える必要があるときは，設定行為により制限を設けることができる（269条の2後段）。

また，区分地上権は，すでに土地について第三者が使用収益権を有している場合にも，使用収益権者およびその使用収益権を目的とする権利を有する者（たとえばA所有の土地にすでに地上権者Bがおり，Bの地上権にCの抵当権が設定されている場合には，BおよびC）の承諾を得れば，土地所有者Aとの間で設定することができ（269条の2前段），使用収益権者Bが，承諾にもかかわらず，区分地上権の行使を妨害した場合には，区分地上権者は妨害排除請求権を行使できる（269条の2後段）。

9.3　永小作権

(1) 永小作権の意義　　永小作権は，耕作または牧畜のために，小作料を支払って，他人の土地を利用する用益物権である（270条）。地上権の場合，当事者の呼称は，土地の所有者と地上権者であるが，永小作権の場合には，土地の所有者（276条）と永小作人（270条等）になる。

(a)「耕作」目的　　「耕作」とは，土地に労力を加えて植物を栽培することをいう。物（植物）よりも労力の側に力点が置かれている点において，加工（246条）とよく似ている。これに対して，物（植物）の側に力点が置

		永小作権（民法）	賃借権（民法）	農 地 法
①	土地使用の目的	耕作・牧畜（270条）	限定なし（601条）	農地・採草放牧地（2条1項）
②	権利の性格	土地に対する直接支配権（物権）	賃貸人に対する請求権（債権）	（地上権か賃借権かで異なる）
③ 処分可能性	相続	可能	可能	（左に同じ）
	譲渡・転貸	自由（272条）	賃貸人の承諾が必要（612条）	権利移動には許可が必要（3条・5条）
	抵当権設定	可（369条2項）	不可	（永小作権は可）
④	対抗要件	永小作権の登記（登記請求権あり）	賃借権の登記（605条。登記請求権なし）	賃借権につき引渡（16条）
⑤ 存続期間	定めあり	20年以上50年以下（278条1項）	20年以下（604条）	賃貸借につき50年以下（19条）
	定めなし	30年（278条3項）	いつでも解約申入れができる（617条）	賃貸借につき解約等の制限あり（18条）
⑥	更新制度	あり（278条2項）	あり	賃貸借につき法定更新制度あり（17条）
⑦	対価	有償（小作料の支払。270条）	有償（賃料の支払。601条）	借賃等増減請求権あり（20条）
⑧ 義務内容	借り手側	回復不能な損害を生ずる変更不可（271条）	用方に従った使用・収益義務	賃貸借につき契約の文書化が必要（21条）
	貸し手側	土地所有者の修繕義務なし	賃貸人の修繕義務あり（606条・607条）	（上に同じ）
⑨	消滅・終了原因	限定的（276条など）	広く解約を認める	賃貸借につき解約等の制限あり（18条）
⑩	投下資本の回収	永小作人の収去権・土地所有者の売渡請求権（279条）	費用償還請求権（608条）・附属物の収去権（616条・598条）	国の附帯施設の買取権（12条），被買収者の買取請求権あり（22条・23条）

かれる場合には，永小作権ではなく，竹木の所有を目的とする地上権を設定することになる。

(b) 永小作権の規定の意義 今日，永小作権が新たに設定されることはほとんどなく，耕作・牧畜目的の土地の賃借権が設定されるのが通例である。それゆえ，永小作権の今日的意義は，その条文が，地上権に準用・類推適用される点に尽きるといってよい。

(c) 農地法による規制 他方，農地法（昭和27年法律第229号）は，「耕作の目的に供される土地」を「農地」といい，「農地以外の土地で，主として耕作又は養畜の事業のための採草又は家畜の放牧の目的に供されるもの」を「採草放牧地」と呼んで（同法2条1項），権利移動・転用の規制や，利用関係の調整に関する規定を設置している。

(2) 永小作権の発生 永小作権の発生原因には，次のものがある。

法律行為 （設定行為）	契約	永小作権設定契約
	単独行為	遺言（946条）
	合同行為	農業生産法人（農地法3条3項1号～3号の要件を備えた農事組合法人・株式会社をいう）設立の際の出資行為としての永小作権設定など
非法律行為	時効取得（163条）	

なお，法律行為による設定に関しては，農地法3条の許可が必要となる。

(3) 永小作権の存続期間 永小作権に関しては，他の用益物権（地上権・地役権・入会権）と異なり，存続期間に制限がある（20年以上50年以下。278条1項前段）。なお，設定行為で50年以上の存続期間を定めた場合には，期間の定めのない場合にはならず，50年の存続期間のある永小作権となる（278条1項後段）。永小作権の更新は可能であるが，更新後の期間も50年を越えてはならない（278条2項）。

一方，期間の定めがない場合には，別段の慣習がある場合を除き，一律に30年となる（278条3項）。

(4) 永小作権の内容 地上権とほぼ同様である。

(a) 永小作権者の土地使用権 永小作権の土地使用権は，設定行為によって定められた種類の「耕作」「牧畜」のいずれか，あるいはその両方

の目的の範囲に限られる。

(b) 永小作権者の小作料支払義務　他の用益物権（地上権・地役権・入会権）と異なり，永小作権における対価（小作料）支払義務は，権利の必要的（本質的）要素である（270条）。

　賃借権と異なり，①小作料の減免請求権はなく（274条），また，②放棄が認められる要件も，継続して3年以上の無収益か，5年以上小作料より少ない収益を得た場合であって（275条），賃貸借の解除の要件（2年以上賃料より少ない収入を得た場合。610条）より厳しい。なお，③小作料を2年以上継続して滞納した場合には，土地所有権者に永小作権の消滅請求権が認められる[1]。以上①274条・②275条・③276条の3か条は，定期の地代を支払う場合の地上権に準用されるが（266条1項），地上権との差異は，別段の慣習がある場合には，慣習に従う旨の規定が存する点である（277条。同条に関しては，地上権に準用されていない）。

(c) 相隣関係の規定の準用　その一方で，永小作権については，地上権におけるような相隣関係規定の準用規定（267条）は存在しないが，学説は，地上権に関する267条を類推適用して，相隣関係に関する規定の準用を認める。

(d) 土地の変更行為の制限　他方，永小作権に関しては，地上権と異なり，土地に回復不能な損害を生ずるような変更行為を行ってはならない旨の明文規定がある（271条）。

(e) 永小作権の譲渡・土地の賃貸　さらに，永小作権は，地上権と異なり，原則として譲渡・土地の賃貸を認める旨の明文規定がある（272条本文）。ただし，設定行為で譲渡・賃貸を禁ずることも認められ（同条ただし書），この特約は，登記することにより第三者に対抗可能となる。

　なお，地上権とともに，永小作権についても，抵当権の目的とすることができる旨の規定がある（369条2項）。

(f) 物権的請求権・占有訴権　永小作権は，地上権・共有入会権とと

---

[1] なお，276条にいう「引き続き2年以上小作料の支払を怠ったとき」とは，継続して2年分以上の滞納をすることをいい，1年分を滞納した永小作人が後年再び1年分を滞納した場合は，276条の要件を満たさない。大（民連）判明治43・11・26民録16輯759頁。

もに，占有を権利内容とする権利（占有権原。占有すべき権利）なので，物権的返還請求権・占有回収の訴えを行使することができる。

(g) 土地所有者の義務　地上権の場合と同様，土地所有者には土地を永小作人の使用に適する状態に置く積極的義務がない点において，賃貸借（606条）と異なる。

(5) 永小作権の対抗　地上権と同様，永小作権も，不動産物権に関する一般原則（177条）に従い，登記なくして第三者に対抗できない。

(6) 永小作権の消滅　永小作権の消滅原因は，以下の通りである。なお，放棄（②）に関しては，抵当権の目的となっている場合には，永小作権を放棄しても，これをもって抵当権者に対抗することができない（地上権の放棄についても同様。398条）。

①	物権一般の消滅原因	混同（179条）その他	
②	永小作権に固有の消滅原因	永小作権者による永小作権の放棄（275条）	
③		土地所有者による永小作権消滅請求（276条）	
④		存続期間の定めのある場合	存続期間の満了
⑤		存続期間の定めのない場合	別段の慣習のある場合	慣習に従う（278条3項）
⑥			別段の慣習のない場合	30年の存続期間の定めのある場合となる（278条3項）

(7) 工作物・竹木の収去権・売渡請求権　永小作権が消滅した場合の地上の植栽や工作物の処理に関しては，地上権に関する規定（269条）が準用され（279条），①永小作人は収去権を有する一方，②土地所有者には売渡請求権が認められる。

9.4　地役権

(1) 地役権の意義　地役権とは，自己の土地（要役地という。281条に定義がある）の便益のために，他人の土地（承役地という。285条に定義がある）を利用する用益物権である（280条）。

(a) 地上権・永小作権との違い　①地上権・永小作権が，人（地上権者・永小作人）の物（土地）に対する権利であるのに対して，地役権は物（要役地）が物（承役地）に対して有する権利である。その結果，地役権は，要役地の所有権に従たる権利として，要役地の所有権とともに移転し，要役地から分離して譲渡することができない（地役権の付従性。281条）。また，②地上権・永小作権の内容が，「工作物」「竹木」の所有あるいは「耕作」「牧畜」といった特定目的の土地使用であるのに対して，地役権の目的である「便益」の種類・内容には限定がない。その結果，たとえば要役地からの観望を確保するために承役地を空き地にしておくといった，土地の不使用を内容とする地役権も設定できる。

(b) 相隣関係との違い　相隣関係は，隣接不動産の所有権の範囲につき，立法者が最低限必要と考えた調節を法定したものであり，したがって，①法定されている種類・内容の権利義務しか発生せず，また，②隣接不動産の所有権を有する者にしか発生しない。これに対して，①地役権の目的である「便益」の種類・内容に限定は加えられていない。また，②要役地と承役地は隣接地である必要はない。

（2） 地役権の発生　地役権の発生原因には，次のものがある。

法律行為 （設定行為）	契約	地役権設定契約
	単独行為	遺言（946条）
	合同行為	社団設立の際の出資行為としての地役権設定など
非法律行為	時効取得（283条）	

(a) 要役地の利用権者による地役権の取得　280条は，地役権を「自己の土地」の便益に供する権利と定義しているから，地役権を取得できるのは，要役地の所有者に限られるように思われる。①時効取得に関して，判例は，要役地の賃借人による地役権の時効取得を否定し[1]，地役権を時効取得できるのは，要役地の所有者のほか，地上権者のごとき物権者に限られるとするが[2]，②登記実務は，要役地の賃借人が登記を備えている

---

[1] 大判昭和2・4・22民集6巻198頁。

場合には，賃借権について物権的効力が生じているので，賃借権の存続期間の範囲内において地役権を設定し，その登記をすることができるとしている[3]。

(b) 1筆の土地の一部についての地役権　①1筆の土地の一部を承役地とする地役権が認められることは，282条2項ただし書・287条が予定しているが，②1筆の土地の一部を要役地とする地役権については，民法も不動産登記法も予定していない。学説は，②の地役権の成立を否定するが，1筆の土地の一部の所有権の譲渡・時効取得に関する判例・学説の立場と歩調を合わせるならば，②1筆の土地の一部を要役地とする地役権についても，当事者間での成立を肯定したうえで，分筆のうえ地役権の登記を経由しなければ第三者に対抗できないと解することになろう。

(c) 地役権の時効取得　地役権の時効取得は，(i) 継続的に行使され，かつ，(ii) 外形上認識可能なものに限って認められる（283条）。不継続あるいは外形上認識不能な地役権については，承役地の所有者が好意で便益を事実上提供している場合や，時効中断の機会のない場合が多いからである。さらに，判例は，通行地役権に関して，(i)「継続」要件を厳格に解しており，①通路が開設されていることに加えて，②その開設が要役地所有者によってなされることを要求している[4]。

(3) 地役権の存続期間　地役権については，地上権（268条）や永小作権（278条）のような存続期間に関する規定が設置されておらず，登記事項にもなっていないことから，存続期間を「永久」と定めてもよいと解されている。所有権の絶対性との関係では，所有権に対する制限は常に有期でなければならないが，この点は，地役権に固有の時効による消滅の規定（289条〜293条）によって手当てされていると見られる。

(4) 地役権の内容　地上権・永小作権と対比しつつ述べれば，以下の通りである。

---

(2)　東京地判昭和28・2・4下民集4巻2号156頁。
(3)　昭和39・7・31民事甲第2700号民事局長回答・先例集追Ⅳ155頁。
(4)　最（3小）判昭和30・12・26民集9巻14号2097頁，最（2小）判昭和33・2・14民集12巻2号268頁，最（2小）判平成6・12・16判時1521号37頁・判タ873号81頁。

(a) 承役地の利用　地役権者は，設定行為で定めた目的に従い，承役地を要役地の便益に供する権利を有する。地上権・永小作権と異なり，便益の種類・内容は限定されておらず，その結果，種々の便益を目的とする地役権が存在するが（通行地役権・用水地役権・観望地役権・日照地役権など），ただし，以下のような制約はある。

(i) 相隣関係の強行規定に反しない利用　第1に，承役地の利用方法は，相隣関係の強行規定に反するものであってはならない（280条ただし書）。相隣関係における強行規定とは，209条・210条214条・220条などであり，たとえば袋地所有者の通行権（209条）を認めない内容の地役権を設定することはできない。

(ii) 占有以外の利用　第2に，承役地に開設された通路や水路等は，承役地に付合するか，付合しなくても承役地所有者の所有となる。要役地所有者が工作物を所有したければ，地役権ではなく，工作物所有目的の地上権を設定すべきことになる。すなわち，地役権における便益の内容は，承役地を占有するものであってはならない。換言すれば，地上権や永小作権と異なり，地役権は，占有すべき権利（占有権原）ではない。

(iii) 必要最小限の利用　第3に，承役地の利用は，相隣関係における利用調節の基準と同様，承役地の便益にとって必要最小限で，かつ，承役地の損害が最も少ないものでなければならない。この点に関しては，以下の2つの利用調節規定が設置されている。

(ア) 用水地役権に関する利用調節規定　その1は，用水地役権に関する渇水調整の規定であり，①承役地から供給される水の総量が，要役地および承役地の需要に比して不足するときは，各土地の需要に応じて，まずこれを生活用に供し，その残余を他の用途に供すべきものとされている（285条1項）。②この分配原則は，設定行為によって変更することができるが（同条項ただし書），しかし，特約の登記がなければ第三者（要役地・承役地の譲受人など）に対抗できない。なお，③同一の承役地に，数個の用水地役権が設定された場合には，上記①の渇水調整規定は働かず，登記が先の用水地役権者が優先的に水を利用し，その残部を登記が後の用水地役権者が利用する（285条2項）。

(イ) 承役地上の工作物の利用調節規定　その2は，承役地上に設置された通路や水路などの工作物（設置者は要役地所有者の場合も承役地所有者の場合もある。286条参照）の共同利用を定めた規定であり，①承役地所有者は，要役地所有者の地役権の行使を妨げない範囲内において，承役地上に設置された工作物の使用権を有するが（288条1項），しかし，②その場合の承役地所有者は，利益を受ける割合に応じて，工作物の設置・保存の費用を分担しなければならない（288条2項）。なお，法定地役権である相隣関係についても，同様の規定がある（221条）。

(b) 地役権の対価　地上権と同様，対価の支払は，地役権の要素ではない。しかも，地上権と異なり，対価の支払の定めは登記事項になっていないため，当事者間での債権的効力を有するにすぎない[5][6]。

(c) 地役権の付従性・不可分性　地上権・永小作権と異なり，地役権は，人（地上権者・永小作権者）ではなく物（要役地）に認められた権利であることから，譲渡等に関して，次のような制約がかかる。

(i) 地役権の付従性　その1は，281条の規定する地役権の(ア)要役地の所有権に対する付従性ないし随伴性（＝移転に関する付従性のこと。1項）と，(イ)要役地に対する付従性・随伴性（2項）である。

(ア) 要役地の所有権に対する付従性　地役権は，要役地の所有権に従たる権利であって，①要役地の所有権が移転し，あるいは②他の権利（地上権・抵当権など）の目的となったときは，当然に地役権も移転し，あるいは他の権利の目的となる（281条1項本文）。しかも，この場合には，主たる権利である要役地の所有権の公示・対抗要件が，従たる権利である地役権の公示・対抗要件となるので（＝主物・従物（87条）の場合と同様），承役地の地役権の移転登記をしなくても，要役地の所有権の移転登記があれば第三者に対抗することができる[7]。

---

(5) 大判昭和12・3・10民集16巻255頁。
(6) なお，土地改良法（60条・62条・96条）・土地区画整理法（113条）は，土地改良事業・土地区画整理事業によって，地上権・永小作権・地役権・賃借権その他の使用収益権の目的土地の利用価値に変化が生じた場合に，地代・小作料・地役権の対価・賃借料その他の使用収益権の対価に関する減額・払戻請求権あるいは増額請求権を認めている。
(7) 大判大正13・3・17民集3巻169頁。

ただし，設定行為に別段の定めがある場合には，地役権は要役地の所有権に付従・随伴しない（281条1項ただし書）。たとえば設定行為で，現在の要役地所有者に限って地役権を認める旨の特約をした場合には，要役地の所有権移転によって，地役権は消滅する。ただし，この別段の定めを第三者に対抗するためには，特約の登記が必要である。

(イ)　**要役地に対する付従性**　　地役権は要役地の便益のための権利なので，要役地に対しては例外なく付従し，地役権を要役地と分離して①譲渡し，あるいは②他の権利の目的とすることはできない（281条2項）。

　(ii)　地役権の不可分性　　その2は，要役地または承役地が共有の場合につき，地役権の不可分性を定めた282条および284条・292条の規定である。

(ア)　**地役権の消滅，要役地・承役地の分割・一部譲渡**　　このうち282条は，①要役地が共有である場合に地役権の準共有者が地役権を消滅させる場合（1項）と，②要役地・承役地が分割・一部譲渡された場合の地役権の及ぶ範囲（2項）について規定する。

　①要役地が共有である場合，各共有者は単独で地役権全体を消滅させることはできないが（251条の変更行為に当たる），のみならず，自己の持分についてだけ地役権を消滅させることもできない。同様に，承役地が共有である場合についても，共有者の1人の持分についてだけ地役権を消滅させることはできない（以上につき，282条1項）。

　②要役地または承役地が分割ないし一部譲渡によって数人の者の共有となった場合でも，地役権は分割・一部譲渡により数筆となった要役地・承役地の全部について，従来どおりに存続する（282条2項本文）。ただし，地役権が分割・一部譲渡された土地の一部に関する場合には，その他の部分に関して地役権は消滅する（ただし書）。

(イ)　**地役権の取得時効・消滅時効**　　また，共有地を要役地とする地役権の①時効取得・②時効消滅に関しても，次のような規定がある。

　①甲土地が共有の場合に，共有者の1人が乙土地につき地役権を時効取得した場合には，共有者全員による地役権の準共有となる（284条1項）。また，時効の中断については，すべての共有者に対してしなければ，効力

を生じない（同条2項）一方，共有者の1人について時効の停止の原因があっても，時効の進行に影響を与えない（同条3項）。

これに対して，②甲土地（要役地）の共有者が乙土地（承役地）に対して地役権を有している場合に，共有者の1人について生じた時効の中断・停止は，共有者全員のために効力が及ぶ（292条）。

(d) 物権的請求権　地上権・永小作権と異なり，地役権は承役地の占有を権利内容としていないので，地役権の準占有に基づく準占有保持・準占有保全の訴えを提起できるが，占有回収の訴えは提起できない[8]。同様に，地役権者は，物権的妨害排除請求権・物権的妨害予防請求権は行使できるが，物権的返還請求権は行使できない[9]。

(e) 土地所有者の義務　地上権・永小作権と同様，地役権に関しても，承役地所有者は，基本的には，地役権の行使を受忍する義務（＝作為地役権の場合），一定の行為をしない義務（＝不作為地役権の場合）を負うにすぎない点において，債権である賃借権（606条）と異なる。

ただし，①設定行為または②設定後の契約により，承役地所有者が地役権者のために自己の費用で工作物の設置し，または修繕する義務を負うことは妨げない（286条）。これらの義務について特約の登記があれば，承役地の特定承継人も拘束する。

では，もし承役地所有者が，286条の義務が重いと感じた場合には，どうすべきか。地上権と異なり，地役権における工作物は承役地に付合しているので，承役地所有者は，地役権に必要な土地部分の所有権を放棄して地役権者に移転することで，286条の義務を免れることができる（287条）。なお，これは1筆の土地の一部の譲渡なので，分筆登記のうえ所有権移転登記を経由しなければ，第三者に対抗することができない。

(5) 地役権の対抗　地役権の取得・移転・消滅もまた，177条の一般原則に従う。各種特約に関しては，登記が認められている場合には第三者に対抗可能であるが，登記能力がない場合には当事者間での債権的効力

---

[8]　大判昭和12・11・26民集16巻1665頁。
[9]　最（3小）判平成17・3・29判時1895号56頁・判タ1180号182頁。

しか有さない。

　地役権の対抗力に関して，とくに注意すべきは，地役権が要役地の所有権の従たる権利とされていることから，要役地の所有権の移転登記があれば，承役地について地役権の移転登記がなくても，第三者に対抗することができる点である(10)。また，判例は，177条の「第三者」の主観的要件につき，背信的悪意者（信義則違反の悪意者）排除論とは別個の法理を用いて，通行地役権の存在につき善意（有過失）の信義則違反者を177条の「第三者」から除外している(11)。その他，地役権に関する近時の判例には，通行地役権の承役地の譲受人が背信的悪意者である場合には，未登記の地役権者は，背信的悪意者たる承役地譲受人に対して，地役権設定登記手続を請求できるとしたものがある(12)。

（6）地役権の消滅　　地役権の消滅原因は，以下の通りである。

①	存続期間の定めのある場合	存続期間の満了
②	物権一般の消滅原因	要役地所有者の承役地の所有権取得による混同（179条）その他
③	地役権に固有の消滅原因	工作物の設置・修繕義務を負う承役地所有者の地役権に必要な土地部分の所有権放棄・地役権者への移転（287条）
④		承役地の占有者の時効取得による地役権の消滅（289条・290条）
⑤		地役権の消滅時効（291条〜293条）

　なお，③287条の承役地所有者の一方的意思表示（放棄）による1筆の土地の一部の地役権者への移転の場合，地役権は，②混同により消滅する。

（a）承役地の占有者の時効取得による地役権の消滅　　また，(i) 地役権を排除するような態様で承役地を占有した者は，地役権の付着していない土地を時効取得し，その反射的効果として，地役権は消滅する（289条）。ただし，地役権者が時効完成前に地役権を行使すれば，占有者は，地役権の付着した所有権を時効取得する（290条）。なお，(ii) 地役権の存在を容

---

(10) 前掲注(7)・大判大正13・3・17。
(11) 最（2小）判平成10・2・13民集52巻1号65頁〔百選Ⅰ59事件・判プラⅠ246事件〕。
(12) 最（2小）判平成10・12・18民集52巻9号1975頁。

認したうえで占有を続けた者も，地役権の付着した所有権を時効取得する。

(b) 地役権の時効消滅　地上権・永小作権は，占有を権利内容としているため，権利の存続期間中は，現実的あるいは観念的な占有を通じて常に権利を行使し続けている状態にある。しかし，地役権は，占有を権利内容としていないため，20年間権利行使がない場合には，167条2項により時効消滅する。

(i) 消滅時効の起算点　その場合の消滅時効の起算点は，①不継続地役権については最後の権利行使の時，②継続地役権については行使を妨げる事実の生じた時とされている（291条）。

(ii) 地役権の一部不行使の場合　たとえば幅員4メートルの通行地役権が設定されているのに，地役権者が，それ以下の幅員の通路しか開設しなかった場合には，権利の不行使部分が時効消滅する（293条）。

9.5　入　会　権

(1) 入会権の意義　入会権とは，一定の地域の住民集団（入会団体）が山林原野など（入会地）を共同で支配・管理し，入会団体に属する各構成員が農業生産や生活のために使用・収益する権利をいう。

(a) 入会権の種類　入会権は，民法典の定める10種の物権の一つであるが，他の物権のように独立の章をもたず，(i)所有権の章の共有の節と，(ii)地役権の章の中に，各1条・合計2か条（(i)263条・(ii)294条）が置かれているのみである。

(i)	共有入会権	共有の性質を有する入会権については，①各地方の慣習に従うほか，②所有権の共有の規定を「適用」する（263条）。
(ii)	地役入会権	共有の性質を有しない入会権については，①各地方の慣習に従うほか，②地役権の規定を「準用」する（294条）。

(i)共有入会権・(ii)地役入会権の区別は，入会地に対して入会団体が所有権を有しているか否かに基づく[1]。すなわち，(i)共有入会権は，入会

---

(1)　大（民連）判大正9・6・26民録26輯933頁。

地の所有権を入会団体が共同所有するものであり，これに対して，(ii) 地役入会権は，入会団体が他人の土地に対して有する地役権類似の用益物権を有する場合である。

(b) 地役入会権における地役権の規定の「準用」　(i) 共有入会権においては，所有権の共有の規定が「適用」されるのに対して，(ii) 地役入会権においては，地役権の規定が「準用」されるにすぎない理由は2つある。すなわち，①地役権が土地（要役地）に付従する権利であるのに対して，入会権は入会団体（ないしその構成員）に付従する権利（人役権）である。また，②地役権が，承役地の占有を権利内容としない権利であるのに対して，地役入会権の内容は，各地方の慣習によって定まり，その中には，地役権と同様，占有を権利内容としない他人の土地利用の場合もあるが，地上権・永小作権と同様，占有を権利内容とする土地利用もある[2]。

(c) 地役入会権の対象となる他人の土地　地役入会権は，他人の所有する土地上に成立するが，土地の所有者は，①私人の場合も，②国家公共団体の場合もある。しかし，②国有地・公有地上の地役入会権の成立をめぐっては，古くから大いに争いがあった。

(i) 国有地上の地役入会権　地租改正の一環として明治7年に行われた官有地と民有地の区分（官民有土地区分）の際に[3]，多くの山林原野が官有地に組み込まれたため，それまで共有入会権が成立していた土地が官有地に編入された後に地役入会権を認めるかどうかが問題となった。戦前の判例は，官有地編入により従前の入会権（共有入会権）は消滅し，地役入会権として存続しないとの立場をとっていたが[4]，戦後の判例変更により，官有地編入後も入会団体による土地利用の慣行が従前通り存続している場合には，地役入会権としての存続が肯定されるに至っている[5]。

---

(2) 最（2小）判昭和63・1・18判時1265号72頁・判タ661号110頁……共有の性質を有しない入会地上の天然の立木の所有権の帰属につき，当該入会権の内容が立木の所有を目的とするものではないとして，土地所有者に帰属するとした事案。これに対して，当該地役入会権の内容が，竹木の所有目的と認定された場合には，地上権と同様，土地を占有すべき権利となったであろう。
(3) 明治7年11月7日太政官布告第120号「地所名称区別改正法」。
(4) 大判大正4・3・16民録21輯328頁。
(5) 最（3小）判昭和48・3・13民集27巻2号271頁〔判プラⅠ325事件〕。

(ⅱ) 公有地上の地役入会権　また，明治21年の町村制の施行後には[6]，入会団体の市町村への組織改編により，共有入会地が市町村有財産に再編された例も多い。この場合に関しても，判例は，従前の入会慣行が存続しているかどうかを判断基準とし，入会団体の統制が次第に市町村による統制に移行し，慣行の変化があったと認められる事案につき，地役入会権は漸次解体して消滅したとする[7]。

(2) 入会権の発生　入会権の発生原因は，慣習である。どの程度確立された慣習かは，慣習法上の物権の認定基準と同程度と解される。

慣習の成立時期に関しては，民法制定前からの旧慣であることが通例であるが，学説は，民法制定後であっても，慣習として確立されていると認定されれば，入会権の成立を肯定すべきとする。

(3) 入会権の内容　(ⅰ) 共有入会権・(ⅱ) 地役入会権の実質的な権利主体は，入会団体そのものである。しかしながら，この共同体は，構成員と別個独立の法人格をもたない。だが，他方において，入会団体の構成員の側も，狭義の共有や組合の合有で認められていたような物権的な意味における（＝持分の譲渡・分割の自由を認めるという意味における）持分をもたないとされ，このような団体が，(ⅰ) 入会地に関する所有権を有する場合（共有入会権），その共同所有関係を総有と呼んでいる。一方，所有権以外の財産権の共同所有を準共有と呼ぶことから（264条），(ⅱ) 他人の所有する土地上に共同で慣習上の用益物権（地役入会権）を有している場合を準総有と呼んでいる。

なお，財産の帰属に関して総有・準総有が生ずる団体には，権利能力なき社団があるが，入会団体が権利能力なき社団の成立要件[8]を満たしている場合には（権利能力なき社団たる入会団体），権利能力なき社団に関する規律・処理が，基本的に適用されることになる[9]。もっとも，(a) 入会団体の組織構造や入会地の管理方法，あるいは(b) 構成員の範囲や使用収益

---

(6)　明治21年4月25日法律第1号「町村制」。
(7)　最（2小）判昭和42・3・17民集21巻2号388頁。さらに，最（2小）判昭和57・1・22訟月28巻5号890頁。
(8)　最（1小）判昭和39・10・15民集18巻8号1671頁〔百選Ⅰ9事件・判プラⅠ40事件〕。

権の内容は，各地方の慣習で決まるので，入会団体が権利能力なき社団の要件を満たすかどうかも，慣習の内容次第である。

　共有財産や組合財産と同様，入会財産をめぐる法律関係もまた，(a) 入会団体の管理処分権能の問題と，(b) 各構成員の有している使用収益権能の問題に分かれる。

(a)　入会団体の管理処分権　　このうち，(a) 入会地の管理方法もまた，①第１次的には各地方の慣習によって定まるが，しかし，②入会団体の自律的な決定に委ねる旨の慣習も多い。①慣習あるいは②慣習の委任を受けた入会団体の決議・規約等による管理処分権の内容は，民法の規定に優先するので（263 条・294 条），たとえば①慣習が入会財産の処分を認め，かつ，処分行為に関して構成員全員の同意を不要としている場合には，それが公序良俗に反するなどその効力を否定すべき特段の事情が認められない限り，有効である[10]。

(b)　構成員の使用収益権　　他方，典型的な入会権においては，各構成員の有している入会地の使用収益権能は，(ⅰ) 入会団体との間に存在する**債権**，あるいは，(ⅱ) 入会団体の構成員たる地位から生ずる**事実上の利益**にすぎず，物権的な意味における持分（持分権）はないとされる。しかしながら，この点に関する慣習もまた多種多様であり，持分の自由譲渡や，入会地の分割を認め，あるいは入会団体からの離脱者に対して相当額の対価・保証金の支払を認める慣習も存在する。

　なお，(a) 入会団体あるいは (b) 各構成員による入会地の利用の仕方を大別すれば，次頁の表のようになる。判例は，①入会団体の直轄型の利用の事案については，入会権の存続を認定するが[11]，④構成員が個人的に分配を受けた土地につき，独占的な使用収益と，自由な譲渡が認められてい

---

(9) 最（３小）判平成６・５・31 民集 48 巻４号 1065 頁〔百選Ⅰ78 事件・判プラⅠ322 事件〕……権利能力なき社団たる入会団体に総有権確認請求訴訟の原告適格（民訴法 29 条）を認めた事案，最（２小）判平成 15・４・11 判時 1823 号 55 頁・判タ 1123 号 89 頁……入会地の売却代金債権が権利能力なき社団たる入会団体の構成員に（準）総有的に帰属するとした事案。
(10) 最（１小）判平成 20・４・14 民集 62 巻５号 909 頁〔判プラⅠ318 事件〕……役員会決議に基づいた共有入会地の交換契約を有効とした事案。
(11) 最（３小）判昭和 32・６・11 裁判集民事 26 号 881 頁。

る場合には，入会権の消滅を認定している[12]。

①	団体的利用形態	直轄型	入会地につき構成員の個人的利用を禁止し，入会団体の直轄管理による造林等の事業を行い，その収益を構成員に分配し，入会団体の共同費用に充てるもの。留山などと呼ばれる。
②		契約型	入会地を入会団体の直轄管理としたうえで，構成員の一部または構成員以外の第三者と賃貸借契約等を結んで利用させ，その収益を入会権者に分配し，入会団体の共同費用に充てるもの。
③	個人的利用形態	非分割型	入会地を区分せず，各構成員が入会地の全体について，個人的な採草等を容認するもの。
④		分割型	入会地を区分して各構成員に割り当て，その区画に関しては各構成員の自主的・独占的な利用に委ねるもの。割山，分け地などと呼ばれる。

(4) 入会権の主張　　通常の共有の主張に関する法律関係が，(a)共有者間の対内関係と(b)共有者以外の第三者との間の対外関係に分かれ，主張される権利が，①共有者全員で有する共同所有権に基づく主張と，②各共有者が有している持分に基づく主張に分かれるのと同様，入会権に関する法律関係も，(a)入会団体の内部関係と(b)第三者との間の対外関係に分かれ，主張される権利も，①入会団体が有する入会権そのものの主張ないし入会団体が入会地に対して有する管理処分権に基づく主張と，②構成員各人が有する債権的な使用収益権あるいは単なる事実上の利益に基づく主張に分かれる。この論点に関しては，すでに前章 8.4「共同所有」の個所で説明済みであるが，繰り返すと，以下のようになる。

(a) 内部関係　　入会団体の構成員が，(i)他の構成員あるいは(ii)入会団体に対して行う権利主張は，いずれも②構成員個人の有している債権的な使用収益権ないし事実上の利益に基づく主張である。

---

[12] 最（2小）判昭和 32・9・13 民集 11 巻 9 号 1518 頁〔判プラⅠ 323 事件〕。一方，最（1小）判昭和 40・5・20 民集 19 巻 4 号 822 頁〔判プラⅠ 324 事件〕は，入会地の一部が「分け地」として個人的に分配されたが（=④），採草に関しては「分け地」の区分がなく，構成員は入会地のどこにでも立ち入ることができ（=③），さらに，入会団体から離脱した場合には「分け地」に関する権利を喪失し，また「分け地」の譲渡其他の処分が認められない場合には，「分け地」は入会地の性格を喪失していないとする。

(i)　**入会団体に対する構成員たる地位の確認請求**　　入会団体に対して構成員たる地位の確認を求める訴訟は，各構成員が有している使用収益権能に関するものであるから，各構成員が単独で訴えを提起できる[13]。

　(ii)　**他の構成員に対する妨害排除請求**　　なお，A所有の土地につき入会団体の構成員が自家用の飼料・柴薪の原料として小枝を採取することを内容とする地役入会権の構成員の1人Bが，自己の有する使用収益権能の範囲を逸脱して樹木を木炭原料として伐採したので，他の構成員Cが，自己の使用収益権能の侵害を理由とする伐採差止を請求した事案につき，Bの行為は，Aの土地所有権の侵害にはなるが，Cの使用収益権能を侵害するものではないとした判例がある[14]。

(b)　外部関係　　これに対して，入会団体の構成員以外の者に対しては，①入会権に基づく請求（入会団体の管理処分権に基づく請求），②構成員の有する債権的ないし事実上の使用収益権能に基づく請求の，どちらの場合もある。

　(i)　**入会権の確認・入会権に基づく登記請求**　　①第三者に対して，入会権の確認を求める訴訟は，入会団体の管理処分権に関するものであるから，固有必要的共同訴訟となる[15]。なお，訴えの提起に同調しない構成員がいるために構成員全員で訴えを提起することができないときは，訴えの提起に同調しない構成員も被告に加え，構成員全員が訴訟当事者となる形式で，構成員全員が当該土地について入会権を有することの確認を求める訴えを提起することが許される[16]。

　②また，無権利の登記名義人に対する登記請求の事案として，入会団体の構成員ABらの共有名義で登記されている共有入会地につき，入会団体

---

[13] 最（3小）判昭和58・2・8判時1092号62頁・判タ530号112頁〔判ソフ1 320事件〕。なお，入会部落の慣習に基づく入会集団の会則のうち，構成員の資格を原則として男子孫に限定し，入会部落の部落民以外の男性と婚姻した女子孫は離婚して旧姓に復しない限り構成員の資格を認めないとする部分を，民法90条により無効とした判例がある。最（2小）判平成18・3・17民集60巻3号773頁〔判プラⅠ57事件〕。
[14] 大判大正7・3・9民録24輯434頁。
[15] 大判明治39・2・5民録12輯165頁，最（2小）判昭和41・11・25民集20巻9号1921頁〔判プラⅠ319事件〕。
[16] 最（1小）判平成20・7・17民集62巻7号1994頁。

から離脱した者Ｂの相続人Ｃが相続を原因とする持分移転登記を経由したため，入会団体において本件共有入会地の登記名義人を代表者以外の構成員Ａとする旨が決議され，ＡがＣに対して持分移転登記の抹消を請求した場合に，Ａの原告適格を肯定した判例（入会団体の管理処分権に基づく訴訟における任意的訴訟担当の認定事例）がある[17]。

(ii) 使用収益権能の確認・使用収益権能に基づく登記請求　入会団体の構成員は，①各自の有する債権的ないし事実上の使用収益権能の確認訴訟，および，②各自の有する使用収益権能に基づく妨害排除請求権としての登記請求訴訟（なお，入会権自体には登記能力がないので，ここでの登記請求の内容は，入会権と抵触する内容の他人の所有権の登記あるいは制限物権の登記の抹消請求になる）を，単独で提起することができる。ただし，②登記請求に関しては，本案審理において，第三者の登記によって，各構成員の使用収益権能が侵害されているかどうかが判断されることとなる[18]。

(5) 入会権の対抗　不動産登記法は，入会権に登記能力を認めていない（不登法2条）。しかしながら，民法がこの権利を物権として定めている以上は，第三者効力を認めなければならないから，結局，入会権は，共有入会権・地役入会権とも，登記なくして第三者に対抗できる[19]。

なお，入会権に登記能力がないことから，便宜的に，入会権者の一部の者の共有名義，代表者（総代など）の個人名義，寺社名義の登記がされている場合があるが，こうした登記があるからといって，入会権を対抗できなくなるわけではなし，また，それらの外観を入会団体が作出したことを理由に，94条2項が適用・類推適用されることもない[20]。

(6) 入会権の消滅　入会権は，(a)権利の放棄または廃止，(b)入会慣行の消滅，(c)特別法の規定に基づいて消滅する。

(a) 入会権の処分・放棄　入会団体に入会権の処分権まで認める慣習が存在している場合に，この慣習に基づき，共有入会地を第三者に処分す

---

(17) 最（3小）判平成6・5・31民集48巻4号1065頁〔百選Ⅰ78事件・判プラⅠ322事件〕。
(18) 最（1小）判昭和57・7・1民集36巻6号891頁〔判プラⅠ321事件〕。
(19) 大判大正10・11・28民録27輯2045頁。
(20) 最（2小）判昭和43・11・15判時544号33頁・判タ232号100頁。

れば，入会権は消滅する[21]。他人の所有地上に存在する地役入会権の放棄についても同様である。

(b) 入会慣行の消滅　入会権は慣習に基づいて成立する権利であるから，入会慣行が消失した場合にも，入会権は消滅する。たとえば，入会規制の解体——すなわち，入会団体の入会地に対する管理支配や構成員に対する団体的統制が喪失し，反面，各人の使用収益権が次第に単独所有権化した場合などである[22]。

(c) 特別法の規定　さらに，入会権は，特別の法律の規定により消滅することがある。「入会林野等に係る権利関係の近代化の助長に関する法律」（昭和41年法律第126号）がそれであり[23]，同法の定める入会林野整備（2条2項）により，入会権者全員の同意を前提に，都道府県知事の認可の公告の日限りで入会権は消滅し，その翌日より所有権が移転し，または地上権・賃借権その他の使用収益権が設定される（12条）。

---

[21] 前掲注(10)・最（1小）判平成20・4・14〔判プラⅠ318事件〕。
[22] 前掲注(7)・最（2小）判昭和42・3・17，前掲注(7)・最（2小）判昭和57・1・22。
[23] なお，同法2条1項は，「入会権の目的となっている土地で主として木竹の生育に供され又は採草若しくは家畜の放牧の目的に供されるもの」を「入会林野」と呼び，「入会林野につき入会権に基づいて使用又は収益をする者」を「入会権者」と呼んでいる。

事項索引

あ　行

悪意者排除説　53, 84
悪意占有　140, 141, 149
悪魔の証明　71

遺産分割　221
遺産分割と登記　61, 76
意思主義　33, 48
遺失物　46, 110, 154, 187〜189
意思無能力者の占有　134
囲障　183
遺贈　46, 158
遺贈と登記　73
遺贈の放棄と登記　60
一応の推定　115
一物一権主義　31, 123
一不動産一登記記録主義　103
1個の建物の一部　32
一般先取特権　31, 47, 56
一般承継人（→包括承継人）
1筆の土地の一部　22, 32, 178, 250
移転（移転登記）　57, 97, 98
稲立毛　32, 123
囲繞地　176
委任　158
入会権　36, 38, 40, 46, 47, 55, 70, 175, 256
インスティテューティオーネン方式　2
隠匿占有　140, 141, 149
インミッション　175

受付番号　92
上土権　39

永小作権　18, 31, 36, 46, 47, 55, 157, 173, 175, 193, 238, 241, 244
乙区　92
温泉権　39, 169

か　行

解除と登記　63
概念法学　3
回復者　148
買戻し　157
買戻権　58
改良行為　207, 208
家屋台帳　89
価格賠償　222
学説継受　2
加工　46, 187, 191, 195, 197, 244
加工物　191
瑕疵ある占有　140
果実収取権（果実返還義務）　130, 141, 149
過失占有　140, 141
瑕疵なき占有　140
家畜以外の動物の取得　130, 141, 156
仮差押え（仮差押債権者）　58, 80, 111
仮処分（仮処分債権者）　58, 80
仮登記　65, 73, 93, 98
仮登記担保　39
簡易の引渡し　111, 144, 153
慣習法上の公示　118, 123
慣習法上の物権　38, 39
間接占有　24, 34, 135
観念的支配権　18, 36, 45, 159, 167, 235
観念的占有　34, 143
観念的引渡し　34, 143, 153
管理組合　231

265

管理組合法人　232
管理行為　207

企業担保法　31, 33
寄託　158
規約　228, 231
客観説　132
客観的違法状態　21
旧登記の流用　96
給付保持力　6, 12
境界　175, 182
境界確定訴訟（→筆界確定訴訟）
境界標　182
協議分割　221
強制執行　13, 14
共同所有　198, 200
共同申請主義　57, 104
共同相続と登記　73
共有　46, 183, 185, 194, 195, 201
共有入会権　18, 256
共有権　211
共有物分割　177, 183, 209, 214, 221, 230
共有物分割禁止特約　46, 220
共有物分割請求権　183, 199
共用部分　183, 227
金銭　33, 152
金銭賠償　8, 15, 24

区分所有　227
区分所有権　171, 193, 228
区分所有者　228
区分地上権　244
組合　158, 200, 203

形式的形成訴訟　182, 223
形式的審査　91
契約時移転説　49, 50
権原　193, 243
原始取得　45, 57, 71
現実的支配権　18, 36, 159, 235
現実の占有　134, 143

現実の引渡し　111, 143, 153
現存性　30
建築基準法　185
限定承認　81
現物賠償　7, 8, 15
現物分割　222
権利一般の不可侵性　8
権利外観法理　117
権利抗弁　109
権利質　47
権利に関する登記　89
権利能力なき財団　203
権利能力なき社団　46, 147, 203, 258
権利部　89
権利保護資格要件としての登記　64, 79

合意解除と登記　64
行為請求権　26
　　行為請求権説　28
甲区　92
交互侵奪　163
公示　38, 41, 47, 91
公示強制　43, 44
公示行為　42
公示制度　42, 47, 151
公示の原則　42, 117
公示の効力　43
公示の要請　43
公示方法（公示手段）　41, 47, 77, 78
公信の原則　117
公信問題　52
公信力　43, 117
更正登記　96, 216
合成物　191
公然占有　140, 152
合筆の登記　92
合有　185, 201, 203, 204, 217
公有水面埋立　46, 57, 193
公用収用（公用徴収）　126
小作料　240, 247
国庫　219

互有　185
固有必要的共同訴訟　211〜213, 222, 261
渾一性　168
混同　45, 125, 235, 248
混和　46, 187, 191, 195, 197
混和物　191

さ　行

債権　4
債権者　58, 77
債権者平等の原則　14
債権的登記請求権　107, 215
債権の意義　4
債権の効力　12
債権の準占有者　130, 166
債権の性質　4
債権の相対性　8
債権者代位権　13, 81
財産権　34, 154, 166, 167, 173
採石権　55
財団抵当法　31, 33
裁判外紛争解決手続（ADR）　182
裁判分割　221
債務者　6
詐害行為取消権　13, 81
先取特権　15, 20, 36, 47, 55, 56, 130, 154
差押え（差押債権者）　58, 79, 111
指図債権質　47
指図による占有移転　111, 146, 153
差止請求権　7, 8
暫定真実　137, 141, 152

死因贈与と登記　73
時効（→取得時効・消滅時効）
時効取得と登記　65
自己借地権　236
自己占有　134, 164
自己のためにする意思　132, 133, 137
事実上の推定　113, 149
自主占有　24, 137, 150, 159, 188

自主占有の推定　137
自主占有への転換　139
質権　20, 31, 36, 46, 55, 130, 154, 157
実質的審査　91
支配価値　30
支配可能性　30
支配権　1, 4, 15, 167
支配者意思説　133
事務管理　158
指名債権質　47
借地権　46, 237, 239, 241
社団設立行為　203
終局登記　93
集合物（集合物論）　33, 122, 151
従たる権利　252, 255
従物　33, 151
主観説　132
主登記　93
取得時効（時効取得）　34, 46, 60, 71, 110, 130, 141, 155, 166, 253, 256
受忍限度論　175
主物　33
種類物　30
準遺失物　189
順位番号　92
順位保全効力　94
準共有　31, 226
準合有　226
準占有　31, 130, 166
準総有　226, 258
準袋地　176
承役地　19, 248
償金　172, 176, 177, 181, 184, 198
承継取得　45, 57, 71
使用・収益権能　18
状態債務関係　78
使用貸借（使用借権）　158, 173, 193, 238
譲渡　45, 110, 142
譲渡担保　33, 39, 41, 97, 125, 145
障壁　184
消滅時効（時効消滅）　16, 46, 60, 107,

126, 253, 255
嘱託による登記　59, 80
所持（物の所持）　22, 131
所持権原　133
所持事情　133
職権による登記　91
処分行為　207, 208
処分の制限　79
所有権　17, 36, 39, 45, 55, 56, 126, 167, 235
　所有権に基づく請求権　16
　所有権の移転時期（→物権変動の時期）
　所有権の永久性　168, 235
　所有権の観念性　168
　所有権の渾一性　168
　所有権の社会性　173
　所有権の全面性　167, 168
　所有権の弾力性　168, 235
所有権確認訴訟　182, 212
所有権絶対の原則　7, 235
所有権保存登記　57
所有権留保　25
所有者意思説　133
所有の意思　137
「真正な登記名義の回復」を原因とする
　　所有権移転登記　101
申請による登記　59, 91
審判分割　222
森林法違憲大法廷判決　221

推定　71, 148, 183, 184, 205
推定相続人　60, 113
推定相続人の廃除と登記　60
推定相続人の廃除の取消しと登記　60
推定地上権　238
推定力　43, 44, 113
　占有の推定力　115, 148
　登記の推定力　114
水利権　39, 46

生活妨害（→インミッション）

請求権　4～7
請求権競合　71, 107
請求力　6, 12
制限説　53
制限物権　34, 36, 38, 45, 126, 168, 200, 235
正当な権原（正当ノ権原）　70, 77, 82, 85
正当な権利（正当ノ権利）　70, 77, 85
正当な利益（正当ノ利益）　70, 77, 82, 85
成立要件主義（設権的効力）　43, 44, 122
責任財産の保全　13
責任説　27
絶対性　4, 7, 8, 167
設定（設定登記）　56
善意悪意不問説　53, 84
善意取得　117
善意占有　140, 141, 149, 152, 156
選択権　61
全面的価格賠償　223
占有　22, 55, 129, 134
　占有意思　22, 132
　占有回収の訴え　16, 161, 213
　占有改定　111, 145, 153
　占有機関（→占有補助者）
　占有権　16, 18, 36, 55, 129, 168
　占有権原　18, 47, 148, 236, 248, 251
　占有者と回復者の関係　129, 148
　占有すべき権利（→占有権原）
　占有訴権（→占有の訴え）
　占有代理人　24, 134, 165
　占有担保　19
　占有の移転　142
　占有の訴え　16, 18, 34, 71, 130, 159, 164, 242, 247
　占有の訴えと本権の訴えの関係　163
　占有の瑕疵（→瑕疵ある占有）
　占有（占有権）の効力　129, 148
　占有の承継　146
　占有の消滅　164
　占有の態様　134
　占有の二面性　146

占有の本権適法推定（→推定）
　　占有の要件　131
　　　占有保持の訴え　16, 159, 185
　　　占有補助者　25, 136, 143
　　　占有保全の訴え　16, 160
　　　法人の占有　25, 136
専有部分　171, 227

相関関係説　21
創設的登記（形成的登記）　92
相続　34, 65, 140
相続介在型二重譲渡と登記　72
「相続させる」旨の遺言と登記　74
相続と「新たな権原」　140, 147
相続登記要求連合部判決　54, 73
相続と登記（相続関係と登記）　69, 72
相続の放棄　60
相続放棄と登記　76
相対性　4, 7, 8
総有　185, 201, 204, 217, 258
相隣関係　173, 230, 241, 247, 249, 251
遡及効徹底構成　62
遡及効特約付停止条件　60
遡及的物権変動　59
即時取得　34, 44, 110, 118, 130, 141, 151
訴権　6
底土権　39
損害賠償義務　130, 150
損害賠償請求権　7, 8

た　行

代価弁償請求権　141, 155
代金分割　222
対抗　108
対抗の法理　52, 72
対抗問題　52
対抗要件　9, 15, 20, 79, 194
　　対抗要件の抗弁　72, 109
　　対抗要件具備による権利喪失の抗弁
　　　　72, 109
対抗要件主義（対抗力）　43, 44, 51, 117,

　　　122
第三者　53, 64, 65
　　第三者の客観的要件　70
　　第三者の債権侵害　8
　　第三者の主観的要件　84
　　第三者の法理　65
第三者制限連合部判決　54, 70, 80, 82, 85
　　第三者のためにする契約　13
　　第三者のための保護効を伴う契約　13
対人権　4
大深度地下　170
代諾判決　105, 176
代理占有　34, 134, 165
鷹ノ湯事件判決　40, 124
他主占有　24, 137, 150, 159
他主占有の抗弁　138
建物　183 ～ 185, 194, 237
　　建物の合併の登記　92
　　建物の区分の登記　92
　　建物の敷地　227
　　建物の分割の登記　92
建物収去土地明渡請求　24
建物退去土地明渡請求　24
他物権　235
単一性　31, 33, 122, 123
担保権の実行　14
担保物権　19, 36, 47, 55

地役入会権　18, 47, 256
地役権　18, 19, 36, 40, 46, 47, 55, 130,
　　166, 173, 175, 248, 256, 257
　　地役権の時効取得　40, 250
　　地役権の不可分性　252
　　地役権の付従性　10, 249, 252
地下　169
地下水　39, 169
竹木　184, 236, 238, 246
地上権　18, 31, 36, 39, 46, 47, 55, 56, 58,
　　193, 236, 241
地代　46, 240
地代等増減請求権　46

中間省略登記　98
調停分割　222
直接支配性（→支配権）
直接占有　24, 134, 143
賃借権（賃貸借）　9, 55, 158, 175, 193,
　　237, 238, 241
賃借権に基づく妨害排除請求権　8
賃借人　77, 111

追及力　7
追認と登記　61
通常共同訴訟　210
通常の必要費（通常費）　157
強い付合・弱い付合　193

抵当権　15, 20, 36, 46, 47, 55, 56, 58, 60,
　　67, 92, 122, 126, 130, 157
転々譲渡の前主と後主　83
添付　46, 191

登記　88, 121, 151
　　登記の形式的有効要件　102
　　登記の実質的有効要件　95
　　登記の抹消（→抹消登記）
　　登記の有効要件　94
　　登記の流用　96
　　登記の連続性の原則　43, 44
登記義務者　104
登記権利者　104
登記事項　89
登記事項証明書　89
登記申請権　43, 44
登記請求権　43, 44, 104
　　登記請求訴訟　105
　　登記引取請求権　105
　　物権的登記請求権　106, 215
　　物権変動的登記請求権　107
登記能力　54, 88, 254
　　登記能力ある権利　53, 55, 88
　　登記能力ある権利変動　55, 88
登記・引渡し・代金支払時移転説　49,
　　50
登記簿　89
　　登記簿公開原則　43, 44
動産質　15, 20
当事者の法理　65
盗品・遺失物　154
登録　121, 151
独自性　3, 48
　　独自性肯定説　48
　　独自性否定説　49
特定性　30, 122
特定物　30
特別縁故者　189, 219
特別の必要費（特別費）　157
特別法上の公示　118
独立性　31, 122, 123
土地　19
　　土地の構成部分　193, 238
土地台帳　89
取消しと登記　62, 63
取引行為　143, 152

な 行

奈良県ため池条例事件　171

二重譲渡の法的構成　51
任意的訴訟担当　262
認知と登記　61
忍容請求権　26
　　忍容請求権説　27

根抵当　39, 46

は 行

背信的悪意者　67, 85, 255
　　背信的悪意者排除論　85
排他性　1, 4, 8, 15, 31, 167
配当要求債権者　79
判決による登記　99, 105
パンデクテン方式　2, 3

引渡し　47, 111, 142
非財産権　34
非人格性　5, 33
非占有担保　20
被相続人の生前譲渡と登記　65, 69
筆界確定訴訟　182, 213
筆界特定　182
必要的共同訴訟　211, 212, 214
必要費　156, 207
非「当事者」要件　65
表見相続人の譲渡と登記　75
表示に関する登記　59, 89
表示の変更の登記　91
費用償還請求権　130, 156
表題登記　91
表題部　89
費用負担（物権的請求権の）　26

夫婦財産契約と登記　62
不可侵義務（尊重義務）　7, 8
不可侵性　7, 8, 167
付記登記　93
袋地　176
付合　46, 187, 191, 192, 197, 238, 243, 254
復帰的物権変動構成　62
物権　17
　物権の意義　1
　物権の効力　2, 11
　物権の指導原理　2, 5, , 29
　物権の性質　2, 4
　物権の絶対性　7
物権行為　3, 48
物権的請求権　6, 11, 14, 15, 33, 71, 242, 247, 254
　物権的妨害排除請求権　16, 106
　物権的妨害予防請求権　16
　物権的返還請求権　16, 213
物権的請求権の衝突　27
物権変動　45, 53
物権変動の時期　49
物権法定主義　35, 122, 123

物上権　4
不動産工事の先取特権　30
不動産先取特権　47, 56
不動産質　19, 47
不動産賃借権　58
不動産登記　47, 48, 88
不当利得　149, 198
不特定物　30
不法行為　14, 21, 27
不法行為者　81
不法占拠者　83
不法占有者　83
不融通物　34
分筆（分筆登記）　92, 254

平穏占有　140, 152
変更（変更登記）　57
変更行為　207, 208, 241, 247

法　6
法益　21
妨害排除　7, 8
包括承継人　65, 69
放棄　46, 126
暴行・強迫占有　140, 141, 149
報告的登記　43, 91
包蔵物　191
法定解除と登記　62, 63
法定借地権　46, 238
法定担保物権　36, 55
法定地上権　56, 238
冒頭省略登記　98
法律　35, 171
法律上の推定　113, 137, 142, 149
法令　35, 167, 171
補償（財産権の）　172
保全仮登記　80
保存（保存登記）　55
保存行為　207, 208
墓地使用権　41
没収　126

本権　148, 236
　　本権の訴え　148, 163
本権推定力　130
本登記　93

ま　行

埋蔵物　46, 187～190
抹消登記　59, 94, 96～98, 216

未分離果実　32, 123

無因性　3, 49
無過失占有　140, 141, 152
無権代理の追認と登記　61
無権利の法理　52, 72
無主物　46, 110, 130, 187, 188
無制限説　53, 54, 65
無体物　31, 168

明認方法　123
滅失登記　59, 91

持分　199, 205, 211
持分権　199, 211
持分処分権　183, 199, 206, 209, 214, 230
物　5

や　行

約定解除と登記　65
約定担保物権　36, 55

有益費　156, 207
融通物　34
優先的効力　11, 14
有体性　31, 168
有体性原則　31, 122
有体物　31, 168

要役地　19, 248
用益物権　18, 36, 40, 47, 55, 235, 236
用水地役権　15, 40

ら　行

履行義務　8
留置権　19, 36, 55, 70, 130, 154, 157, 207
流動物　31, 122
立木　32, 123
利用行為　207, 208
隣地通行権　176

労働協約　12
ロストボール事件　189

判例索引

大 審 院

大判明治 32・1・22 民録 5 輯 1 巻 31 頁… 242
大判明治 33・3・9 民録 6 輯 3 巻 48 頁… 242
大判明治 33・12・10 民録 6 輯 11 巻 51 頁
　………………………………………… 238
大判明治 35・10・14 刑録 8 輯 9 巻 54 頁〔附帯私訴〕……………………………… 152
大判明治 36・3・5 民録 9 輯 234 頁 …… 111
大判明治 36・3・6 民録 9 輯 239 頁 …… 111
大判明治 36・7・6 民録 9 輯 861 頁 …… 238
大判明治 36・11・16 民録 9 輯 1244 頁… 239
大判明治 36・12・23 民録 9 輯 1472 頁… 242
大判明治 37・6・24 民録 10 輯 880 頁 … 242
大判明治 37・11・2 民録 10 輯 1389 頁… 242
大判明治 37・12・13 民録 10 輯 1600 頁… 242
大判明治 39・2・5 民録 12 輯 165 頁…… 261
大判明治 39・2・6 民録 12 輯 174 頁…… 242
大判明治 41・9・25 民録 14 輯 931 頁 … 222
大（民連）判明治 41・12・15 民録 14 輯 1276 頁〔判プラ I 239 事件〕………………54
大（民連）判明治 41・12・15 民録 14 輯 1301 頁〔百選 I 50 事件・判プラ I 228 事件〕
　………………………………………………54
大判明治 42・5・14 民録 15 輯 490 頁〔判プラ II 156 事件〕………………………64
大判明治 42・10・22 刑録 15 輯 1433 頁（附帯私訴）………………………………65
大判明治 43・2・25 民録 16 輯 153 頁 … 112
大判明治 43・4・9 民録 16 輯 322 頁………60
大判明治 43・7・6 民録 16 輯 537 頁〔百選 II 13 事件・判プラ II 38 事件〕… 13, 83, 107
大判明治 43・7・6 民録 16 輯 546 頁 … 81, 84
大（民連）判明治 43・11・26 民録 16 輯 759 頁 ………………………………………… 247
大判明治 43・12・20 民録 16 輯 967 頁… 162

大判明治 44・10・10 民録 17 輯 563 頁……63
大判大正 3・2・16 民録 20 輯 75 頁 …… 212
大（民連）判大正 3・3・10 民録 20 輯 147 頁
　………………………………………… 223
大判大正 3・12・1 民録 20 輯 1019 頁 ……76
大判大正 3・12・25 民録 20 輯 1178 頁……62
大判大正 4・2・2 民録 21 輯 61 頁……… 111
大判大正 4・3・10 刑録 21 輯 279 頁〔附帯私訴〕〔百選 II 20 事件・判プラ II 322 事件〕…………………………………………… 8
大判大正 4・3・10 民録 21 輯 395 頁……… 8
大判大正 4・3・16 民録 21 輯 328 頁…… 257
大判大正 4・4・27 民録 21 輯 590 頁…… 111
大判大正 4・5・20 民録 21 輯 730 頁…… 152
大判大正 4・7・12 民録 21 輯 1126 頁 ……81
大判大正 4・9・29 民録 21 輯 1532 頁 … 145
大判大正 5・4・1 民録 22 輯 674 頁 …… 100
大判大正 5・5・16 民録 22 輯 961 頁…… 153
大判大正 5・5・31 民録 22 輯 1083 頁〔判プラ I 342 事件〕………………………20
大判大正 5・6・13 民録 22 輯 1200 頁〔判プラ I 306 事件〕……………………… 212
大判大正 5・6・23 民録 22 輯 1161 頁〔判プラ I 214 事件〕………………………17
大判大正 5・7・22 民録 22 輯 1585 頁 … 160
大判大正 5・9・20 民録 22 輯 1440 頁
　………………………………………… 33, 124
大判大正 6・2・10 民録 23 輯 138 頁〔判プラ I 221 事件〕………………………39
大判大正 6・2・28 民録 23 輯 322 頁
　………………………………………… 212, 216
大判大正 6・9・6 民録 23 輯 1250 頁…… 242
大判大正 6・11・8 民録 23 輯 1772 頁 … 147
大判大正 7・3・2 民録 24 輯 423 頁 ………66
大判大正 7・3・9 民録 24 輯 434 頁 …… 261

273

大判大正 7・4・19 民録 24 輯 731 頁 …… 214
大（民連）判大正 7・5・18 民録 24 輯 976 頁
　　……………………………………… 151
大判大正 8・2・6 民録 25 輯 68 頁………… 99
大判大正 8・3・3 民録 25 輯 356 頁〔判プラ I 16 事件……信玄公旗掛松事件〕… 173
大判大正 8・5・26 民録 25 輯 892 頁 …… 123
大判大正 8・5・31 民録 25 輯 946 頁 …… 212
大判大正 8・9・27 民録 25 輯 1664 頁
　　…………………………………… 208, 214
大判大正 8・10・13 民録 25 輯 1863 頁〔判プラ I 271 事件〕……………………… 153
大判大正 8・12・11 民録 25 輯 2274 頁… 209
大判大正 9・2・19 民録 26 輯 142 頁
　　……………………………………… 33, 123
大判大正 9・5・5 民録 26 輯 622 頁 …… 124
大（民連）判大正 9・6・26 民録 26 輯 933 頁
　　…………………………………………… 256
大判大正 9・12・27 民録 26 輯 2087 頁 … 143
大判大正 10・1・24 民録 27 輯 221 頁
　　…………………………………… 161, 179
大判大正 10・3・18 民録 27 輯 547 頁 … 214
大判大正 10・4・14 民録 27 輯 732 頁 … 123
大判大正 10・6・13 民録 27 輯 1155 頁 … 214
大判大正 10・7・8 民録 27 輯 1373 頁〔判プラ I 281 事件〕……………………… 154
大判大正 10・7・18 民録 27 輯 1392 頁
　　…………………………………… 212, 215
大判大正 10・10・15 民録 27 輯 1788 頁 … 8
大判大正 10・10・27 民録 27 輯 2040 頁… 216
大判大正 10・11・3 民録 27 輯 1875 頁 … 136
大判大正 10・11・28 民録 27 輯 2045 頁… 262
大判大正 10・11・28 民録 27 輯 2070 頁… 242
大判大正 11・2・20 民集 1 巻 56 頁… 212, 214
大（民連）判大正 11・5・4 民集 1 巻 235 頁 … 8
大判大正 11・7・10 民集 1 巻 386 頁…… 215
大判大正 11・10・25 民集 1 巻 604 頁 … 134
大判大正 11・11・27 民集 1 巻 692 頁 … 161
大判大正 12・4・16 民集 2 巻 243 頁 … 216
大判大正 12・6・2 民集 2 巻 345 頁 …… 182
大（民連）判大正 12・7・7 民集 2 巻 448 頁
　　…………………………………………… 124
大判大正 12・7・27 民集 2 巻 572 頁…… 226

大判大正 12・12・17 民集 2 巻 684 頁 … 222
大判大正 13・3・17 民集 3 巻 169 頁…… 252
大判大正 13・5・19 民集 3 巻 211 頁…… 212
大判大正 13・5・22 民集 3 巻 224 頁〔判プラ I 285 事件〕……………………… 163
大（民連）判大正 13・10・7 民集 3 巻 476 頁
　　〔百選 I 11 事件〕……………………… 32
大（民連）判大正 13・10・7 民集 3 巻 509 頁
　　………………………………………………32
大判大正 14・1・20 民集 4 巻 1 頁…… 149
大判大正 14・5・7 民集 4 巻 249 頁 …… 162
大判大正 14・6・9 刑集 4 巻 378 頁〔刑法百選 I 43 事件……たぬき・むじな事件〕
　　…………………………………………… 188
大（民連）判大正 14・7・8 民集 4 巻 412 頁
　　……………………………………………… 66
大（民連）判大正 15・2・1 民集 5 巻 44 頁
　　……………………………………………… 73

大判昭和 2・4・22 民集 6 巻 198 頁 …… 249
大判昭和 2・4・22 民集 6 巻 260 頁 … 60, 76
大判昭和 3・7・2 法律新聞 2898 号 14 頁… 83
大判昭和 3・11・8 民集 7 巻 970 頁 …… 17
大判昭和 4・2・15 民集 8 巻 124 頁 …… 32
大判昭和 4・2・20 民集 8 巻 59 頁……… 63
大判昭和 4・12・11 民集 8 巻 923 頁 …… 155
大判昭和 5・5・3 民集 9 巻 437 頁……… 162
大決昭和 5・8・6 民集 9 巻 772 頁……… 160
大判昭和 5・10・31 民集 9 巻 1009 頁 …… 27
大判昭和 5・11・20 大審院裁判例 4 巻民 113 頁……………………………………… 215
大判昭和 6・8・7 民集 10 巻 875 頁 ……… 96
大判昭和 7・2・16 民集 11 巻 138 頁 …… 156
大判昭和 7・3・3 民集 11 巻 274 頁 …… 151
大判昭和 7・5・18 民集 11 巻 1963 頁〔判プラ I 280 事件〕……………………… 152
大判昭和 7・11・9 民集 11 巻 2277 頁 ……27
大判昭和 8・3・3 法律新聞 3543 号 8 頁… 124
大判昭和 8・5・9 民集 12 巻 1123 頁…… 78
大判昭和 8・7・20 法律評論 22 巻民法 843 頁
　　…………………………………………… 152
大判昭和 8・11・30 民集 12 巻 2781 頁…… 80
大判昭和 8・12・18 民集 12 巻 2854 頁… 112

大判昭和 9・1・30 民集 13 巻 93 頁 ……… 81
大判昭和 9・5・11 法律新聞 3702 号 11 頁 ……………………………………… 80
大判昭和 9・7・25 大審院判決全集 1 輯 8 号 6 頁 ……………………………… 124
大判昭和 9・9・29 法律評論 24 巻民法 150 頁 ……………………………………… 74
大判昭和 9・10・19 民集 13 巻 1940 頁… 160
大判昭和 9・11・20 民集 13 巻 2302 頁… 153
大判昭和 10・4・4 民集 14 巻 437 頁…… 124
大決昭和 10・9・14 民集 14 巻 1617 頁… 222
大判昭和 10・10・5 民集 14 巻 1965 頁〔百選 I 1 事件……宇奈月温泉事件〕…… 173
大判昭和 10・11・29 民集 14 巻 2007 頁 …83
大判昭和 11・7・31 民集 15 巻 1587 頁… 81
大判昭和 12・3・10 民集 16 巻 255 頁 … 252
大判昭和 12・7・6 大審院判決全集 4 輯 13 号 24 頁 ……………………………… 111
大判昭和 12・11・19 民集 16 巻 1881 頁〔百選 I 46 事件〕………………………… 27
大判昭和 12・11・26 民集 16 巻 1665 頁… 254
大判昭和 13・6・7 民集 17 巻 1331 頁 … 177
大判昭和 13・7・9 民集 17 巻 1409 頁 … 111
大判昭和 13・9・28 民集 17 巻 1927 頁 ………………………………… 33, 124
大判昭和 15・5・14 民集 19 巻 840 頁 ………………………………… 216, 226
大判昭和 15・6・26 民集 19 巻 1033 頁… 239
大判昭和 15・9・18 民集 19 巻 1611 頁〔百選 I 45 事件・判プラ I 220 事件〕… 40, 124
大判昭和 15・11・19 大審院判決全集 8 輯 1 号 3 頁 ……………………………… 242
大判昭和 16・8・14 民集 20 巻 1074 頁… 239
大判昭和 17・4・2 民集 21 巻 447 頁…… 225
大判昭和 17・7・7 民録 21 輯 740 頁…… 218
大判昭和 17・9・30 民集 21 巻 911 頁〔百選 I 51 事件・判プラ I 229 事件〕……… 63
大判昭和 18・4・16 法学 12 巻 896 頁 … 111
大判昭和 18・6・19 民集 22 巻 491 頁 … 150
大判昭和 19・2・18 民集 23 巻 64 頁…… 162

台湾高等法院

台湾高等法院判昭和 6・10・21 法律評論 20 巻民訴 579 頁……………………… 144

最高裁判所

最（3小）判昭和 24・9・27 民集 3 巻 10 号 424 頁 ………………………………… 83
最（3小）判昭和 25・12・19 民集 4 巻 12 号 660 頁〔百選 I 58 事件・判プラ I 241 事件〕…………………………………… 83
最（1小）判昭和 26・4・19 民集 5 巻 5 号 256 頁 ………………………………… 203
最（3小）判昭和 26・11・27 民集 5 巻 13 号 775 頁〔判プラ I 276 事件〕……… 153
最（3小）判昭和 27・2・19 民集 6 巻 2 号 95 頁 …………………………………… 131
最（3小）判昭和 28・1・23 民集 7 巻 1 号 78 頁 …………………………………… 193
最（2小）判昭和 28・9・18 民集 7 巻 9 号 954 頁 …………………………… 81, 123
最（2小）判昭和 28・12・18 民集 7 巻 12 号 1515 頁〔百選 II 21 事件・判プラ II 31 事件〕……………………………… 9, 14
最（1小）判昭和 29・1・28 民集 8 巻 1 号 276 頁〔判プラ I 250 事件〕………… 96
最（2小）判昭和 29・3・12 民集 8 巻 3 号 696 頁〔判プラ I 312 事件〕……… 208
最（3小）判昭和 29・8・31 民集 8 巻 8 号 1567 頁〔百選 I 61 事件・判プラ I 262 事件〕……………………………… 111
最（2小）判昭和 29・12・17 民集 8 巻 12 号 2182 頁 ……………………………… 104
最（2小）判昭和 30・5・31 民集 9 巻 6 号 774 頁〔判プラ I 240 事件〕………… 82
最（3小）判昭和 30・5・31 民集 9 巻 6 号 793 頁〔判プラⅢ 136 事件〕……… 204
最（1小）判昭和 30・6・2 民集 9 巻 6 号 855 頁〔百選 I 60 事件・判プラ I 376 事件〕…………………………………… 112
最（3小）判昭和 30・10・25 民集 9 巻 11 号 1678 頁 ……………………………… 80
最（2小）判昭和 30・11・18 裁判集民事 20 号 443 頁 …………………………… 163
最（3小）判昭和 30・12・26 民集 9 巻 14 号 2097 頁 ……………………………… 250

■ 判例索引　275

最（1小）判昭和31・5・10民集10巻5号487頁〔判プラⅠ300事件〕 ……… 216

最（3小）判昭和31・6・5民集10巻6号643頁 ……………………………99

最（3小）判昭和31・6・19民集10巻6号678頁〔判プラⅠ294事件〕 ……… 194

最（2小）判昭和31・7・17民集10巻7号856頁 ………………………… 104

最（3小）判昭和31・7・20民集10巻8号1045頁 …………………………95

最（2小）判昭和31・7・27民集10巻8号1122頁 ………………………… 104

最（3小）判昭和31・10・23民集10巻10号1275頁 ………………………25

最（2小）判昭和31・12・28民集10巻12号1639頁 ……………………… 183

最（1小）判昭和32・1・31民集11巻1号170頁 ………………………… 150

最（2小）判昭和32・2・15民集11巻2号270頁〔百選Ⅰ63事件・判プラⅠ264事件〕 ……………………………… 136

最（2小）判昭和32・2・22判時103号19頁・判タ68号88頁〔判プラⅠ283事件〕… 136

最（2小）判昭和32・6・7民集11巻6号936頁 ……………………………98

最（3小）判昭和32・6・11裁判集民事26号881頁 ……………………… 259

最（2小）判昭和32・9・13民集11巻9号1518頁〔判プラⅠ323事件〕 ……… 260

最（2小）判昭和32・9・27民集11巻9号1671頁 ………………………… 124

最（1小）判昭和32・10・31民集11巻10号1796頁 …………………… 203

最（1小）判昭和32・11・14民集11巻12号1943頁〔判プラⅠ42事件〕 …… 204

最（2小）判昭和32・12・27民集11巻14号2485頁 …………………… 153

最（2小）判昭和33・2・14民集12巻2号268頁 ………………………… 250

最（2小）判昭和33・3・14民集12巻3号570頁 ………………………… 111

最（1小）判昭和33・6・14〔判プラⅡ157事件〕…………………………64

最（1小）判昭和33・6・14民集12巻9号1449頁〔判プラⅡ157事件〕…………62

最（2小）判昭和33・6・20民集12巻10号1585頁〔百選Ⅰ48事件・判プラⅠ222事件〕 ……………………………49

最（3小）判昭和33・7・22民集12巻12号1805頁〔判プラⅡ256事件〕… 203, 218

最（1小）判昭和33・8・28民集12巻12号1936頁〔判プラⅠ231事件〕…………66

最（1小）判昭和33・9・18民集12巻13号2040頁 …………………………78

最（1小）判昭和34・1・8民集13巻1号1頁〔判プラⅠ247事件〕 ………… 114

最（1小）判昭和34・1・8民集13巻1号17頁 …………………………… 162

最（1小）判昭和34・2・5民集13巻1号51頁 …………………………… 192

最（1小）判昭和34・2・12民集13巻2号91頁 ……………………………83

最（3小）判昭和34・4・15訟月5巻6号733頁〔判プラⅠ265事件〕 … 24, 131

最（1小）判昭和34・6・25民集13巻6号779頁 ……………………………25

最（3小）判昭和34・7・14民集13巻7号1005頁 ………………………… 104

最（2小）判昭和34・7・24民集13巻8号1196頁 ………………………… 124

最（2小）判昭和34・8・7民集13巻10号1223頁〔判プラⅠ259事件〕… 33, 124

最（2小）判昭和34・8・28民集13巻10号1311頁 ……………………… 112

最（2小）判昭和34・8・28民集13巻10号1336頁 ……………………… 112

最（1小）判昭和34・11・26民集13巻12号1550頁 ……………………… 209

最（1小）判昭和35・2・11民集14巻2号168頁〔百選Ⅰ66事件・判プラⅠ278事件〕 ……………………………… 153

最（3小）判昭和35・3・1民集14巻3号307頁〔判プラⅠ295事件〕… 124, 194

最（3小）判昭和35・3・1民集14巻3号327頁〔判プラⅠ274事件〕 ……… 116

最（3小）判昭和35・3・22民集14巻4号

最（1小）判昭和35・4・7民集14巻5号
751頁 ……………………………… 25
最（1小）判昭和35・4・21民集14巻6号
946頁〔判プラⅠ251事件〕……… 100
最（2小）判昭和35・6・17民集14巻8号
1396頁〔判プラⅠ216事件〕………… 23
最（2小）判昭和35・6・24民集14巻8号
1528頁〔判プラⅠ224事件〕……… 50
最（1小）判昭和35・7・27民集14巻10号
1871頁 ……………………………… 66
最（1小）判昭和35・9・1民集14巻11号
1991頁 ……………………… 112, 144
最（3小）判昭和35・11・29民集14巻13
号2869頁〔百選Ⅰ52事件〕………… 64
最（2小）判昭和35・12・19裁判集民事47
号723頁 …………………………… 216
最（2小）判昭和36・3・24民集15巻3号
542頁 ……………………………… 175
最（1小）判昭和36・4・27民集15巻4号
901頁 ………………………………… 85
最（2小）判昭和36・4・28民集15巻4号
1230頁〔判プラⅠ255事件〕……… 108
最（1小）判昭和36・5・4民集15巻5号
1253頁〔百選Ⅰ62事件・判プラⅠ261
事件〕 ……………………………… 124
最（2小）判昭和36・6・16民集15巻6号
1592頁 …………………………… 124
最（1小）判昭和36・6・29民集15巻6号
1764頁 ……………………………… 94
最（大）判昭和36・7・19民集15巻7号
1875頁〔百選Ⅱ15事件・判プラⅡ55
事件〕 ………………………………… 13
最（1小）判昭和36・7・20民集15巻7号
1903頁〔判プラⅠ232事件〕…… 66, 68
最（2小）判昭和36・9・15民集15巻8号
2172頁 …………………………… 152
最（2小）判昭和36・11・24民集15巻10
号2573頁〔判プラⅠ253事件〕…… 105
最（2小）判昭和36・12・15民集15巻11
号2865頁 ………………………… 215
最（3小）判昭和37・1・23民集16巻1号
110頁 ……………………………… 104
501頁〔判プラⅠ223事件〕………… 50
最（1小）判昭和37・3・15裁判集民事59
号243頁 …………………………… 96
最（1小）判昭和37・3・15民集16巻3号
556頁〔判プラⅠ287事件〕…… 177
最（2小）判昭和37・3・23民集16巻3号
594頁 …………………………… 117
最（2小）判昭和37・4・20裁判集民事60
号377頁 …………………………… 116
最（2小）判昭和37・5・18民集16巻5号
1073頁〔判プラⅠ273事件〕…… 147
最（1小）判昭和37・5・24裁判集民事60
号767頁 …………………………… 216
最（3小）判昭和37・5・29判時303号27
頁…………………………………… 194
最（2小）判昭和37・6・1裁判集民事61号
21頁 ……………………………… 189
最（2小）判昭和37・6・22民集16巻7号
1374頁〔判プラⅠ260事件〕…… 124
最（3小）判昭和37・10・30民集16巻10
号2182頁〔判プラⅠ289事件〕…… 178
最（2小）判昭和38・1・25民集17巻1号
41頁 ……………………………… 162
最（3小）判昭和38・2・5裁判集民事64号
383頁 …………………………… 154
最（2小）判昭和38・2・22民集17巻1号
235頁〔百選Ⅰ54事件・家族法百選73
事件・判プラⅠ234事件〕…… 73, 216
最（2小）判昭和38・5・31民集17巻4号
588頁〔判プラⅠ225事件〕… 50, 194
最（大）判昭和38・6・26刑集17巻5号
521頁〔憲法百選Ⅰ107事件〕…… 171
最（1小）判昭和38・7・4裁判集民事67号
7頁 ……………………………… 116
最（3小）判昭和38・10・8民集17巻9号
1182頁〔判プラⅠ258事件〕………… 94
最（3小）判昭和38・10・15民集17巻11
号1497頁 ………………………… 115
最（3小）判昭和38・10・29民集17巻9号
1236頁 ……………………… 32, 194
最（3小）判昭和38・12・24民集17巻12
号1720頁〔百選Ⅱ72事件・判プラⅡ
269事件〕 ………………………… 149
最（1小）判昭和39・1・23裁判集民事71

■判例索引　277

最（2小）判昭和39・1・24判時365号26頁・判タ160号66頁〔百選Ⅰ77事件・判プラⅠ299事件〕............ 34, 152

最（1小）判昭和39・1・30裁判集民事71号499頁............................. 216
.... 203, 258

最（1小）判昭和39・2・13訟月10巻3号471頁・判タ160号71頁 83

最（3小）判昭和39・2・25民集18巻2号329頁〔判プラⅠ313事件〕........ 208

最（2小）判昭和39・3・6民集18巻3号437頁〔家族法百選76事件・判プラⅠ237事件〕.................... 74, 79

最（2小）判昭和39・4・17裁判集民事73号179頁............................. 195

最（3小）判昭和39・5・26民集18巻4号667頁.................................. 145

最（2小）判昭和39・7・10民集18巻6号1110頁................................ 124

最（1小）判昭和39・7・16裁判集民事74号659頁............................. 215

最（3小）判昭和39・7・28裁判集民事74号755頁............................. 215

最（2小）判昭和39・8・28民集18巻7号1354頁................................78

最（1小）判昭和39・10・15民集18巻8号1671頁〔百選Ⅰ9事件・判プラⅠ40事件〕.................................. 204

最（1小）判昭和40・3・4民集19巻2号197頁〔百選Ⅰ68事件・判プラⅠ286事件〕.................................. 164

最（3小）判昭和40・5・4民集19巻4号797頁〔判プラⅠ248事件〕..........96

最（1小）判昭和40・5・20民集19巻4号822頁〔判プラⅠ324事件〕........ 260

最（1小）判昭和40・5・20民集19巻4号859頁〔判プラⅠ302事件〕........ 213

最（3小）判昭和40・9・21民集19巻6号1560頁〔百選Ⅰ49事件・判プラⅠ257事件〕.................................. 100

最（2小）判昭和40・11・19民集19巻8号2003頁〔判プラⅠ226事件〕........50

号275頁................................... 208

最（3小）判昭和40・12・21民集19巻9号2221頁〔判プラⅠ243事件〕... 85, 128
.... 163

最（1小）判昭和41・1・13民集20巻1号1頁......................................96

最（1小）判昭和41・3・3判時443号32頁・判タ190号115頁................. 217

最（1小）判昭和41・5・19民集20巻5号947頁〔百選Ⅰ74事件・判プラⅠ310事件〕.................................. 213

最（1小）判昭和41・6・9民集20巻5号1011頁〔判プラⅠ277事件〕... 122, 153

最（2小）判昭和41・10・7民集20巻8号1615頁................................ 134

最（2小）判昭和41・10・21裁判集民事84号661頁............................. 194

最（2小）判昭和41・11・18民集20巻9号1827頁................................ 104

最（3小）判昭和41・11・22民集20巻9号1901頁〔判プラⅠ230事件〕..........66

最（1小）判昭和41・11・25民集20巻9号1921頁〔判プラⅠ319事件〕... 218, 261

最（1小）判昭和41・12・1金判43号13頁... 152

最（2小）判昭和42・1・20民集21巻1号16頁〔家族法百選75事件・判プラⅠ235事件〕.................................. 60, 76

最（1小）判昭和42・2・23金法472号35頁....................................... 208

最（2小）判昭和42・3・17民集21巻2号388頁.................................. 258

最（3小）判昭和42・5・30民集21巻4号1011頁................................ 152

最（2小）判昭和42・7・21民集21巻6号1653頁..................................66

最（2小）判昭和42・8・25民集21巻7号1729頁................................ 220

最（2小）判昭和42・8・25民集21巻7号1740頁................................ 214

最（2小）判昭和42・10・27民集21巻8号2136頁........................ 96, 104

最（1小）判昭和42・11・9判時506号36頁....................................... 150

最（3小）判昭和 42・12・26 民集 21 巻 10 号 1627 頁〔判プラ I 292 事件〕…… 183
最（1小）判昭和 43・6・13 民集 22 巻 6 号 1183 頁 ……………………………… 194
最（1小）判昭和 43・6・27 判時 525 号 52 頁……………………………………… 203
最（1小）判昭和 43・6・27 民集 22 巻 6 号 1339 頁 ……………………………… 117
最（2小）判昭和 43・8・2 民集 22 巻 8 号 1571 頁〔判プラ I 242 事件〕……… 85
最（2小）判昭和 43・11・15 判時 544 号 33 頁・判タ 232 号 100 頁…………… 262
最（2小）判昭和 43・11・15 民集 22 巻 12 号 2671 頁 …………………………… 85
最（3小）判昭和 43・11・19 民集 22 巻 12 号 2692 頁 …………………………… 83
最（1小）判昭和 43・12・19 裁判集民事 93 号 707 頁…………………………… 153
最（3小）判昭和 43・12・24 民集 22 巻 13 号 3366 頁〔判プラ I 191 事件〕… 153
最（1小）判昭和 44・1・16 民集 23 巻 1 号 18 頁 ………………………………… 85
最（1小）判昭和 44・3・27 民集 23 巻 3 号 619 頁 ……………………………… 219
最（2小）判昭和 44・5・2 民集 23 巻 6 号 951 頁〔判プラ I 256 事件〕……… 100
最（3小）判昭和 44・5・27 民集 23 巻 6 号 998 頁〔判プラ I 80 事件〕……… 83
最（1小）判昭和 44・5・29 判時 560 号 44 頁……………………………………… 216
最（3小）判昭和 44・6・3 判時 563 号 50 頁 ……………………………………… 94
最（1小）判昭和 44・6・26 民集 23 巻 7 号 1175 頁〔判プラ I 46 事件〕…… 204
最（3小）判昭和 44・7・25 民集 23 巻 8 号 1627 頁〔百選 I 73 事件・判プラ I 296 事件〕………………………… 32, 194
最（1小）判昭和 44・10・30 民集 23 巻 10 号 1881 頁 …………………………… 147
最（3小）判昭和 44・11・4 民集 23 巻 11 号 1951 頁〔判プラ I 47 事件〕…… 204
最（1小）判昭和 44・11・13 判時 582 号 65 頁…………………………………… 178

最（3小）判昭和 44・12・2 民集 23 巻 12 号 2333 頁 …………………………… 165
最（2小）判昭和 45・5・22 民集 24 巻 5 号 415 頁……………………………… 212
最（1小）判昭和 45・6・18 判時 600 号 83 頁・判タ 251 号 185 頁………… 138
最（大）判昭和 45・10・21 民集 24 巻 11 号 1560 頁〔百選 II 76 事件〕……17
最（2小）判昭和 45・11・6 民集 24 巻 12 号 1803 頁〔判プラ I 315 事件〕… 223
最（大）判昭和 45・11・11 民集 24 巻 12 号 1854 頁 …………………………… 211
最（2小）判昭和 45・12・4 民集 24 巻 13 号 1987 頁 ……………… 151, 153, 154
最（3小）判昭和 45・12・15 裁判集民事 101 号 733 頁………………………… 215
最（3小）判昭和 46・1・26 民集 25 巻 1 号 90 頁〔百選 I 55 事件・家族法百選 74 事件・判プラ I 236 事件〕…………77
最（1小）判昭和 46・4・8 判時 631 号 50 頁〔判プラ I 252 事件〕………… 100
最（2小）判昭和 46・4・23 民集 25 巻 3 号 388 頁〔判プラ II 112 事件〕……78
最（2小）判昭和 46・6・18 民集 25 巻 4 号 550 頁 ……………………………… 222
最（1小）判昭和 46・10・7 民集 25 巻 7 号 885 頁 ……………………………… 212
最（1小）判昭和 46・10・14 民集 25 巻 7 号 933 頁〔判プラ I 263 事件〕… 128
最（2小）判昭和 46・11・5 民集 25 巻 8 号 1087 頁〔百選 I 53 事件・判プラ I 196 事件〕…………………………………67
最（1小）判昭和 46・11・11 判時 654 号 52 頁〔判プラ I 194 事件〕… 141, 153
最（3小）判昭和 46・11・16 民集 25 巻 8 号 1182 頁〔判プラ I 238 事件〕……74
最（3小）判昭和 46・11・30 民集 25 巻 8 号 1422 頁〔判プラ I 254 事件〕… 100
最（3小）判昭和 46・11・30 民集 25 巻 8 号 1437 頁〔判プラ I 266 事件〕… 140
最（1小）判昭和 46・12・9 民集 25 巻 9 号 1457 頁〔判プラ I 307 事件〕… 213
最（2小）判昭和 47・4・14 民集 26 巻 3 号

483 頁〔判プラⅠ288 事件〕……… 174
最（1 小）判昭和 47・4・20 判時 668 号 47 頁………………………………… 128
最（2 小）判昭和 47・5・25 民集 26 巻 4 号 805 頁…………………………………73
最（2 小）判昭和 47・6・2 民集 26 巻 5 号 957 頁〔判プラⅠ44 事件〕……… 204
最（3 小）判昭和 47・7・18 家月 25 巻 4 号 36 頁 ………………………… 239
最（2 小）判昭和 47・9・8 民集 26 巻 7 号 1348 頁〔判プラⅠ267 事件〕……… 140
最（3 小）判昭和 47・11・21 民集 26 巻 9 号 1657 頁 ……………………… 153
最（1 小）判昭和 47・12・7 民集 26 巻 10 号 1829 頁〔判プラⅠ217 事件〕……… 23
最（3 小）判昭和 48・3・13 民集 27 巻 2 号 271 頁〔判プラⅠ325 事件〕……… 257
最（1 小）判昭和 48・3・29 判時 705 号 103 頁・判タ 297 号 216 頁……………… 137
最（2 小）判昭和 48・10・5 民集 27 巻 9 号 1110 頁 …………………………67
最（3 小）判昭和 48・10・9 民集 27 巻 9 号 1129 頁〔百選Ⅰ10 事件・判プラⅠ43 事件〕……………………………… 204
最（3 小）判昭和 49・3・19 民集 28 巻 2 号 325 頁〔百選Ⅱ60 事件・判プラⅠ244 事件〕………………………………78
最（1 小）判昭和 49・9・26 民集 28 巻 6 号 1213 頁〔百選Ⅰ23 事件・判プラⅠ102 事件〕………………………………62
最（1 小）判昭和 49・9・30 民集 28 巻 6 号 1382 頁 ……………………… 204
最（3 小）判昭和 49・12・24 民集 28 巻 10 号 2127 頁〔判プラⅠ249 事件〕………97
最（2 小）判昭和 50・10・24 民集 29 巻 9 号 1483 頁〔判プラⅢ153 事件〕……… 189
最（2 小）判昭和 50・11・7 民集 29 巻 10 号 1525 頁〔判プラⅢ137 事件〕……… 204
最（3 小）判昭和 51・9・7 判時 831 号 35 頁〔判プラⅠ303 事件〕……………… 217
最（1 小）判昭和 51・12・2 民集 30 巻 11 号 1021 頁 ……………………… 140
最（1 小）判昭和 52・3・3 民集 31 巻 2 号

157 頁…………………………………… 140
最（1 小）判昭和 52・3・31 判時 855 号 57 頁………………………………… 153
最（2 小）判昭和 53・3・6 民集 32 巻 2 号 135 頁〔百選Ⅰ65 事件・判プラⅠ272 事件〕……………………………… 147
最（1 小）判昭和 53・7・13 判時 908 号 41 頁〔家族法百選 69 事件・判プラⅢ134 事件〕……………………………… 204
最（大）判昭和 53・12・20 民集 32 巻 9 号 1674 頁〔家族法百選 61 事件・判プラⅢ103 事件〕……………………… 216
最（1 小）判昭和 54・1・25 民集 33 巻 1 号 26 頁〔百選Ⅰ72 事件・判プラⅠ297 事件〕……………………………… 196
最（2 小）判昭和 54・3・23 民集 33 巻 2 号 294 頁………………………………… 117
最（1 小）判昭和 56・3・19 民集 35 巻 2 号 171 頁）……………………………… 162
最（2 小）判昭和 56・3・20 民集 35 巻 2 号 219 頁………………………………… 240
最（2 小）判昭和 57・1・22 訟月 28 巻 5 号 890 頁………………………………… 258
最（2 小）判昭和 57・6・4 判時 1048 号 97 頁・判タ 474 号 107 頁〔判プラⅠ227 事件〕…………………………………49
最（1 小）判昭和 57・6・17 判時 1054 号 85 頁・判タ 479 号 90 頁〔判プラⅠ304 事件〕……………………………………… 214
最（1 小）判昭和 57・6・17 民集 36 巻 5 号 824 頁………………………………… 193
最（1 小）判昭和 57・7・1 民集 36 巻 6 号 891 頁〔判プラⅠ321 事件〕… 219, 262
最（3 小）判昭和 57・9・7 民集 36 巻 8 号 1527 頁〔判プラⅠ279 事件〕……… 153
最（3 小）判昭和 58・2・8 判時 1092 号 62 頁・判タ 538 号 112 頁〔判プラⅠ320 事件〕…………………………… 218, 261
最（1 小）判昭和 58・3・24 民集 37 巻 2 号 131 頁〔判プラⅠ269 事件……「お綱の譲り渡し」事件〕……………… 138
最（2 小）判昭和 59・1・20 民集 38 巻 1 号 1 頁…………………………………… 168

最（3小）判昭和 59・4・24 判時 1120 号 38 頁・判タ 531 号 141 頁……………… 216

最（1小）判昭和 60・3・28 判時 1168 号 56 頁・判タ 568 号 58 頁 ………… 138

最（2小）判昭和 60・11・29 裁判集民事 146 号 197 頁…………………………… 215

最（大）判昭和 61・6・11 民集 40 巻 4 号 872 頁〔百選Ⅰ4 事件・判プラⅠ19 事件〕……………………………………21

最（3小）決昭和 62・4・10 刑集 41 巻 3 号 221 頁……ロストボール事件 ……… 187

最（大）判昭和 62・4・22 民集 41 巻 3 号 408 頁〔判プラⅠ314 事件〕… 221, 223

最（2小）判昭和 62・4・24 判時 1243 号 24 頁判タ 642 号 169 頁〔判プラⅠ275 事件〕…………………………… 123, 151

最（3小）判昭和 62・9・4 家月 40 巻 1 号 161 頁〔判プラⅢ138 事件〕 ……… 204

最（3小）判昭和 62・11・10 民集 41 巻 8 号 1559 頁〔判プラⅠ335 事件〕 …… 112

最（1小）判昭和 62・12・17 金法 1189 号 27 頁……………………………………… 203

最（2小）判昭和 63・1・18 判時 1265 号 72 頁・判タ 661 号 110 頁…………… 257

最（2小）判昭和 63・5・20 家月 40 巻 9 号 57 頁〔判プラⅠ305 事件〕………… 214

最（3小）判平成 1・3・28 民集 43 巻 3 号 167 頁 ……………………………… 212

最（3小）判平成 1・9・19 民集 43 巻 8 号 955 頁〔百選Ⅰ71 事件・判プラⅠ291 事件〕…………………………………… 186

最（2小）判平成 1・11・24 民集 43 巻 10 号 1220 頁〔家族法百選 56 事件・判プラⅢ152 事件〕………………………… 220

最（2小）判平成 1・12・22 判時 1344 号 129 頁・判タ 724 号 159 頁………… 147

最（3小）判平成 2・11・20 民集 44 巻 8 号 1037 頁〔百選Ⅰ69 事件・判プラⅠ290 事件〕…………………………………… 178

最（2小）判平成 3・4・19 民集 45 巻 4 号 477 頁〔家族法百選 89 事件〕…………75

最（2小）判平成 4・1・24 家月 44 巻 7 号 51 頁〔判プラⅠ316 事件〕）…………… 223

最（2小）判平成 5・7・19 家月 46 巻 5 号 23 頁……………………………………… 117

最（3小）判平成 5・10・19 民集 47 巻 8 号 5061 頁〔百選Ⅱ65 事件・判プラⅡ243 事件〕…………………………………… 198

最（3小）判平成 5・12・17 判時 1480 号 69 頁・判タ 1480 号 69 頁……………… 178

最（3小）判平成 6・1・25 民集 48 巻 1 号 18 頁〔判プラⅠ298 事件〕………… 195

最（3小）判平成 6・1・25 民集 48 巻 1 号 41 頁……………………………………… 212

最（3小）判平成 6・2・8 民集 48 巻 2 号 373 頁〔百選Ⅰ47 事件・判プラⅠ218 事件〕………………………………………24

最（3小）判平成 6・3・8 民集 48 巻 3 号 835 頁〔国際私法百選 1 事件〕………… 204

最（3小）判平成 6・5・31 民集 48 巻 4 号 1065 頁〔百選Ⅰ78 事件・判プラⅠ322 事件〕…………… 204, 218, 259, 262

最（3小）判平成 6・9・13 判時 1513 号 99 頁・判タ 867 号 155 頁…………… 139

最（2小）判平成 6・12・16 判時 1521 号 37 頁・判タ 873 号 81 頁 …………… 250

最（1小）判平成 7・1・19 判時 1520 号 84 頁・判タ 871 号 300 頁………………96

最（3小）判平成 7・3・7 民集 49 巻 3 号 919 頁〔判プラⅠ293 事件〕………… 183

最（3小）判平成 7・7・18 民集 49 巻 7 号 2684 頁 ……………………………… 215

最（2小）判平成 7・12・15 民集 49 巻 10 号 3088 頁〔判プラⅠ270 事件〕……… 139

最（2小）判平成 8・1・26 民集 50 巻 1 号 132 頁〔判プラⅢ183 事件〕……… 216

最（2小）判平成 8・1・26 民集 50 巻 1 号 155 頁〔判プラⅡ182 事件〕……… 242

最（3小）判平成 8・10・29 民集 50 巻 9 号 2506 頁〔百選Ⅰ57 事件・判プラⅠ245 事件〕………………………………………88

最（1小）判平成 8・10・31 民集 50 巻 9 号 2563 頁〔百選Ⅰ76 事件・判プラⅠ317 事件〕…………………………………… 224

最（3小）判平成 8・11・12 民集 50 巻 10 号

最（2 小）判平成 9・4・25 判時 1608 号 91 頁・判タ 946 号 169 頁 …………… 226

最（1 小）判平成 9・12・18 民集 51 巻 10 号 4241 頁〔判プラ I 219 事件〕………… 21

最（2 小）判平成 10・2・13 民集 52 巻 1 号 65 頁〔百選 I 59 事件・判プラ I 246 事件〕………………………………… 86, 255

最（1 小）判平成 10・2・26 民集 52 巻 1 号 255 頁〔判プラ I 309 事件〕… 206, 217

最（3 小）判平成 10・3・10 判時 1683 号 95 頁・判タ 1007 号 259 頁〔判プラ I 284 事件〕…………………………………… 136

最（3 小）判平成 10・3・24 判時 1641 号 80 頁・判タ 974 号 92 頁〔判プラ I 311 事件〕 ………………………………… 208, 214

最（2 小）判平成 10・12・18 民集 52 巻 9 号 1975 頁 ………………………………… 255

最（3 小）判平成 11・3・9 家月 51 巻 9 号 55 頁 …………………………………… 216

最（1 小）判平成 11・3・25 判時 1674 号 61 頁・判タ 1001 号 77 頁〔百選 II 33 事件〕 …………………………………………… 78

最（3 小）判平成 11・7・13 判時 1687 号 75 頁・判タ 1010 号 235 頁 ………… 177

最（3 小）判平成 11・11・9 民集 53 巻 8 号 1421 頁 ………………………………… 213

最（大）判平成 11・11・24 民集 53 巻 8 号 1899 頁〔判プラ II 41 事件〕…… 19, 20

最（2 小）判平成 11・11・29 民集 53 巻 8 号 1926 頁 ……………………………… 132

最（1 小）判平成 12・1・27 判タ 1209 号 72 頁………………………………………… 21

最（2 小）判平成 12・1・31 判時 1708 号 94 頁・判タ 1027 号 95 頁…………… 136

最（2 小）判平成 12・4・7 判時 1713 号 50 頁〔判プラ I 308 事件〕……………… 217

最（3 小）判平成 12・6・27 民集 54 巻 5 号 1737 頁〔百選 I 67 事件・判プラ I 282 事件〕………………………………… 155

最（2 小）判平成 14・6・10 家月 55 巻 1 号 77 頁〔家族法百選 77 事件・判プラ III 147 事件〕………………………………… 75

最（3 小）判平成 14・10・15 民集 56 巻 8 号 1791 頁 ……………………………… 181

最（3 小）判平成 14・10・29 民集 56 巻 8 号 1964 頁 ……………………………… 153

最（2 小）判平成 15・4・11 判時 1823 号 55 頁・判タ 1123 号 89 頁………… 259

最（2 小）判平成 15・7・11 民集 57 巻 7 号 787 頁〔百選 I 75 事件・判プラ I 301 事件〕………………………………… 216

最（2 小）判平成 15・10・31 判時 1846 号 7 頁・判タ 1141 号 139 頁〔判プラ I 153 事件〕…………………………………… 67

最（2 小）判平成 16・2・13 民集 58 巻 2 号 311 頁 ………………………………… 169

最（3 小）判平成 16・4・20 家月 56 巻 10 号 48 頁〔判プラ III 125 事件〕………… 216

最（1 小）判平成 17・3・10 民集 59 巻 2 号 356 頁〔百選 I 88 事件・判プラ I 340 事件〕…………………………………… 20

最（3 小）判平成 17・3・29 判時 1895 号 56 頁・判タ 1180 号 182 頁 ……… 19, 254

最（3 小）判平成 18・1・17 民集 60 巻 1 号 27 頁〔百選 I 56 事件・判プラ I 233 事件〕………………………………… 67, 86

最（3 小）判平成 18・2・21 民集 60 巻 2 号 508 頁 …………………………… 131, 132

最（1 小）判平成 18・3・16 民集 60 巻 3 号 735 頁〔百選 I 70 事件〕…………… 177

最（2 小）判平成 18・3・17 民集 60 巻 3 号 773 頁〔判プラ I 57 事件〕…… 204, 261

最（1 小）判平成 18・3・23 判時 1932 号 85 頁・判タ 1209 号 72 頁………………… 21

最（1 小）判平成 20・4・14 民集 62 巻 5 号 909 頁〔判プラ I 318 事件〕 ……………………………… 204, 259, 263

最（1 小）判平成 20・4・14 民集 62 巻 5 号 909 頁〔判プラ I 318 事件〕… 203, 259

最（1 小）判平成 20・7・17 民集 62 巻 7 号 1994 頁 ……………………………… 261

最（1 小）判平成 21・1・22 民集 62 巻 1 号 228 頁 ………………………………… 208

最（3 小）判平成 21・3・10 民集 63 巻 3 号

最（2 小）判平成 21・11・9 民集 63 巻 9 号
　1987 頁 ……………………………… 150
最（3 小）判平成 22・6・29 民集 64 巻 4 号
　1235 頁 ……………………………… 204
最（2 小）判平成 22・10・8 民集 64 巻 7 号
　1719 頁 ……………………………… 212
最（1 小）判平成 22・12・16 民集 64 巻 8 号
　2050 頁 ………………………… 101, 107
最（2 小）判平成 23・1・21 判時 2105 号 9
　頁・判タ 1342 号 96 頁………………… 68
最（2 小）決平成 23・2・9 民集 65 巻 2 号
　665 頁 ………………………………… 204
最（2 小）判平成 23・6・3 判時 2123 号 41
　頁・判タ 1354 号 94 頁……………… 188
最（2 小）判平成 24・3・16 民集 66 巻 5 号
　2321 頁 ………………………………… 68

高等裁判所・地方裁判所

東京高判昭和 23・2・9 高民集 1 巻 1 号 57 頁
　（上告審）……………………………… 111
東京地判昭和 28・2・4 下民集 4 巻 2 号 156
　頁……………………………………… 250
東京地判昭和 28・5・16 下民集 4 巻 5 号 723
　頁………………………………………… 85
名古屋高判昭和 29・12・17 高民集 7 巻 12 号
　1113 頁 ………………………………… 62
東京高判昭和 30・11・25 東高民時報 6 巻 12
　号 282 頁 ……………………………… 132
佐賀地判昭和 32・7・29 判時 123 号 1 頁
　………………………………………… 180
東京地判昭和 34・2・17 下民集 10 巻 2 号
　296 頁 ………………………………… 196
東京高判昭和 34・10・27 高民集 12 巻 9 号
　421 頁 ………………………………… 74
大阪高判昭和 38・2・28 高民集 16 巻 1 号 42
　頁（上告審）…………………………… 115
山形地判昭和 39・2・26 下民集 15 巻 2 号
　384 頁 ………………………………… 41
東京地判昭和 41・7・29 判時 461 号 46 頁
　………………………………………… 132
長野地松本支判昭和 44・7・17 下民集 20 巻
　7・8 号 511 頁 ………………………… 111
前橋地高崎支判昭和 50・3・31 判タ 326 号
　257 頁 ………………………………… 41
高松高判昭和 56・12・7 判時 1044 号 383 頁
　………………………………………… 40
千葉地判昭和 58・8・25 判時 1100 号 137 頁
　………………………………………… 82
大阪高判昭和 63・11・29 判タ 695 号 219 頁
　………………………………………… 198
東京地判平成 11・11・30 金法 1572 号 152 頁
　………………………………………… 111
札幌地判平成 14・2・21 平成 12 年（ワ）第
　3102 号 ……………………………… 154
東京地判平成 15・3・27 金法 1683 号 77 頁
　………………………………………… 115
大阪高判平成 18・8・29 判時 1963 号 77 頁・
　判タ 1228 号 257 頁 …………………… 74
福岡高判平成 19・12・20 判タ 1284 号 253 頁
　………………………………………… 115
東京高判平成 20・3・27 登記情報 567 号 32
　頁 ……………………………………… 100
東京地判平成 23・6・21 平成 20 年（ワ）第
　557 号・第 5383 号 …………………… 115
東京地判平成 24・5・10 平成 22 年（ワ）第
　31511 号 ……………………………… 154

著者紹介

七戸　克彦（しちのへ　かつひこ）

1959 年　北海道生まれ
1983 年　慶應義塾大学法学部卒業
現　在　九州大学大学院法学研究院教授

主要著書・論文

『(有斐閣アルマ) 民法 2　物権〔第 2 版補訂版〕』（共著，有斐閣，2008 年）
『土地家屋調査士講義ノート』（日本加除出版，2010 年）
『事例研究民事法〔第 2 版〕Ⅰ・Ⅱ』（共編著，日本評論社，2013 年）
『条解不動産登記法』（監修，弘文堂，2013 年）
「不動産物権変動における公示の原則の動揺・補遺(1)～(10・完)」民事研修 604 号（2007 年）～ 613 号（2008 年）
「現行民法典を創った人びと(1)～(30・完)」法学セミナー 653 号（2009 年）～ 682 号（2011 年）
「旧・外地裁判所判例の今日的意義・序論──活きている台湾高等法院・関東高等法院・朝鮮高等法院判決」法政研究（九州大学）79 巻 3 号（2012 年）
「時効援用の信義則違反・濫用法理の問題性」内池慶四郎先生追悼論文集『私権の創設とその展開』（慶応義塾大学出版会，2013 年）

ライブラリ 法学基本講義＝4-Ⅰ

基本講義 物権法Ⅰ
総論・占有権・所有権・用益物権

2013年12月10日ⓒ　　　　　　　　初　版　発　行

著　者　七戸克彦　　　発行者　木下敏孝
　　　　　　　　　　　印刷者　中澤　眞
　　　　　　　　　　　製本者　米良孝司

【発行】　　　　　株式会社　新世社
〒151-0051　東京都渋谷区千駄ヶ谷1丁目3番25号
編集☎(03)5474-8818(代)　　　サイエンスビル

【発売】　　　　　株式会社　サイエンス社
〒151-0051　東京都渋谷区千駄ヶ谷1丁目3番25号
営業☎(03)5474-8500(代)　　振替　00170-7-2387
FAX☎(03)5474-8900

組版　ケイ・アイ・エス
印刷　(株)シナノ　　　製本　ブックアート
≪検印省略≫

本書の内容を無断で複写複製することは，著作者および出版者の権利を侵害することがありますので，その場合にはあらかじめ小社あて許諾をお求め下さい。

サイエンス社・新世社のホームページのご案内
http://www.saiensu.co.jp
ご意見・ご要望は
shin@saiensu.co.jp　まで。

ISBN978-4-88384-201-8
PRINTED IN JAPAN

ライブラリ 法学基本講義

4-Ⅰ. 基本講義 物権法Ⅰ 総論・占有権・所有権・用益物権
　　　　七戸克彦 著　A5判・296頁・本体 2900円

　　5. 基本講義 債権総論
　　　　角 紀代恵 著　A5判・240頁・本体 2300円

6-Ⅰ. 基本講義 債権各論Ⅰ
　　　　契約法・事務管理・不当利得 第2版
　　　　潮見佳男 著　A5判・392頁・本体 2950円

6-Ⅱ. 基本講義 債権各論Ⅱ 不法行為法 第2版
　　　　潮見佳男 著　A5判・240頁・本体 2300円

　　9. 基本講義 商法総則・商行為法 第2版
　　　　片木晴彦 著　A5判・192頁・本体 2000円

　10. 基本講義 会社法
　　　　布井千博 著　A5判・320頁・本体 2850円

　11. 基本講義 手形・小切手法
　　　　早川 徹 著　A5判・256頁・本体 2600円

　12. 基本講義 刑法総論
　　　　齋野彦弥 著　A5判・400頁・本体 3200円

　15. 基本講義 労働法
　　　　土田道夫 著　A5判・328頁・本体 2850円

※表示価格はすべて税抜きです。

発行　新世社　　　　発売　サイエンス社